白沙漢詩百首3

同行

黃必洪 漢詩集

도서출판
다운샘

황 필 홍

미국 Utah대 정치철학박사
영국 Cambridge대 Visiting Scholar
정치철학시대 대표
개화공정미술 대표
한국한시학당 대표
한시 시인 하영섭 선생 사사
『漢詩作法定石』(共著), 『白沙漢詩百首1』, 『白沙漢詩百首2』 外
phhphd@naver.com

金良禮　申良淑　黃滿洲

序 文

책 제목 "백사한시백수 3"의 백사는 산포와 함께 쓰는 나의 다른 이름 別號(Penname)다. 백사는 전남 강진 白沙에서, 산포는 전남 나주 山浦에서, 가져온 이름인데 두 곳은 나의 어릴 적 고향땅이다. 그러므로 백사한시백수는 나 백사 황필홍이 쓴 한시 백 편이라는 말이다. 2017년 12월에 "백사한시백수 1"을, 2020년 5월에 "백사한시백수 2"를, 앞서 출간한 바 있어서 이번 시집의 書名은 마땅히 "백사한시백수 3"이 된다.

그런데 "白沙漢詩百首 3"과 더불어 "同行"을 제목으로 竝記한 것은 내 한시집 시리즈의 새로운 시도다. 金尙鎔 시의 '오고 가고... 그대완 잠시 동행이 되고'처럼 그 의미야 물론 '동행 Going with'은 '더불다' '같이 가다' '길동무하다' '저패결음하다'는 뜻이다. 말인즉슨 시편을 써내려가면서 필자는 쉼 없이 詩趣의 美意와 동행하려 하였고, 천 리 길에도 늘 이웃 比隣과 동행하려 하였으며, 살아가는 시대의 기쁨과 슬픔에 同病相憐으로 미력이나마 함께하려 나름 애썼다는 말이다. 하기야 아름다움의 추구가 至高至純의 가치라고 외치는 예술지상주의(Art for art's sake)를 내세우는, 그래서 도덕이나 실용이나 쾌락 따위에 얽매이지 않아야한다는, 오스카 와일드 에드거 엘런 포우 플로베르 보들레르와 같은 일군의 耽美派 작가들도 있지마는, 내가 좇듯이 盛唐 杜甫처럼 그의 시를 시로 쓴 역사 '詩史'라고 평가받는 시인도 있었고 中唐 白居易처럼 정치적 사회적 현실을 떠나서 시는 존재할 수 없다고 시의 '世上救濟'를 외친, 곧 사회적 실재론(Social realism)에 사뭇 경도된, 시인도 있었다. 그러므로 實踐的 同行은 이 시집 전체를 관통하는 詩學의 길라잡이가 된 것이다.

사실 나는 일찍이 서양 정치철학 법철학 역사철학을 공부하였고 특별히 18세기 이래 隆興한 자유주의(Liberalism)를 주전공으로 한 사람인데, 무슨 사연이 있어서, 언제부턴가 동양 한시를, 특별하게는 주로 唐詩를, 부전공 삼아서 공부하게 되었다. 어언간 20년 가까이 되는 한시공부 이력을 갖추었으니 이제는 哲學과 더불어 漢詩는 부전공을 넘어 복수전공이 된 셈이다. 한시 수학의 출발은 韓國漢詩學堂에서부터인데 과거 浩亭 河永燮선생님께서 창학하시고 여러 해 명강의를 해주셨다. 선생님은 수제자로서 과거 한학자 眷宇 洪贊裕 선생에게서 배우고 권우 선생은 또한 수제자로서 한학자이고 역사학자이며 독립운동가인 爲堂 鄭寅普선생에게서 배웠다고 전해 듣는다. 2017년 봄 선생님께서 은퇴하신 후로 감히 내가 한시학당의 강의를 이어오고 있는데, 그러므로, 실로 親炙 전통의 짐(The burden of tradition)이 어깨에 무겁다. 평소 '인생살이의 최후의 승리는 건강장수다' 라고 늘 말씀하셨는데 선생님께서 건강장수를 실천해주실 것을 진심으로 기원한다. (더하여 기록에 남기고자하는 것은, 실제로, 작년 2020년부터 발생한 病難 코로나19 탓으로 2021년 벽두부터 제대로 학당을 열지 못하고 있는 실정으로 안타깝다. 우선 학당의 회원 선생님들의 건강을 위해서 그렇고 또 정부당국의 물리적 거리두기의 제한을 지켜야 해서도 그렇다. 우리 국민 모두가 손 씻고 마스크 착용하고 사회적 물리적 거리두기를 실천하고 정부는 정부대로 백신접종에 한층 속도를 내서 세계적인 유행 전염병을 하루빨리 종식시켜야 할 일이다. 그래서 우리 학당도 再相逢의 설레는 마음으로 다시금 개강을 서두르리라!! 杜甫가 "聞官軍收河南河北 관군이 하남과 하북을 수복한 소식을 듣고서"에서 安史之亂의 평정 소식을 전해 듣고 歸京을 재촉하였고, 李白이 "朝發白帝城 백제성을 아침에 출발하며"에서 永王 반란 연루로부터 사면을 받고 江陵으로 되돌아감을 재촉하였듯이...)

나는 한글전용정책을 찬성하지 않는다. 우리 한글을 사랑하지 않아서가 아니라 한글만큼이나 한자도 사랑하기 때문이다. 더 나아가서 한글만이 우리글이고 한자는 단지 빌려 썼다는 생각에도 반대하며 한글도 한자도 모두 온전히 우리글 한국어라고 믿는 때문이다. 수 천 년 조상들이 사용한 언어를 우리글이 아니라고 한다는 것은, 그래서 마치 우리 조상님들이 자신들의 소통의 글자마저도 없이 살았던 무지한 사람들로 置簿되는 따위는, 자존심으로도 결단코 받아들일 수 없다. 한자를 우리글로 사용하다가 만민이 보다 '날마다 씀에 편안케 하고자' 한글을 만들었던 것으로 왜 생각할 수 없는가. 더구나 우리말의 75% 이상이 한자와 관련적이고, 게다가 한자가 '비 구름 바람 거느리고 인간을 도우셨다는' 國祖의 건국이념 弘益人間의 민족혼을 키워온 기초유전자 역할을 하였음에 이르러서 무엇을 주저하랴. 지정학적으로 동아시아 한자권 4大 문화강국 中國 韓國 日本 臺灣 중에서, 다들 한자를 어떤 방식으로거나 자신들의 언어로 지키고 있는데, 근자에 와서 우리만이 외면하고 배척하였다. 반만년 사용한, 그래서 이미 우리의 몸과 마음의 중요한 부분이 되어온, 언어를 새삼스럽게 버릴 순 없는 것이다. 한자사용의 필요와 한시공부의 가치는 다시금 무슨 일이 있어도 꼭 회복되어야 한다. 우리민족의 얼이 담겨 있는 소중한 문화유산이다.

이 시집 "同行 白沙漢詩百首 3"은 시를 사랑하는 독자여러분들을 위해서, 또 한시를 연구하는 작시전공자들을 위해서, 도움이 되도록 헤아려서 갖추었다. 시들의 구성이 각각 4분단으로 나뉘어져 있는데 '詩原文 시해석 平仄構成 작법감상'으로 되어있다. 시 감상을 원한다면 시원문 시해석 작법감상을 읽으면 되겠으나 작시를 염두에 두는 경우라면 시원문 시해석 작법감상 외에도 응당 평측구성도 눈여겨보아야 할 것이다. 한시는 무엇보다도 형식상 自由詩가 아니고 본래부터 平仄 定型의 律詩이기 때문이다. 말하자면 格律을 바탕으로 만들어가는 詩라서 그렇다. 평측구성을 따르는 것이 뭐 대수냐고 혹 말하는 사람이 있는데 한시의 평측은 정말 대수로운 것이다. 운동경기 蹴球(Football)는 손을 쓰지 않고 送球(Handball)는 발을 쓰지 않는다. 손을 쓰지 않고 발을 쓰지 않고서 멋진 운동기량을 맘껏 발휘해보자는 취지다. 한시에도, 엄한 평측 격률을 지키면서, 다분히 四聲聲調의 조화로운 울림을 극대화시키면서, 그 테두리 안에서 言語組合의 神技와 天才를 거두자는 遠慮가 있는 것이리라.

영어속담은 '사람의 사랑을 얻는 방법은 그 사람이 좋아하는 음식을 마련하는 것이다(The way to a man's heart is through his stomach)'라고 한다. 시를 쓰고 시집을 발간하는 것도 크게 다르지 않다. 독자들이 共感하는, 그래서 좋아하는, 시를 써서 독자의 사랑을 얻고자 하는 것이다. 시 성장에 가로세로 도움이 된 독자 이웃에 대한 갚아야할 나의 빚이 있어서 한편 그렇고, 다른 한편 독자와 나와의 同行으로 '잇는 교감의 정보(Connecting the dots)'에 힘입어 함께 더 나은 共存共榮의 아름다운 세상을 만들어가기 위해서도 그렇다.

2021년 8월 1일

開化工程美術 事務室 黃必洪

目次

白沙漢詩百首3

同 동행 行

〔詩原文〕 1

登寒溪嶺
등한계령

獨登疊嶂寒溪嶺
雲散風流望自由
突兀靑山淡客慮
使人催促下陵丘
독등첩장한계령
운산풍류망자유
돌올청산담객려
사인최촉하릉구

〔시해석〕

한계령에 올라서서

홀로 첩첩산중 한계령에 올라
흩어지는 구름처럼 떠다니는 바람처럼 자유롭게 살고 싶은데
우뚝 솟은 푸른 산은 나그네 근심사 위로하고 씻어주며
서둘러서 산언덕을 내려가라 채근하네

〔平仄構成〕

詩의 平仄構成은 仄平仄仄平平仄 平仄平平仄仄平 仄仄平平平仄仄 仄平平仄仄平平으로 되어있다. 詩는 平起式 七言絶句다. 그리고 詩는 下平聲 十一 尤韻을 썼는데 韻脚은 由와 丘이다.

〔작법감상〕

이 시는 우선 중당 韋應物의 시 "東郊 동쪽 교외에서"에서 촉발되었다. 시인은 벼슬살이에 얽매이다가 관아를 벗어나 교외에 나가서 휴식을 취하였는데 높이 솟은 청산이 나그네의 근심을 깨끗이 씻어주었다는 영감을 노래하였다. 마치 호돈(Nathaniel Hawthorne)의 "큰 바위 얼굴(The great stone face)"을 연상시킨다. 공감한다. 또 다른 자극은 한국 정덕수의 시 "한계령(寒溪嶺)"이다. 자유의 삶을 갈구하며 기암절벽 한계령봉을 찾았는데 푸르른 산은 나의 근심을 위로하고 없애주며, 나아가, 어서 내려가라 한다고 하였다. 서둘러 세상으로 내려가서 바로 그곳에서 원하는 자유의 삶을 추구하라고 등을 떠미는 것이다. 역시 공감한다. 그래서 위 시는 위응물의 시상과 정덕수의 시상이 共生하도록 하였다. 그리고 그런 삶의 자세가 東晋 陶淵明이 추구하는 採菊東籬下하고 悠然見南山하는 유유자적의 삶의 궤적하고도 상통할 수 있다고 보았다. 그러므로 결국 詩意는 산에 오르니 다시 내려가라 하는 것이고, 올라서 구름처럼 바람처럼 자유롭게 살고자 소망하는데 내려가서 現實 세상 사람 속에서 理想을 추구하라고 재촉하고 있다는 것이다. 杜甫의 "登高 높은 곳에 올라"에 獨登臺가 보인다: '萬里悲秋常作客 百年多病獨登臺 만 리 밖에서 가을을 슬퍼하며 늘 나그네 되어 백년 평생 병이 많은 몸 홀로 누대에 오른다.' 元稹의 "遣悲懷 슬픈 생각을 털다"에 아내의 죽음을 애도하면서 저세상에서 함께하고 싶다는 所望을 밝힌다: '同穴窅冥何所望 他生緣會更難期 한 무덤에 묻히는 것은 까마득해 어찌 바라랴 내세에 다시 만나는 것은 더욱 어려우리.' 韋應物의 시 "東郊 동쪽 교외에서"에 靑山澹吾慮가 나온다: '楊柳散和風 靑山澹吾慮 버드나무는 화창한 바람 흩어지게 하고 청산은 나의 근심 깨끗이 씻어주네.' 杜甫의 시 "久雨期王將軍不至 장맛비 내리는데 기다렸으나 왕장군은 오지 않았다"에 催促이 등장한다: '走平亂世相催促 一豁明主正鬱陶 어지러운 세상을 평정하러 말달리라 최촉하시고 활달하고 총명하신 임금께서는 정말로 우울해하시는구나.' 아까 정덕수의 "한계령"에서 내려가라고 거듭 독촉하는 장면이 보인다: '저 산은 내게 우지마라 우지마라 하고... 저 산은 내게 잊으라 잊어버리라 하고... 저 산은 내게 내려가라 내려가라 하네 지친 내 어깨를 떠미네.' 그리고 陶潛은 "飮酒 음주"에서 위응물처럼 '歸隱'을 노래하지만 현실속세를 저버리지 않는, 외면하지 않는, 자연시인의 모습을 명쾌하게 드러내준다: '結廬在人境 而無車馬喧 問君何能爾 心遠地自偏 사람이 사는 경계에 초가집을 지었는데 수레와 말소리가 시끄럽지 않네 어떻게 이것이 가능하냐고 묻지만 마음이 멀어지면 땅도 절로 외지고 치우지는 법이라네.' 말하자면 心遠物自偏 곧 사람의 마음이 멀어지면 사물도 자연스럽게 구석지고 궁벽해진다는 말일 것이다. 그러므로 詩史의 선비의 歸隱의 참 의미는 깊은 산속 農幕에서의, 또는 외딴 극지방 이글루(igloo)에서의, 삶 같은 현실과의 극단적 단절은 아닐 것이고, 心遠物自偏 따위를 시에서 멋지게 형상화한 것과 같은 삶이리라. 2020. 5. 6.

〔詩原文〕 2

自畵像
자 화 상

講壇不遇獨長吁
李杜文章得極娛
哲學東隅偏汨沒
桑楡詩賦動江湖
강 단 불 우 독 장 우
이 두 문 장 득 극 오
철 학 동 우 편 골 몰
상 유 시 부 동 강 호

〔시해석〕

자화상

대학 강단은 때를 만나지 못하여 홀로 장탄식했더니
이백과 두보의 문장에서 지극한 즐거움을 얻었더라
젊은 날 철학에 외곬으로 골몰하였는데
늘그막에는 시문장으로 세상을 감동시켰다

〔平仄構成〕

詩의 平仄構成은 仄平仄仄仄平平 仄仄平平仄仄平 仄仄平平平仄仄 平平平仄仄平平으로 되어있다. 詩는 平起式 七言絶句다. 그리고 詩는 上平聲 七 虞韻을 썼는데 韻脚은 吁와 娛와 湖다.

〔작법감상〕

中唐의 韓愈의 시 "調張籍 장적을 불러내다"에 李杜文章이 나온다: '李杜文章在 光焰萬丈長 이백과 두보의 문장이 있는데 불꽃이 솟구쳐 만장의 길이라.' 後漢의 張衡의 "西京賦 서경에 부치는 시"에 極娛가 나온다; '爾乃逞志究欲 窮身極娛 그대 탐구욕의 의지를 마음껏 펼쳐라 자신을 파고들어 궁구하는 것은 극진한 즐거움이라.' 初唐의 王勃의 "滕王閣序 등왕각 서문"에 東隅와 桑榆가 보인다: '東隅已逝 桑榆非晩 젊은 시절 이미 지나갔으나 노년기 아직 늦지 않았다.' 盛唐의 杜甫는, 759년 蜀 땅으로 들어간 후, "詠懷古跡 옛 자취에서 회포를 노래하다"에서 諸葛亮과 劉備와 王昭君과 宋玉과 庾信에 대한 감회를 시편으로 읊고 있는데 그중에 詩賦와 動江關이 보인다: '庾信平生最蕭瑟 暮年詩賦動江關 유신의 일생은 모조리 쓸쓸했는데 노년의 시부는 천하를 감동시켰다.' 위 시는 나의 짤막한 自畵像이니 내 스스로 그린 작은 肖像畵가 되는 셈이다. 대학 강단생활은 시대를 잘못 만나서 불운하여 혼자서 길게 탄식한다고 하였다. 작시 구성상 起다. 천만다행히 李白과 杜甫의 빛나는 문장 중에서 지극한 평안과 즐거움을 얻을 수 있었더라는 것이다. 承이다. 돌이켜보면 젊은 날 변통성이 없이 곧은 마음으로 철학에 골똘하였는데, 종내에는 늙어서는 시문장으로 세상의 江湖諸賢을 감동시켰던 것이리라. 轉이요, 結이다. 물론 늘그막의 나의 시문장이 세상천지를 격동시켰다는 결론부분은 과장된 것이 사실이다. 그러나 사실대로만 곧이곧대로 베껴 쓴다면 시는 밋밋하여 맛깔을 잃고 말리라. 꼭 나의 포부를 연계시킨 희망사항이라기보다는 존경하는 독자여러분의 흥미를 진작하기 위함이 더 큰 까닭이니 부디 大洋과 같은 넓은 마음으로 惠諒하소서. 나는 소위 영어권 국가 미국에 유학을 가서 서양정치철학분야에서 自由主義를 연구하여 박사학위를 받고 귀국했는데, 당시, 나로서는 국제학회활동을 통해서 세계적 사상가들과 견해를 다툴 수 있으리라고 나름 기대하였다. 그러나 결과는 四半世紀 대학 강단활동에서 국제학술지에 고작 단 1편의 논문을 싣는 데 그치고 말았다. 우선은 무엇보다도 나의 개인적 含量未達의 탓이요, 다음은 나의 學問研鑽을 위해서 대학사회가 갖춰줘야 하는 여건의 척박함의 탓이었을 것이다. 우리가 인문학분야에서 세계석학들과 겨루기는, 더더욱 영어를 手段으로 깊이 있게 논쟁을 일삼기에는, 여러 가지 이유로 어려운 점이 있음을 인정한다 해도 부실과 저조에 대한 우선적 책임이 유학공부한 학자들에게 있다고 생각한다. 나로서도 참으로 자존심이 상한다. 위로가 된 것은 철학 밖 과외활동(extracurricular activities)으로 해오던 開化工程美術 비지니스 중 우연히 漢詩와의 만남이 이뤄진 것이었다. 王勃 李白 杜甫 王維 孟浩然 韓愈 白居易 杜牧의 唐詩는 내게 철학좌절에 대한 일종의 보상적 감동과 위안을 줬다. 그들은 나의 詩文八仙이다. 과거 대학입시 원서 접수창구에서, 점수가 달려서, 마지막 순간에 영문과에서 철학과로 하향 지원하였던 이유로 내 가슴에 늘 문학전공에 대한 미련이 있었다. 운명일테지만 인생 전반이 哲學이었다면 후반은 어쩌다가 文學에 복귀하게 되었다. 나의 自畵像이 그렇다. 2019. 12. 5.

〔詩原文〕 3

木覓布衣
목 멱 포 의

布衣採蕨東山客
授命海東眞謝安
無道誰言當則隱
士民國步抗艱難
포 의 채 궐 동 산 객
수 명 해 동 진 사 안
무 도 수 언 당 즉 은
사 민 국 보 항 간 난

〔시해석〕

목멱산 선비

목멱산 포의의 지사 일찍이 고사리를 캐먹으며 동산객이 되었는데
나라의 위태로움을 보고서 목숨을 바치니 진정한 해동성국의 뛰어난 은자 사안이로세
세상이 어지러워 도가 사라지면 마땅히 은둔하여야한다고 누가 말하는가
나라의 운명이 어지럽고 어려우면 선비와 백성이 하나가되어 막아야하리

〔平仄構成〕

詩의 平仄構成은 仄平仄仄平平仄 仄仄仄平平仄平 平仄平平平仄仄 平平仄仄仄平平으로 되어있다. 詩는 平起式 七言絶句다. 그리고 詩는 上平聲 十四 寒韻을 썼는데 韻脚은 安과 難이다.

〔작법감상〕

이 시는 한국한시학당의 木覓布衣 홍기원 선생님의 단단한 선비적 行蹟을, 얼마간 상상력을 동원하여, 그려본 것이다. 鎭海를 鄕里로 둔 딸깍발이 詩人의 盡忠報國의 丹心을 형상화한 것이다. (진해는 나의 두 분 삼촌들이 과거 일제식민시기에 水産學校를 다닌 곳으로 아득한 인연이 있다.) 杜甫가 두릉에 살아서 杜陵布衣라고 불렸는데 두보에 견주어 목멱산 아래 사는 선생님께서는 木覓布衣로 불리는 것이 알맞겠다고 생각이 들었다. 劉長卿처럼 五言詩를 좋아하여 학당의 오언의 '萬里長城'이라는 美稱도 가지고 있다. 목멱산 포의의 선비는 일찍이 속세를 등지고 고사리 캐먹으며 東山의 나그네 되었다고 하였다. 또 나라의 위태로움을 보고 나서 목숨을 바치니 海東盛國의 진정한 뛰어난 은자 謝安이 되었다는 것이다. 周나라 武王이 반역을 꾀하자 伯夷 叔齊 형제는 유혹을 固辭하고 首陽山에 들어가 고사리를 캐어 먹으며 살다감으로써 만고에 節義를 떨쳤다. 말하자면 그들처럼 세속의 명리를 떠나서 悠悠自適하는 隱棲의 高士가 되었다는 것이다. 東山客 또한 뛰어난 隱士를 지칭하는데 과거 東晋의 謝安이 절강 소홍 회계에 숨어살다 전쟁이 발발하자 나서서 前秦의 군사를 대파한데서 유래하여 빼어난 隱者로 통용되었다. 見利思義 見危授命은 눈앞의 이익을 볼 때는 그 취함의 정당성을 생각하고 나라의 위험을 보면 서슴없이 목숨을 바쳐 싸운다는 뜻으로 "論語"의 孔子와 子路의 問答에 나온다. 여기까지가 작시의 구성으로 起承이다. 다음 轉結은 상당한 轉換이 뒤따른다. 세상이 어지러워 道가 사라지면 마땅히 隱逸해야한다고 누가 말하였던가. 나라의 운명이 어지럽고 어려우면 士大夫와 國民이 一心同體가 되어 抵抗해야하지 않겠는가. 역사적으로 有道則見 無道則隱이라는 전통이 주류가 되었다는데 대체 누가 한 말이냐고 묻는다. 그 말이 대관절 맞는 말인가 되묻고 싶은 것이다. "論語"에 천하에 도가 있으면 드러내고 도가 없으면 숨으라고 했는데 그런 가르침이 정정당당한 것이냐는 말이다. 有道則見 無道則隱이 아니라 오히려 有道則見 無道則抗 도가 있으면 드러내고 도가 사라지면 Resist해야 하지 않겠느냐는 것이다. 國步艱難 곧 나라의 운명이 어지럽고 어려울 때는 官民이 일치단결하여 힘을 모아 맞서 싸워야 하지 않겠는가 하였다. 시대가 태평한 시기에는 닦은 실력을 드러내어 조정에 나아가 일할 것이지만 나라가 어지러우면 초야에 숨는 것이 아니라 난리에 맞서서, 전장터에 나가서, 나라와 백성을 위해서 목숨을 草芥와 같이 버리는 것이 마땅하지 않겠느냐고 목청 돋우는 것이다. 과거에 謝安이 그러하였고 구한말 義兵이 그러하였고 지금 바로 木覓布衣 선생이 그러하다는 것이다. 그런데, 詩意의 전개상, 起承과 轉結이 倒置된 것으로, 순서가 바뀐 것으로, 해석하여도 좋겠다: '세상이 어지러워 도가 사라지면 마땅히 은둔하여야한다고 누가 말하였을까 나라의 운명이 어지럽고 어려우면 관과 민이 하나가되어 막아야하리 목멱산 포의의 선비 일찍이 고사리 캐먹으며 동산의 나그네 되었는데 나라의 위태로움을 보고서 목숨을 바치니 진정한 해동성국의 뛰어난 은자 사안이로세.' 2019. 12. 10.

〔詩原文〕4

送別
송별

君去京華誰共生
茫然自失乃忘情
孰云旅路足離別
望眼欲穿當再迎
군거경화수공생
망연자실내망정
숙운여로족이별
망안욕천당재영

〔시해석〕

떠나보내며

그대 가버리면 아름다운 서울에서 나는 누구와 더불어 살아갈까
망연자실하여 다만 감정이 북받칠 뿐입니다
누가 말하는가 세상살이 나그네 길에는 이별도 많다고
쉬이 돌아와 다시 맞이할 수 있기를 학수고대합니다

〔平仄構成〕

詩의 平仄構成은 平仄平平平仄平 平平仄仄仄平平 仄平仄仄仄平仄 仄仄仄平平仄平으로 되어있다. 詩는 仄起式 七言絶句다. 그리고 詩는 韻字는 下平聲 八 庚韻을 썼는데 韻脚은 生과 情과 迎이다. 그리고 3, 4句에서는 孤平拗救가 쓰였다. 本來 3句의 下三字의 平仄은 平平仄이어야 하나 5字에 仄字 足字를 써서 平이 毁損되었다. 4句의 下三字는 本來 仄仄平이어야 하나 5字에 平字 當字를 써서 以前에 毁損된 平을 復舊하였다. 이로써 모두 合律이 된다.

〔작법감상〕

그대 떠나면 빛나고 아름다운 서울 京城에서 나는 누구와 더불어 살까. 화려하고 멋진 風光에 나 홀로 남아 어떻게 살아갈 수 있을까. 起句다. 멍하니 정신이 나간 듯 어리둥절하여 다만 감정을 건잡을 수 없구나. 내 제정신이 아니로구나. 이어서 承句다. 인생살이 나그네 여정에는 離別이 많은 법이라고 누가 말하였던가. 어찌 도대체 족히 이별만 있다던가. 구르는 轉句다. 그러므로, 쉬이 다시 그대를 맞아 迎接할 수 있기를 매우 간절히 바라노라. 정말로 눈이 빠지도록 기다리노라. 結句다. 대체로 絶句의 構成의 起承轉結은 이런 類의 방식을 취한다. 그리고 宋나라 周弼의 "三體詩" 詩作法에 따르면 위의 起承과 轉結의 연결은 소위 實接이 아닌 虛接이다. 외적 實事로 이은 것이 아니라 내적 情思로써 이어간 것이어서 그렇다. 나는 이 시를 쓰면서 우선 唐나라의 두 시인을, 劉商과 于武陵의 두 편의 이별시를, 염두에 두었다. 中唐의 화가시인인 劉商의 "送王永 왕영을 보내며"에서는 벗을 떠나보내며, 소극적으로, 다시 돌아오기를 희망하였고, 晩唐의 방랑시인 于武陵의 "勸酒 술을 권함"에서는 벗을 보내면서, 수동적으로, 이별을 받아들이자며 친구를 위로한다. 나는 角度를 일정량 달리하려고 하였다. 옛 사람과 이별하면서, 적극적으로, 다시 쉬이 곧장 돌아오기를 申申當付하고 있으며, 또한 보다 능동적으로 運命(?)을 딛고서서, 이별이 인생살이의 主流나 日常일 수 없다며 再相逢을 오롯이 苦待하고 있다. 바로 시의 主旨다. 그러므로 이 시는 한편 送別과 배웅의 시지만 또 한편 相逢과 마중의 시다. 이별, 사랑, 우정, 전쟁, 영웅, 신세타령, 태평성대, 애도, 추모, 안부, 자연, 탄식 등등 한시세계가 담아내는 갖가지 숱한 주제가 있으나 아마도 送別의 시가 가장 많고 送別의 시에서 가장 뛰어나지 않았을까 생각해본다. (개인적으로, 唐 李白의 "送友人 벗을 보내며," 唐 王維의 "送元二使安西 안서로 사신가는 원이를 송별하며," 唐 于武陵의 "勸酒 술을 권함," 그리고 高麗 鄭知常의 "送人/大同江 벗을 보내며/대동강"을 漢詩史의 壓卷의 '送別四强'이라고 부르고 싶다.) 아까 언급한 劉商 시인의 시는 이렇다: '君去春山誰共遊 鳥啼花落水空流 如今送別臨溪水 他日相思來水頭 그대 가면 봄날의 산에서 누구와 함께 놀 것인가 새 울고 꽃 지고 물은 공연히 흐르는데 지금 시냇가에서 보내드리니 훗날 생각나면 이 물가로 와주오.' 그리고 于武陵의 시는 이렇다: '勸君金屈卮 滿酌不須辭 花發多風雨 人生足別離 그대에게 금빛 빛나는 금굴치 술잔 권하노니 가득채운 술 모름지기 사양하지 마시라 꽃이 피면 비바람도 많은 법 인생은 족히 이별이라오.' 2019. 12. 19.

〔詩原文〕 5

自由人
자유인

一生朝露不稱意
前到後時躬本循
隱嶽山隅洗川穎
留長浦畔漱淸粼
歸來採薺東籬圃
退去釣魚西閣濱
感此闡明吾所願
悠悠自適自由人
일생조로불칭의
전도후시궁본순
은악산우세천영
유장포반수청린
귀래채제동리포
퇴거조어서각빈
감차천명오소원
유유자적자유인

〔시해석〕

자유인

아침 이슬과 같이 짧고 덧없는 한세상 내 뜻과 같지 않으니
늦기 전에 내 타고난 본성을 좇으리라
큰 산 모퉁이에 은거하며 영천수에 귀를 씻고
긴 개 기슭에 두류하며 청린수에 이를 닦는다
돌아와 동쪽 울타리 가 채마밭에서 냉이를 캐고
물러나 서쪽 누각 가 개울가에서 물고기를 낚는다
이에 느꺼워 내 일생의 소원을 분명하게 드러내서 밝히노니
세속의 굴레에 얽매이지 않고 내 하고 싶은 대로 마음 편히 사는 자유인이라

〔平仄構成〕

詩의 平仄構成은 仄平平仄仄平仄 平仄仄平平仄平 仄仄平平仄平仄 平平仄仄仄平平 平平仄仄平平仄 仄仄仄平平仄平 仄仄平平平仄仄 平平仄仄仄平平으로 되어있다. 詩는 平起式 七言律詩다. 그리고 詩는 上平聲 十一 眞韻을 썼는데 韻脚은 循, 粼, 濱, 人이다. 또 1句와 2句에서 孤平拗救가 쓰였는데 本來 1句의 下三字는 平平仄이어야 하는데 仄平仄으로 되어, 卽 不稱意로 되어, 5字의 平字가 毀損되었다. 그래서 2句의 5字는 本來 仄字여야 하는데 平으로 바꿔서, 卽 躬으로 바꿔서, 毀損된 平을 回復시켰다. 이로써 合律이 된다. 또한 3句의 下三字에서는 單拗가 쓰였다. 本來 下三字의 平仄의 構成은 平仄仄인데 仄平仄이 되어, 卽 洗川穎으로 되어, 5字에서 毀損된 平字를 6字에서 回復한 것이다. 이는, 下三字에 孤平現象이 發生하였으나 挾平格으로 肯定的으로 看做하며, 本句 自救의 方法으로 亦是 合律이 된다. 그리고 中央四句의 下三字는 前聯과 後聯의 境遇에 文法構造를 다르게 配置하여 意味上 各各 洗 川穎, 漱 清粼, 東籬 圃, 西閣 濱으로 읽히게 되어 四言一法 忌避의 原則을 따라서 平板을 避하고 錯綜을 지켰다. 그러나 詩의 韻을 달지 않은 仄聲字 곧 意, 穎, 圃, 願은 次例로 去聲 上聲 上聲 去聲이 되어 上尾를 저질러 이른바 四聲遞用의 法則에 疏忽하였다. 玉에 티다.

〔작법감상〕

詩의 主旨는 이제야 躬本을 - 나의 타고난 天性을 - 추구하려는데 그것은 自由人의 삶이라는 것이다. 自由를 좇아서 미국에서 自由主義를 공부하였고 돌아와서 또 自由主義를 강의하였다. 얼마 전 직장의 굴레를 벗어나 自由를 얻었고 최근에는 自由意志를 따라서 움직일 수 있도록 교통카드까지 생겨났으니 지금이 내가 추구하는 自由의 삶에 가장 근접한 瞬間인지도 모른다. (대학을 중퇴한 Steve Jobs가 Stanford대학 졸업식연설에서 'Truth be told, this is the closest I've ever gotten to a college graduation 사실대로 말하자면 지금이 내 인생에서 대학졸업에 가장 가까운 순간이다'라고 한 말이 언뜻 생각난다.) 詩에서는 특별히 중앙 4句에 자유로운 삶을 추구하였던 역사적 인물들을 대거 등장시켰다. 前聯은, 고대전설의 堯임금이 許由에게 나라를 맡아달라고 부탁했는데 세상사를 떠맡으란 요청을 들은 것을 부끄럽게 여겨 허유는 자신의 귀를 穎川水에서 씻었다고 하였다. 다음은, 조선후기, 전설적 사연으로, 조정의 부름을 거듭 사양하고 전남 강진 대구 깊은 계곡에 머무른 黃處士라 불렸던 선비가 있었는데 九江浦의 清粼水에 양치질하며 몸과 마음을 단정히 하였으리라 생각하였다. 後聯은, 東晋의 陶潛의 사연이다. 彭澤令 시절 상사 감독관에게 비굴한 예를 갖추지 않겠다며 사직서를 내고 고향에 돌아와 彩菊東籬下 곧 동쪽 울타리 아래에서 국화를 땄다고 하였다. 다음은, 後漢 光武帝와 嚴子陵의 이야기다. 諫議大夫를 맡아달라는 옛 벗 광무제의 간청에도 一言之下에 거절하고 엄자릉은 嚴陵釣臺에서 낚시하며 살다갔다. 詩에서 4人 모두 속세의 이해관계를 뛰어넘는 상징적 이상적 自由人으로 등장하고 있다. 李白의 "宣州謝朓樓餞別校書叔云"에 '人生在世不稱意 明朝散髮弄扁舟 인생살이 맘과 같지 않으니 내일 아침이면 머리 풀고 조각배 띄워 놀리라'라고 하였다. 孟浩然의 "夏日南亭懷辛大"에 '感此懷故人 中宵勞夢想' 이에 느꺼워 옛 친구 생각으로 밤 깊도록 꿈속에서 애태운다'라고 하였다. 2019. 12. 26.

〔詩原文〕 6

揚州春夢
양 주 춘 몽

楚腰抱抱口脣酒
地上最高相悅詞
好好牧之逢與別
揚州春夢麗和悲
초 요 포 포 구 순 주
지 상 최 고 상 열 사
호 호 목 지 봉 여 별
양 주 춘 몽 여 화 비

〔시해석〕

양주의 봄날의 꿈이여

허리 가는 미녀 가슴에 품고 구순주를 마시니
이 세상 제일가는 남녀상열지사의 노랫가락이 되었더라
장호호와 두목지의 상봉과 이별이라
아름답고 구슬픈 양주의 일장춘몽이여

〔平仄構成〕

詩의 平仄構成은 仄平仄仄仄平仄 仄仄仄平平仄平 仄仄仄平平仄仄 平平平仄仄平平으로 되어있다. 詩는 平起式 七言絶句다. 그리고 詩는 上平聲 四 支韻을 썼는데 韻脚은 詞와 悲다. 또 1句와 2句에서 孤平拗救가 쓰였는데 本來 1句의 下三字는 平平仄이어야 하는데 仄平仄으로 되어, 卽 口脣酒로 되어, 5字의 平字가 毁損되었다. 그래서 2句의 5字는 本來 仄字여야 하는데 平으로 바꿔서, 卽 相으로 바꿔서, 毁損된 平을 回復시켰다. 이로써 죄다 合律이 된다.

〔작법감상〕

晩唐詩人 杜牧은 젊은 날 江蘇省 揚州에서 중하급관리생활을 하였다. 그곳 양주 일원에서 그는 시와 술과 女性遍歷으로 명성이 자자하였는데 그의 파트너가 열서너 살의 童妓 張好好였다. 두목이 어느 이별시에서 含胎花라고도 불리는 荳蔻花의 아름다운 꽃봉오리에 비유한 적이 있으니 참으로 어여쁜 아가씨였음에 틀림이 없을 것이다. 특별히 崔仁浩의 소설 "海神 바다를 다스리는 신"에는 杜牧之와 張好好가 입술술잔 소위 口脣酒 주고받는 장면이 나온다: '나으리께오서는 장귀비 공귀빈 중 어느 여인을 가슴에 품고 싶으시나이까.' '정히 알고 싶으냐.' '알고 싶나이다.' '그러면 술 한 잔을 주거라. 술잔에다 말고 구순주로 주거라.' '장귀비도 이제 백골이고, 공귀빈도 또한 백골이 아니겠느냐. 따라서 나는 天下絶色이라던 두 사람보다 살아있는 含胎花 그대가 훨씬 더 아름답다고 생각하고 있느니라.' 그러나, 세상이 잘 아는 바와 같이, 두 사람의 만남은 짧았고 헤어짐은 영원히 길었다. 그러므로 이 시에서는 장호호와 두목지의 한바탕의 봄꿈과 같은 사랑을 한편 곱고도 한편 슬프다고 하였다. 시의 主旨다. 실제로 이 아름다운 슬픔은 두목의 이별의 시 "贈別 이별에 드리다"에 이미 드러난다: '多情却似總無情 唯覺樽前笑不成 다정이 도리어 모두 무정과 같아서 술잔 앞에 두고 웃을 수조차 없음을 깨달을 뿐이네.' 다정하다는 것이 도리어 모두 무정한 것과 같다고 하였으니 다정도 지나치면 무정이 되는가 보다. 너무 아픈 사랑은 마치 사랑이 아닐 것처럼 말이다. 훗날 元나라 喬吉은 "杜牧之詩酒揚州夢 두목지의 시와 술과 양주의 꿈"이라는 雜劇을 지어 杜張 둘의 신분을 초월한 애틋한 사랑을 노래하였다. 두목이 어느 잔치에서 장호호를 만나서 사랑에 빠져 身分의 차이를 극복하고 결혼하게 되며 그의 천하를 周遊하는 방랑벽도 청산하게 된다는 이야기다. 현실의 슬픈 이별을 상상의 기쁜 결합으로 해피엔딩을 만들었다. 杜牧의 "遣懷 마음에 품은 생각을 털어버리다"에 楚腰가 나온다: '落魄江湖載酒行 楚腰纖細掌中輕 실의에 빠져 강호에 술 싣고 다닐 때 허리 가는 초나라 아가씨들 손바닥에 가볍더라.' 張九齡의 "感遇 지난 일에 감촉되어"에 相悅이 나온다: '誰知林棲者 聞風坐相悅 숲에 사는 사람의 삶을 누가 알아주랴 앉아서 바람소리 들으며 즐거워하네.' 黃白沙의 "惜玉憐香 사랑편력"에 好好牧之가 보인다: '好好牧之無限情 春風淮水滿江城 장호호와 두목지의 무한 사랑 봄바람타고 양주 진회수 강변에 가득하구나.' 杜牧의 다른 시 "遣懷 마음에 품은 생각을 털어버리다"에 揚州夢이 보인다: '十年一覺揚州夢 贏得靑樓薄倖名 십년의 양주의 꿈에서 한 번 깨니 결국 청루에 박정한 사람이라는 이름만 남았더라.' 2019. 12. 29.

〔詩原文〕 7

寂寞
적 막

歲月如流慨不窮
此宮一去向那宮
萬花芳草未欣賞
滿地落紅歸寂中
세 월 여 류 개 불 궁
차 궁 일 거 향 나 궁
만 화 방 초 미 흔 상
만 지 낙 홍 귀 적 중

〔시해석〕

적막

세월이 흐르는 물과 같으니 느꺼움이 끝이 없어라
이 집에서 한 번 떠나가면 이제 어느 집으로 향할까
온갖 꽃과 향기로운 풀 아직 감상하지도 못하였는데
땅에 가득히 떨어진 붉은 꽃잎 적막 가운데로 돌아가네

〔平仄構成〕

詩의 平仄構成은 仄仄平平仄仄平 平平仄仄仄平平 仄平平仄仄平仄 仄仄仄平平仄平으로 되어있다. 詩는 仄起式 七言絶句다. 그리고 詩는 韻字는 上平聲 一 東韻을 썼는데 韻脚은 窮과 宮과 中이다. 그리고 3, 4句에서는 孤平拗救가 쓰였다. 本來 3句의 下三字의 平仄은 平平仄이어야 하나 5字에 仄字 未字를 써서 平이 毁損되었다. 4句의 下三字는 本來 仄仄平이어야 하나 5字에 平字 歸字를 써서 以前에 毁損된 平을 復舊하였다. 이로써 모두 合律이 된다.

〔작법감상〕

이 시는 빠른 節候의 推移를 지켜보면서 불현듯 나의 삶이 이내 끝나서는 어떤 알 수 없는 寂寞 속으로 사라져 가리라는 생각에 미쳐서 쓴 것이다. 茫然自失하고 戰戰兢兢하는 분위기다. 그러므로 시 전체를 倒置된 것으로 해석해도 무방하다. 말하자면 轉結과 起承을 바꿔보자는 말이다: '세월이 유수와 같으니 감동이 끝이 없어라 이 집에서 한 번 떠나가면 나는 이제 어느 집으로 향할까 온갖 꽃과 향기로운 풀 아직 다 감상하지도 못하였는데 벌써 땅에 가득히 떨어진 붉은 꽃잎 적막 속으로 돌아가네'라 하지 않고 '온갖 꽃과 향기로운 풀 아직 다 감상하지도 못하였는데 벌써 땅에 가득히 떨어진 붉은 꽃잎 적막 속으로 돌아가네 세월이 유수와 같으니 감동이 끝이 없어라 이곳에서 한 번 떠나가면 나는 이제 어느 곳으로 향할까'로 한다는 것이다. 宮은 본래 家이고 宮闕이고 宮刑이고 宮商角徵羽다. 그래서 宮은 여기서는 내가 지금 머무는 今生이요 또 地球村을 지칭하기로 하였다. 高麗 末 李穡의 시 "看花 꽃을 보며"에 綠陰芳草가 나온다: '綠陰芳草勝花時 一段淸閑付與誰 푸른 잎이 우거진 나무숲 그늘과 향기로운 풀이 꽃을 이기는 때에 한 자락 청아하고 한가함을 누구에게 줄까.' 南朝 陳 後主 陳叔寶의 시 "玉樹後庭花 뒤곁의 아름다운 나무와 꽃"에 落紅滿地歸寂中이 보인다: '花開花落不長久 落紅滿地歸寂中 꽃이 피고 꽃이 지고 오래지 않아 떨어진 붉은 꽃 땅위에 가득히 적막 속으로 돌아가네.' 陳叔寶는 陳나라 마지막 황제로서 국가경영보다는 시와 노래에 뛰어났던 사람이다. 南朝의 찬란한 詩書畵文明에 특별한 자부심을 가지고 있어서 북쪽 오랑캐 隋나라가 쳐들어온다고 하여도 過小評價하고 미녀 張貴妃와 孔貴嬪과 어울려 詩 짓고 歌舞하며 살았던 모양이다. 홍청망청 노는 중에도 짐작하건대 '萬事萬人歸寂中 온갖 일 모든 사람 적막 속에 돌아간다' 정도의 心思가 그의 뇌를 스쳤을 것이다. 나도 그에 感發한 바가 있어서 詩作에 돌입한 것이다. 세월은 흐르는 물처럼 쉬지 않고 빠르게 흘러가는데 나의 삶은 도대체 어디로 가는 것인가. 엊그제 꽃은 만발하더니 오늘은 벌써 잎사귀들 떨어지니 과연 어느 알 수 없는 암흑 지경에 들어가는 것인가. 이승을 마치면 저승은 어딘가... 更子 劈頭부터 心亂하다. 끝으로 餘談 한마디: 隋나라에 패하여 陳은 망하고 진숙보는 長安으로 끌려가서 귀족으로 살다갔는데 두 미녀는 수나라 군대가 바로 죽였다고 한다. 참 못됐다. 다 살려주거나 죽이려면 차라리 국정 부실을 문제 삼아 진숙보를 죽이고 복종하며 살아간 여자들은 놔줄 일 아닌가. 적국의 총대장 한 사람의 목을 베면 되었지 부하들까지 죽이는 것은 배포가 없는 쪼잔한 녀석들의 짓거리다. 그래서인지는 몰라도 隋는 大高句麗를 넘보는 둥 제 料量分數도 모르고 까불다가 나라 세워 40년도 못 되서 망했다. 2020. 1. 1.

〔詩原文〕 8

冠松居士新年所願
관송거사신년소원

新年意向脂肪焌
鍛鍊不休過食兢
眞是明明居士願
極氷崩塌肚皮崩
신년의향지방준
단련불휴과식긍
진시명명거사원
극빙붕탑두피붕

〔시해석〕

관송선생 신년 소원

새해의 목표는 지방을 태우는 것이니
운동을 쉬지 않고 과식도 삼가시네
정말로 명명백백한 선생님의 새해 소원은
북극의 빙하가 무너져 내리듯이 지방 뱃살이 무너지는 것이네

〔平仄構成〕

詩의 平仄構成은 平平仄仄平平仄 仄仄仄平平仄平 仄仄平平平仄仄 仄平平仄仄平平으로 되어있다. 詩는 平起式 七言絶句다. 그리고 詩는 下平聲 十 蒸韻을 썼는데 韻脚은 兢과 崩이다.

〔작법감상〕

冠松居士의 신년의 소원을 더 풀이하자면 이 정도다: '관송선생님께서 올 更子年 새해에 달성하고자 하는 目標는 몸의 肥大한 脂肪分을 태우는 것이라 體力鍛鍊場(Fitness Center)에 나가서 운동을 不撤晝夜로 쉬지 않고 하시며, 過食도, 특히 과다한 저녁식사를, 삼가려 애쓰신다. 그러므로 진정으로 의심의 여지가 없는 선생님의 새해 所願은 북극지방의 氷河가 崩壞되어 무너져 내리듯이 지방의 뱃살이 무너져 내리는 것이라고 마땅히 말할 수 있을 것이다.' 관송 정재길 선생님은 우리 학당의 詩 顧問이시다. 과거 연로하신 선생님들은 다들 세월을 따라서 손을 놓았지만 선생님만은 시 공부를 계속하시고 또 한편 후배들이 공부에 전념할 수 있도록 陰陽으로 지원하시니 度量과 襟度를 갖춘 큰 선배 시인이시다. 평생을 시 공부에 일로매진하여 팔꿈치가 닳고 혀가 닳았다는 中唐의 시인 白居易를 연상하게 한다. 요사이 알게 된 놀라운 사실 하나는 선생님 가족 5인 모두가 서울대출신이라는 것이다. 선생님 사모님 두 따님 그리고 막내 아드님이 다 서울대학교를 다녔다는 말이다. 게다가 사모님 큰 따님 막내 아드님 그리고 며느리 4인이 박사요 교수다. 놀랍지 않는가. 다섯 식구 중에서 누가 가장 공부를 잘하는 사람이냐고 언젠가 여쭈었더니 둘째 따님이라고 말씀하셨다. 그런데 정작 그녀는 공부 쪽으로 가지는 않았다니 人生이라는 것은 족히 豫測不可다. 얼마 전부터 내가 다니는 피트니스센터로 선생님께서도 나오셔서 함께 운동을 한다. 운동은 내가 해묵은 고참이어서 다소간 코치를 해드린다. 나는 타고난 운동기량은 좀 있는 편으로 어렸을 때 권투와 태권도를 했는데 열심히 해서 전국체전에 나가보지 않겠느냐는 제안을 받았다. 미국 유학 중 승마를 여러 해 했는데 귀국하여 승마장에 갔더니 시합에 나갈 수 있는 실력이라고 평가해주었다. 영국 에딘버러대학을 방문하였을 때 골프수업을 받았는데 일주일쯤 지나서 유심히 지켜보던 지도선생이 나에게 골프를 계속하라고 인상적으로 칭찬해 주었다. 코리아라면 박세리 같은 선수가 있지 않느냐며 격려하였다. 말이 길어졌다. 선생님께서는 현재 센터에서 Personal Trainer로부터 재활운동을 받고 끝나면 나와 함께 팔과 허리와 다리의 운동을 하고 계신다. 그러던 중 선생님의 건강검진에서 문제점이 하나 포착되었는데 腹部肥滿이었다. 그래서 올해 목표는 상징적으로 腹部를 正常으로 되돌리는 것이 되었다. 그리고 가능하면 턱걸이(Chin-up)를 1개 이상 하는 것이다. 턱걸이는 여러 가지 의미로 모든 운동의 코어가 되고 체력측정의 리트머스시험지라고도 할 수 있다. 조금은 어렵지만 아주 중요한 운동이다. 갖가지 운동을 잘하면서도 턱걸이 못하는 사람이 종종 있다. 그러나 턱걸이 잘하는 사람이 제 운동을 못하는 경우는 없다고 생각해도 크게 틀리지 않는다. 관송선생님의 올 更子年 새해 소망은 그러므로 '지방 태우고 턱걸이 하는' 것이다. 선생님의 萬壽無疆을 기원한다. 焌은 平仄共用이며 여기서 仄으로 사용한 것이다. 過는 허물의 뜻에서는 仄聲이고 그 외에는 平仄共用이라서 여기서 지나침이라는 뜻으로 平聲으로 쓰였다.

2020. 1. 5.

〔詩原文〕 9

于仁寺學堂期木覓布衣先生終乃不至吟咏
우인사학당기목멱포의선생종내부지음영

苦待布衣終不至
茫然自失齊顰呻
海東墨客尤欷泣
椅子空余少一人
고대포의종부지
망연자실제빈신
해동묵객우희읍
의자공여소일인

〔시해석〕

인사동 학당에서 목멱포의 선생을 기다렸으나 끝내 오지 않아 작게 소리 내어 읊조린다

목멱포의 선생을 학수고대하였으나 종내 오지 않으니
망연자실하여 다 같이 견디기 어려워하며 끙끙거린다
해동성국의 시인묵객들 더욱 흐느껴 우는 것은
한 사람이 적어서 의자 하나가 남아 비어있기 때문이라

〔平仄構成〕

詩의 平仄構成은 仄仄仄平平仄仄 平平仄仄仄平平 仄平仄仄平平仄 仄仄平平仄仄平으로 되어있다. 詩는 仄起式 七言絶句다. 그리고 詩는 韻字는 上平聲 十一 眞韻을 썼는데 韻脚은 呻과 人이다.

〔작법감상〕

盛唐의 自然派 시인 孟浩然의 시 "宿業師山房待丁大不至 승려 업의 산방에서 묶으며 정대를 기다렸으나 오지 않았다"에 절실하고 아름다운 기다림이 잘 보인다: '之子期宿來 孤琴候蘿徑 그대 와서 하룻밤 묶겠다고 약속하였기에 홀로 거문고 껴안고 담쟁이넌출 우거진 오솔길에서 기다린다.' 盛唐의 또 다른 自然派 시인 王維의 시 "九月九日憶山東兄弟 구월구일 중양절에 산동의 형제들을 생각한다"에서는 한 사람이 적어서, 不在해서, 아쉬운 것을 잘 드러내었다: '遙知兄弟登高處 遍揷茱萸少一人 멀리서도 알겠노라 형제들 높은 곳에 올라서 머리에 두루 수유를 꽂는데 한 사람 적은 것을.' 지금 나의 시 "于仁寺學堂期木覓布衣先生終乃不至吟咏 인사동 학당에서 목멱포의 선생을 기다렸으나 끝내 오지 않아 작게 소리 내어 읊조린다"를 쓰게 된 동기는 바로 위 맹호연과 왕유의 작품을 한시학당에서 감상하면서 생겨났다. 1부 "唐詩三百首" 강독시간에 맹호연의 간절하고 순진무구한 벗의 기다림의 시를 감상하는데 하필 이제까지 perfect attendance award를 자랑하던 그리고 학당의 '萬里長城'으로 손꼽히는 목멱포의 홍기원 선생의 모습이 보이지 않게 되자 사람들은 심리적으로 기다림으로 점점 초조해지질 수밖에 없었다. 그런데 게다가 2부 "三體詩" 작법시간에는 왕유의 시가 고향의 부모형제가 마침 모두 한자리에 모여 重陽名節을 보내는데 오직 한 사람 자신만이 서울 長安에 유학하고 있었던 탓으로 빠져있는 외롭고 고통스러운 심사를 읊조리는 것이라 학당의 시인들은 마찬가지로 목멱포의 한 사람의 부재에 감개가 더욱 커졌다. 결국 우리는 異口同聲으로 '少一人 한 사람이 적다'는 싯구로 시를 한편 쓰고야말겠다는 결론에 이르게 되었다. 시 탄생의 사연이 그렇다. 이제나저제나 목멱포의 선생께서 오기를 몹시도 애타게 기다렸으나 끝끝내 오지 않으니 우리들은 모두 무언가를 잃어버린 듯이 실의에 빠져 정말 얼굴을 찌푸리고 마주보며 신음하였다고 하였다. 起承이다. 이어서 轉結에서는 감정이 더더욱 고조되면서 海東盛國의 詩人墨客들이 흐느껴 울기 시작하는데 목멱선생의 결석으로 한 사람이 적어서 늘 선생께서 차지하였던 의자가 남아 비어있는 것을 목도하였기 때문이라고 하였다. 늘 곁에 있던 사람이 갑자기 자리를 비우게 되는 것을 경험하는 것은 참 서글픈 인생살이다. 물론 목멱선생의 경우는 사정으로 暫時 자리를 비우는 것이지만 이것이 永遠한 이별이라면 얼마나 罔極之痛한 일이 되겠는가. 이래저래 헤어짐은 슬프다. 개인적으로 좋아하는 晩唐의 放浪詩人인 于武陵은 시 "勸酒 술을 권함"에서 '花發多風雨 人生足別離 꽃이 피면 비바람도 많은 법 인생은 족히 이별이라오'라고 말하는데 그것은 꽃은 피게 되어있는데 피는 데는 비바람이 많다는 것이고 사람은 살아가게 되어있는데 사는 데는 이별이 많다는 것이라고 말하는 것이다. 사람의 운명으로 하찮은 微物인(?) 꽃을 위로한 것이 아니라 꽃의 운명으로 만물의 靈長인(?) 사람을 위로한 것이니 우리의 삶에 더욱 悲感할 수밖에 없다. 2020. 1. 9.

〔詩原文〕 10

自遣
자견

衣錦還鄕希望雄
欲成費力未成終
赴湯齷齪身更退
不顧驅馳心已空
泣斬斷緣留暗黑
乾坤訣別在荒叢
徒勞昔日競爭業
萬事萬人歸寂中
의 금 환 향 희 망 웅
욕 성 비 력 미 성 종
부 탕 악 착 신 갱 퇴
불 고 구 치 심 이 공
읍 참 단 연 유 암 흑
건 곤 결 별 재 황 총
도 로 석 일 경 쟁 업
만 사 만 인 귀 적 중

〔시해석〕

스스로 생각을 달래다

금의환향함에 꿈이 원대하였는데
이루려 노력하였으나 끝내 다 이루지 못하였다
물불을 가리지 않고 악착같이 일했더니 몸은 더욱 쇠하여지고
무엇도 꺼리지 않고 달리고 달렸더니 마음은 이미 공허하더라
읍참마속 심정으로 인연을 끊으니 암울한 칠흑에 혼자 남아 머물고
건곤일척 심정으로 관계를 끊으니 황량한 수풀에 혼자 남아 있더라
부질없이 지난날 다툼을 일삼았구나
온갖 일 모든 사람 적막 속으로 돌아가는 것을

〔平仄構成〕

詩의 平仄構成은 平仄平平仄仄平 仄平仄仄仄平平 仄平仄仄平仄仄 仄仄平平平仄平 仄仄仄平平仄仄 平平仄仄仄平平 平平仄仄仄平仄 仄仄仄平平仄平으로 되어있다. 詩는 仄起式 七言律詩다. 그리고 詩는 上平聲 一 東韻을 썼는데 韻脚은 雄, 終, 空, 叢, 中이다. 그리고 3句와 4句에서는 雙拗가 쓰였는데 本來 3句의 下三字는 平平仄이어야 하는데 平仄仄으로 되어, 卽 身更退로 되어, 6字의 平字가 毁損되었다. 그래서 4句의 5字는 本來 仄字여야 하는데 平으로 바꿔서, 卽 心으로 바꿔서, 毁損된 平을 回復시켰다. 이로써 合律이 된다. 또 7句와 8句에서는 孤平拗救가 쓰였는데 本來 7句의 下三字는 平平仄이어야 하는데 仄平仄으로 되어, 卽 競爭業으로 되어, 5字의 平字가 毁損되었다. 그래서 8句의 5字는 本來 仄字여야 하는데 平으로 바꿔서, 卽 歸로 바꿔서, 毁損된 平을 回復시켰다. 이로써 모두 合律이 된다. 그리고 中央四句의 下三字는 前聯과 後聯의 境遇에 文法構造를 다르게 配置하여 意味上 各各 身 更 退, 心 已 空, 그리고 留 暗黑, 在 荒叢으로 읽히게 되어 四言一法 忌避의 原則을 따라서 平板을 避하고 錯綜을 지켰다. 그러나 詩의 韻을 달지 않은 仄聲字 곧 退, 黑, 業은 次例로 去聲 入聲 入聲으로 上尾가 되어 所謂 四聲遞用의 法則을 毁損하였다. 白玉微瑕라 할 것이다.

〔작법감상〕

漢詩에서 '遣'은 '보내다'나 '하게하다'는 사역조동사로 쓰이는 외에도 자못 중요하게 '감정을 풀다' '떨쳐버리다' '달래다' 등의 의미로도 종종 쓰인다. 그래서 '自遣'이란 후회스러운 '푸념'이요 '넋두리'요 '하소연'이요 '자기반성'이요 '자기위안'이다. 말하자면 詩를 지어서 근심을 풀고 스스로를 위로하는 것이다. 언젠가 浩亭 河永燮 선생님께서는 自遣이란 일종의 '신세타령'이라고 말씀하신 적이 있는데 그것 또한 적절한 재미있는 풀이가 될 것이다. 遣을 제목으로 등장시키는 시가 얼른 세어도 여럿 보인다. 中唐의 元稹의 "遣悲懷 슬픈 감회를 떨쳐버리다"가 있고, 晩唐의 杜牧의 "遣懷 마음을 달래다"가 있고, 晩唐의 陸龜蒙의 "自遣 나의 푸념"이 있고, 그리고 우리 朝鮮의 尹善道의 "遣懷謠 감정을 풀어버리는 노래"가 있다. 그러므로 위 시는 필자 나 자신의 괜한 푸념이요 넋두리이며 신세타령이기도 하다. 돌아보면 미국에서 유학을 마치고 錦衣還鄕할 때 꿈이 컸는데 이루려고 切齒腐心 노력하였으나 끝내 다 이루지 못하였다. 赴湯蹈火라던가, 물불을 가리지 않고 악착같이 일하니 몸은 더욱 쇠하여지고, 不顧一切라던가, 아무것도 꺼리지 않고 달리고 달리니 마음은 이미 공허하더라. 泣斬馬謖하는 심정으로 인연을 끊으니 암울한 칠흑 속에 혼자 남아 머물고 乾坤一擲하는 심정으로 관계를 끊으니 황량한 수풀 속에 혼자 남아 있더라. 아아, 돌이켜 보건대, 부질없이 지난날 다툼만 일삼았구나, 온갖 일 모든 사람 적막 속으로 돌아가는 것을... 中唐의 自然派 韋應物의 "休日訪人不遇 쉬는 날 벗을 방문하였으나 만나지 못하다"에 驅馳가 등장한다: '九日驅馳一日休 尋君不遇又空還 구일 동안 분주히 돌아다니다가 하루 휴가가 생겨서 그대를 찾았으나 만나지 못하고 또 헛걸음으로 돌아가네.' 南朝 陳 陳叔寶의 시 "玉樹後庭花 뒤뜰의 아름다운 나무와 꽃"에 歸寂中이 등장한다: '花開花落不長久 落紅滿地歸寂中 꽃이 피고 꽃이 지고 오래지 않으니 떨어진 붉은 꽃 땅위에 가득히 적막 속으로 돌아가네.' 更子年 설날에.

〔詩原文〕 11

以溫柔敦厚的精神學詩
이온유돈후적정신학시

子美勞心耽美句
樂天樂府病民慬
溫柔敦厚誓將悟
雄渾氣魂資韻文
자미노심탐미구
낙천악부병민근
온유돈후서장오
웅혼기혼자운문

〔시해석〕

온유돈후의 정신으로써 시공부하리

두자미는 마음을 태우고 애쓰며 아름다운 시구를 추구하고 사랑하였다
백낙천은 악부시운동을 전개하며 백성을 병들게 하는 정치를 걱정하였다
시공부의 가르침이 되는 온유돈후의 정신을 나도 맹세코 장차 깨달아
웅혼한 기상의 시를 짓는데 쓰리라

〔平仄構成〕

詩의 平仄構成은 仄仄平平平仄仄 仄平仄仄仄平平 平平平仄仄平仄 仄仄仄平平仄平으로 되어있다. 詩는 仄起式 七言絶句다. 그리고 詩는 韻字는 上平聲 十二 文韻을 썼는데 韻脚은 慬과 文이다. 그리고 3, 4句에서는 孤平拗救가 쓰였다. 本來 3句의 下三字의 平仄은 平平仄이어야 하나 5字에 仄字 誓字를 써서 平이 毁損되었다. 4句의 下三字는 本來 仄仄平이어야 하나 5字에 平字 資字를 써서 以前에 毁損된 平을 復舊하였다. 이로써 모두 合律이 된다.

〔작법감상〕

"禮記"에 '孔子曰 其爲人也 溫柔敦厚 詩教也 공자 가라사대 그 사람됨이 온유돈후한 것은 시의 가르침이다'고 되어있다. 溫柔敦厚는 부드럽고 도탑다는 의미이나 詩에서는 轉用하여 기교를 부리거나 鄙陋한 노골적인 표현을 삼가는 것을 뜻하고 동시에 雄壯함과 맑음과 순수함이 풍기는 독실한 정취를 의미하게 된다. "論語"에는 '孔子曰 溫故而知新 可以爲師矣 공자 가로되 옛것을 익히고 미루어 새것을 깨치면 비로소 남을 가르칠 수 있다'고 되어있다. 인간은 경험의 동물이니 경험을 되살리는 것이 마땅할 것이며, 시간공간의 제약 때문에, 결국 사용가능한 최고의 과거사를 간접적으로나마 경험하는 것이 최선일 것이다. 생각건대 공자 말씀은 딱 맞는 말이요 참 유효한 제안이다. 그래서 '2020. 02. 02.'이라는 숫자적으로 아주 특별한 날을 맞아서 나의 시공부의 '溫故知新的 溫柔敦厚 獨立宣言書'를 마련한다는 심정으로 이 시를 쓴 것이다. 子美 杜甫의 시 "江上値水如海勢聊短述 강변에서 바다의 기세와 같은 물을 만나서 애오라지 짧게 짓는다"에 耽佳句가 나온다: '爲人性僻耽佳句 語不驚人死不休 사람의 됨됨이 편벽되어 잘 지은 글귀만을 탐닉하니 시어가 사람을 놀라게 하지 않으면 죽어서도 쉬지 않으리라.' 樂天 白居易는 古樂府에 맞서 新樂府운동을 전개한 사람이다. 樂府詩는 원래 人情과 風俗을 노래한 民歌를 樂府가 수집한 것이거나 또는 이를 모방한 文士들의 작품을 말한다. 六朝 이전을 고악부라 하고 唐代 이후를 신악부라 부르는데 白居易는 元稹 王建 張籍 劉禹錫 등과 함께 신악부운동을 이끌면서 詩는 마땅히 백성의 疾苦와 사회의 弊端을 고발하여야한다고 선언하였다. 東西古今의 예술사적 측면에서 본다면 시대의 사회적 현실문제에 관심을 갖고 그것을 작품에 충실히 묘사하고 반영하여야한다는 社會的 實在論(Social Realism)의 입장에 가깝다. 岑參의 시 "與高適薛據同登慈恩寺浮屠 고적과 설거와 함께 자은사탑에 올라서"에 淨理了可悟와 誓將掛冠去가 나온다: '淨理了可悟 勝因夙所宗 誓將掛冠去 覺道資無窮 청정적멸의 이치 마침내 깨치리니 특별히 좋은 인연 일찍부터 믿었던 바라 맹세코 장차 관직을 버리고 가서 도를 깨달아 무궁무진에 쓰리라.' 漢詩의 전통에서 雄壯하고 雄勁한 것을 강조하는 것은 "論語"에서 시를 논하면서 등장한다: '曾向吟邊問古人 詩家氣象貴雄渾 일찍이 시단에서 고인에게 물으니 시인의 기상은 웅혼한 것을 귀히 여긴다고 한다.' 그리고 끝 '資'는 '쓰다'나 '의지하다'의 의미일텐데 北宋 司馬光의 "資治通鑑"의 '資'의 사용과 상통한다. 과거역사를 꿰뚫어 국가사회의 흥망성쇠를 교훈으로 거울삼아 미래의 통치에 쓴다는, 의지한다는, 밑천이 되게 한다는 것이다.

〔詩原文〕 12

奉觀韓濩寓興書蹟
봉관한호우흥서적

弼善杜蘭欽晝夜
石峯筆勢浩縱橫
然王逸少遭爬下
正李如松蒙獻呈
篆隷眞行各書跡
詩經論語益精誠
奉觀好誼和好字
感慨無量人骨淸
필선두란흠주야
석봉필세호종횡
연왕일소조파하
정이여송몽헌정
전예진행각서적
시경논어익정성
봉관호의화호자
감개무량인골청

〔시해석〕

한호의 우흥 서적을 삼가 받들어 보고서

조필선 학사의 인품의 향기를 밤낮으로 공경하는 마음이라
한석봉의 글솜씨가 가로로 세로로 호탕하고 광대하다
과연 동진의 왕희지의 필력을 넘어섰다고 평가되었다하며
정말 명나라 이여송은 간청하여 한 폭의 글을 소장하게 되었다한다
전서 예서 해서 행서 초서에 이르도록 각종의 서체를 다 써서
사서오경의 논어와 시경을 빌어서 넘치도록 가득 정성을 담았구나
좋은 우정 빼어난 붓글씨 삼가 지켜보고 있노라니
감개가 무량하여 마음속 깊은 곳까지 맑아지는구나

〔平仄構成〕

詩의 平仄構成은 仄仄仄平平仄仄 仄平仄仄仄平平 平平仄仄平平仄 平仄平平平仄平 仄仄平平仄平仄 平平平仄仄平平 仄平仄仄平仄仄 仄仄平平平仄平으로 되어있다. 詩는 仄起式 七言律詩다. 그리고 詩는 下平聲 八 庚韻을 썼는데 韻脚은 橫, 呈, 誠, 淸이다. 그리고 5句의 下三字에서는 單拗가 쓰였다. 本來 下三字의 平仄의 構成은 平仄仄인데 仄平仄이 되어, 卽 各書跡으로 되어, 5字에서 毁損된 平字를 6字에서 回復한 것이다. 이는, 下三字에 孤平現象이 發生하였으나 挾平格으로 肯定的으로 看做하며, 本句 自救의 方法으로 合律이 된다. 또한 7句와 8句에서는 雙拗가 쓰였는데 本來 7句의 下三字는 平平仄이어야 하는데 平仄仄으로 되어, 卽 和好字로 되어, 6字의 平字가 毁損되었다. 그래서 8句의 5字는 本來 仄字여야 하는데 平으로 바꿔서, 卽 人으로 바꿔서, 毁損된 平을 回復시켰다. 이로써 亦是 合律이 된다. 그리고 中央四句의 下三字는 前聯과 後聯의 境遇에 文法構造를 다르게 配置하여 意味上 各各 動詞+名詞 動詞+名詞 그리고 形容詞+名詞 形容詞+名詞로 읽히게 되어 四言一法 忌避의 原則을 따라서 平板을 避하고 錯綜을 지켰다. 또한 詩의 韻을 달지 않은 仄聲字 곧 夜, 下, 跡 字는 次例로 去聲 上聲 入聲 去聲으로 上尾를 피하여 所謂 四聲遞用의 法則에 充實하였다.

〔작법감상〕

얼마 전 學堂에서 開化工程美術 所藏의 조선 명필 石峯 韓濩의 書跡을 함께 보았는데 그 感觸을 쓴 것이다. 韓石峯(1543-1605)이 존경하는 벗 曺弼善學士에게 선물로 써 준 卄四丈이나 되는 書帖인데, 첩 말미에 이렇게 쓰여 있다: '萬曆卅二年甲辰中夏下浣爲曺弼善學士書 石峯 만력 32년(1604년) 갑진년 음력 오월 하순에 조필선 학사를 위하여 석봉이 씁니다.' 弼善 직책의 曺씨를 아직 밝히지는 못했으나 弼善은 조선시대 王世子에게 經書를 강의하고 道義를 가르치는 世子侍講院 소속의 정4품 벼슬이다. 서첩 첫 장에 소장역사(provenance)를 추정할 수 있는 큼직한 2顆의 印章이 있는데 이 또한 밝히지 못하고 있다. (사실 후세 士林으로서 마땅히 조필선도 누구인지 찾아내야하고 도서의 주인도 찾아야한다. 그렇게 되면 한호와 조씨와 그리고 도장의 주인의 관계가 좀 더 밝혀질 수 있을 것이다. 또 그러면 모르긴 몰라도 미술품의 가치도 대략 1.5배정도 상승할 것으로 자체적으로 판단하고 있다.) 한호는 몇 차례 使臣의 寫字官으로 明나라에 갔었는데 명의 관료들로부터 그의 筆致가 逸少 王羲之와 淸臣 顔眞卿에 匹敵한다는 평가를 받았다. 壬辰倭亂과 丁酉再亂 때 조선에 왔던 제독 李如松과 麻貴도 그의 친필을 부탁하여 얻어갔다고 한다. 마치 선배가 후배 벗을 애써 아껴 챙기듯이 篆書 隸書 楷書 行書 草書에 이르도록 각종의 書體를 빠짐없이 고루고루 다 써서 고전의 최고의 지혜가 넘쳐나는 四書五經의 論語와 詩經으로 정성을 가득가득 담아내어 선물하고 있음이다. 흠모하는 벗에게 써준 조선 서예의 명인의 다정다감한 진정한 붓 痕迹이다. 그러므로, 응당, 좋은 우정 그리고 뛰어난 글솜씨를 삼가 지켜보고 있노라니 마음속에서 느끼는 감동이 끝이 없어 骨髓까지 맑아지게 된다. '奉觀'이나 '奉和'는 작품을 보거나 작품에 답할 때 많이 쓰는 표현으로 沈佺期 宋之問을 비롯한 初唐 宮廷詩人의 應製詩 작품에 특히 많이 눈에 띈다. 蘭杜는 蘭草와 杜若의 향풀이나 곧장 사람의 人品을 노래함에 있에서 풍기는 香氣로 전용되어왔는데 盛唐의 王昌齡의 "同從弟南齋翫月憶山陰崔少府 사촌 아우와 함께 남재에서 달을 감상하며 산음의 최소부를 생각한다"에 보인다: '千里其如何 微風吹蘭杜 천리 길 그 얼마나 멀던가 살살 부는 바람 난초와 두약의 향기 불어오네.' 盛唐의 元結의 두 편의 시 "舂陵行 幷序 용릉의 노래 서문을 아우르다"와 "賊退示官吏 幷序 도적이 퇴각함에 관리들에게 보인다 서문을 겸하여 적는다"를 읽고 쓴 盛唐의 杜甫의 시 "同元使君舂陵行 원결 사신의 용릉의 노래에 동감하며"에 浩縱橫이 보인다: '道州憂黎庶 詞氣浩縱橫 도주자사 원결이 백성을 걱정하니 글의 기운이 종으로 횡으로 크고 넘친다.' 그리고 中唐의 韋應物의 시 "休日訪人不遇 쉬는 날 벗을 방문하였으나 만나지 못했다"에 淸人骨이 보인다: '怪來詩思淸人骨 門對寒流雪滿山 이상하게도 시상이 떠올라 인골까지 맑은데 문은 차가운 물줄기를 마주하고 눈은 산에 가득하여라.' 首聯 頷聯 頸聯은 모두 對仗이다. 2020. 2. 8.

〔詩原文〕 13

百里千番
백 리 천 번

淸溪川與洞淸涼
北岳山和木覓崗
百里千番步行道
天時膳白骨難忘
청 계 천 여 동 청 량
북 악 산 화 목 멱 강
백 리 천 번 보 행 도
천 시 선 백 골 난 망

〔시해석〕

백리거리 천번걷기

청계천과 청량리
북악산과 목멱산
백리천번의 보행도로라
하늘이 때맞춰 선물로 주시니 은혜가 백골난망이오

〔平仄構成〕

詩의 平仄構成은 平平平仄仄平平 仄仄平平仄仄平 仄仄平平仄平仄 平平仄仄仄平平으로 되어있다. 詩는 平起式 七言絶句다. 그리고 詩는 下平聲 七 陽韻을 썼는데 韻脚은 涼과 崗과 忘이다. 그리고 3句의 下三字에서는 單拗가 쓰였다. 本來 下三字의 平仄의 構成은 平仄仄인데 仄平仄이 되어, 卽 步行道로 되어, 5字에서 毁損된 平字를 6字에서 回復한 것이다. 이는, 下三字에 孤平現象이 發生하였으나 挾平格으로 肯定的으로 看做하며, 本句 自救의 方法으로 合律이 된다.

〔작법감상〕

청계천과 청량리를 걷고 북악산과 목멱산을 걷는다. 百里距離 千番步行의 네 곳 步行道라. 하늘이 때마침 선물로 주시니 죽어서 백골이 되어도 은혜를 잊을 수 없으리라. 그 각별한 은혜가 진정 刻骨難忘이요 沒齒不忘이다. 나는 매주 일요일에(가끔은 사정으로 다른 요일에) 백리거리 42.195km를 시속 5.5-6km로 걷는다. 2016년 6월 재미삼아 처음 시작하였는데 시간이 흐르면서 1000회를 달성하겠다는 fitness로서의 목표가 서게 되었다. 그리고 그 장기계획은 이름하여 '百里千番'이라고 부르게 된 것이다. 시방 200번에 근접하고 있는데 1000번까지는 아직 갈 길이 멀다. 그래도 200회만으로도 서울부산간(약400km) 왕복 10회가 되니 그것도 나름 성과가 되고 1000회는 지구둘레가 약40000km라 球 한 바퀴를 도는 것이 될 것이니 그것은 상당한 기록이 될 것 같다. 백리천번은 주로 나 혼자 걷지만 때때로 벗들과 제자들과 그리고 미술상인회원들과 同行하기도 한다. 그리고 步行路는 네 곳 곧 清溪川 清涼里 北嶽山 木覓山 길이다. 清溪川변은 도심에서 외곽까지 변천하는 풍광을 잘도 말해줘서 마냥 흥겹고 清涼里행은 전통적 종로통이라 우리 張三李四 인민들의 아기자기한 삶의 애환을 구경할 수 있어서 또한 좋다. 北嶽山길은 나름 험준하여 우리 민족의 강한 기상을 보는 듯하고 南山 木覓山은 나지막한 것이 우리 겨레의 따뜻하고 부드러운 손님 맞는 마음씨 같은 느낌을 준다. 청계천가를 홀로 걷다보면 종종 나른해지기 쉬운데 가끔은 나를 앞질러 가는 '速度派'가 있어 흥미롭다. 그때는 나도 다시 운동 속도를 추스르면서 바짝 그를, 그녀를, 뒤따른다. 한 3m 정도 떨어져서 따라가는데, 그리고 내가 앞지르게 되면 우리의 速步競走가 그냥 끝나버리기 십상이어서 결코 따라잡지(overtake) 않는데, 그것은 내가 상대의 뛰어난 速步를 인정하고 함께 걷고 싶다는 신호이자 사인이며 계속가라는 자극과 격려의 메시지다. 30분 때로는 1시간씩 드물게는 1시간 반이 되도록 지속되기도 한다. 시속 6-6.5km로 더 센 운동을 함께 하게 해준 고마운 탓으로 나는 결코 추월하지 않은 채로 끝내게 되는데 상대에게 기꺼워하는 마음으로 勝利를 증정하는 바다. 나는 이 걷기운동에 관심을 갖게 되면서 언제부턴가 이 네 보행길을 허락해 준 神께 감사하는 마음이 생겼고, 보행로들은 정말 보면 볼수록 장하고 아름답다고 여겨졌었다. 그래서 시로 읊은 것이고, 그래서 詩의 韻字를 '볕 陽'이 아닌 '깎을 刪'으로도 다음과 같이 해볼 수 있었다: '清溪川與清涼裏 北岳山兼木覓山 百里千番步行路 天時物膳壯和閑 청계천과 청량리 북악산과 목멱산 백리천번의 보행도로라 하늘이 때맞춰 주신 선물 기상이 씩씩하고 아름다워라.' 전자의 시는 보행길이 주어짐에 감사하는 마음을 그린 것이요 후자의 시는 보행길의 장하고 우아한 모습을 찬양한 것이다. 2020. 2. 15.

〔詩原文〕 14

會者定離
회자정리

問君不見枉常尋
合久必分長久箴
相遇相離行路頗
那何聚散那傷心
문군불견왕상심
합구필분장구잠
상우상리행로파
나하취산나상심

〔시해석〕

회자정리

그대는 보지 못하였는가 묻노라 변함없음을 찾는 것은 헛수고임을
합함이 오래면 반드시 나뉨이 있음은 영구한 세월이 가르쳐주는 잠언이거늘
상봉과 이별은 인생행로에 파다한 것
무엇 때문에 모이고 흩어짐에 그토록 가슴 아파하는가

〔平仄構成〕

詩의 平仄構成은 仄平仄仄仄平平 仄仄仄平平仄平 平仄平平平仄仄 仄平仄仄仄平平으로 되어있다. 詩는 平起式 七言絶句다. 그리고 詩는 下平聲 十二 侵韻을 썼는데 韻脚은 尋과 箴과 心이다.

〔작법감상〕

會者定離란 사람은 누구나 만나면 언젠가는 헤어지기 마련이라는 뜻으로 人生의 無常함을 지적하는 본래 佛教 "法華經 법과 꽃의 경전"의 말이다. 無常이란 常住 곧 늘 그대로 있음이 없음을 말하니 生者必滅과 盛者必衰의 理致를 밝혀주는 것이다. 무릇 인생이 덧없음을 에두르는 표현으로, 그리고 이별의 아쉬움을 일컫는 표현으로, 일상 사용된다. 萬海 韓龍雲의 시 "님의 침묵"에서 보인다: '사랑도 사람의 일이라 만날 때에 미리 떠날 것을 염려하고 경계하지 아니한 것은 아니지만, 이별은 뜻밖의 일이 되고 놀란 가슴은 새로운 슬픔에 터집니다.' 明初 羅貫中의 소설 "三國志通俗演義 삼국의 기록을 통속적으로 풀어 부연설명하다"에서도 보인다: '話說 天下大勢 分久必合 合久必分 말하자면 세상천지의 대국적 형세는 나뉨이 오래면 반드시 합하고 합함이 오래면 반드시 나뉜다.' 그래서, 정말 그런 이유로 그래서, 인간의 힘으로는 어찌할 수 없는 만남과 헤어짐을 그토록 애달파하지는 말자는 나의 짧은 所見을 시에 담아내려고 하였다: '그대는 보지 못하였는가 묻노라 불변함을 탐색해서 찾는 것은 보람 없이 애쓰는 헛수고임을, 합함이 오래면 반드시 나뉨이 있음은 유구한 세월이 가르쳐주는 경계의 교훈이거늘! 상봉과 이별은 인생행로에 파다한 것, 무엇 때문에 모이고 흩어짐에 그리도 애태우는가!' 보통 우리가 會者定離라하면 이별의 슬픔을 우선 써내려가기가 쉽지만 파격적으로 사람의 意表를 찌르듯, 기발한 發想을 노릴 듯, 常住를 추구하는 일이 徒勞에 불과한 것을 일찍이 보지 못하였느냐고 나무라듯 글의 劈頭부터 묻는다. 分久必合 合久必分 나뉜 지 오래면 반드시 합쳐지고 합친 지 오래면 반듯이 분열한다는 千秋萬古의 장구한 세월에 전하는 경계하는 箴言을 잊었더란 말인가. 起句와 承句의 場面設置다. 그러고서야 轉句와 結句에서 비로소, '無常'에서 '合分'으로 또 '逢別'로 생각을 좇아가면서, 會者定離 去者必返 만난 사람은 헤어지고 떠난 사람은 돌아온다는 輪回的 定則이 인생살이에 頗多하게 퍼져있다는 사실을 주지시키면서, 우리 함께 상봉과 이별의 삶에 너무 마음 아파하지 말자고 결론적으로 나 나름의 제안적 見解를 밝힌다. 盛唐의 李白의 시 "將進酒 술을 권하여 드리려 함에"에 君不見이 나온다: '君不見 黃河之水天上來 奔流到海不復回 그대는 보지 못하였는가 황하의 강물이 하늘에서 내려와 세차게 흘러 바다에 이르면 다시 못 돌아오는 것을.' 李白의 "蜀道難 촉으로 가는 길 어려워라"에 問君이 나온다: '問君西遊何時還 畏途巉巖不可攀 그대에게 묻노니 서쪽 촉으로 가면 언제나 돌아오나 험한 길 가파른 바위 더위잡을 수 없네.' 李白의 시 "行路難 가는 길 험하여라"에 行路難이 거듭 나온다: '行路難 行路難 多岐路 今安在 갈 길이 험하구나 갈 길이 험하구나 갈림길 많은데 지금 어디에 있는가.' 그리고 中唐의 韋應物의 시 "初發揚子寄元大校書 양자 나루를 막 떠나면서 교서랑 원대에게 시를 써 부친다"에 相遇가 나온다: '今朝爲此別 何處還相遇 오늘 아침 이처럼 헤어지면 어디서 다시 만날 수 있을까.' 2020. 2. 22.

〔詩原文〕 15

燈節夕次大口浦口
등절석차대구포구

鷗下浦洲沙渚澄
人歸洞巷竈烟騰
冥冥密藪芳薰散
浩浩平邍風颯淩
月出燃燈緊忙急
星升童戲盡情興
忽聞淨水哱囉舞
極樂往生疑相增

구하포주사저징
인귀동항조연등
명명밀수방훈산
호호평원풍삽릉
월출연등긴망급
성승동희진정흥
홀문정수바라무
극락왕생의상증

〔시해석〕

연등절 저녁에 대구포구에서 머물다

바다갈매기 내려앉은 포구 모래섬에는 해수물가가 맑디맑고
사람들 돌아간 동네 거리에는 부엌연기가 피어오른다
무성한 빽빽한 숲에서는 꽃향기 뿜어져 흩어지고
드넓은 평탄한 들판에서는 삽삽하게 부는 바람소리 다가온다
달이 솟자 사람들 연등회 채비로 바삐 서두르고
별이 뜨니 아이들 호기동희 놀이로 한껏 흥겹구나
문득 천년고찰 정수사에서 바라춤사위 노랫가락 들려오니
극락왕생 하였는가 나는 더욱 착각하게 되네

〔平仄構成〕

詩의 平仄構成은 平仄仄平平仄平 平平仄仄仄平平 平平仄仄平平仄 仄仄平平平仄平 仄仄平平仄平仄 平平平仄仄平平 仄平仄仄仄平仄 仄仄仄平平仄平으로 되어있다. 詩는 仄起式 七言律詩다. 그리고 詩는 下平聲 十 蒸韻을 썼는데 韻脚은 澄, 騰, 淩, 興, 增이다. 그리고 5句의 下三字에서는 單拗가 쓰였다. 本來 下三字의 平仄의 構成은 平仄仄인데 仄平仄이 되어, 卽 緊忙急으로 되어, 5字에서 毁損된 平字를 6字에서 回復한 것이다. 이는, 下三字에 孤平現象이 發生하였으나 挾平格으로 肯定的으로 看做하며, 本句 自救의 方法으로 合律이 된다. 또한 7句와 8句에서는 孤平拗救가 쓰였는데 本來 7句의 下三字는 平平仄이어야 하는데 仄平仄으로 되어, 卽 哼囉舞로 되어, 5字의 平字가 毁損되었다. 그래서 8句의 5字는 本來 仄字여야 하는데 平으로 바꿔서, 卽 疑로 바꿔서, 毁損된 平을 回復시켰다. 이로써 亦是 合律이 된다. 그리고 中央四句의 下三字는 前聯과 後聯의 境遇에 文法構造를 다르게 配置하여 意味上 各各 名詞+動詞 名詞+動詞 그리고 副詞+動詞 副詞+動詞로 읽히게 되어 四言一法 忌避의 原則을 따라서 平板을 避하고 錯綜을 지켰다. 또한 詩의 韻을 달지 않은 仄聲字 곧 散, 急, 舞 字는 次例로 去聲 入聲 上聲으로 上尾를 피하여 所謂 四聲遞用의 法則에 充實하였다.

〔작법감상〕

首聯에서, 먼저, 浦口의 어귀에 배를 대고 뭍에 올라서 모래톱과 마을을 바라보면서 들어오는 景色을 사실대로 베꼈다. 갈매기 내려앉은 모래톱에는 해수물가 맑고 사람들 돌아간 동구 밖에는 부엌연기가 모락모락 피어오른다. 동리에 들어서서, 頷聯에서, 눈앞에 펼쳐지는 숲속과 들판언덕의 姿態를 또한 생생하게 베꼈다. 무성한 빽빽한 숲에서는 꽃향기 뿜어져 흩어지고 드넓은 평평한 들녘에서는 부는 바람소리 삽삽하게 달려온다. 頸聯에서, 시간이 흐르면서 달이 솟아오르고 별이 뜨니 사람들은 燃燈會 준비로 부산나고 아이들은 사월초파일 연등행사 마련을 위하여 벌이는 아동놀이 呼旗童戱로 신바람이 났음이 실컷 펼쳐지고 있다. 그리고 尾聯에서는, 산속에 자리 잡은 千年 禪刹 淨水寺를 향하여 발길을 재촉하며 동구 밖으로 나서는데 갑자기 寺刹에서 法鼓를 세우고 長衫을 입고 북채를 들고 북굴레와 북통을 치면서 춤추는 전통 佛敎舞踊 바라춤사위 노래소리가 들려오니 정말 極樂往生 하였는가 내가 점점 착각하게 된다는 것이다. 極樂世界에 還生한 기쁨에 젖어드는 錯覺이 점점 더욱 깊어지는 感慨無量을 吐露하고 있다. 전반 4구는 場面設置로서 單純한 景物이고 후반 4구는 바야흐로 腹心의 燈節이다. 韋應物의 "夕次盱眙縣 저녁에 우이현에 머물다"에 人歸와 雁下가 나온다: '人歸山郭暗 雁下蘆洲白 사람들 돌아간 산마을은 어둡고 기러기 내려앉은 갈대섬은 하얗다.' 역시 韋應物의 "夕次盱眙縣 저녁에 우이현에 머물다"에 浩浩와 冥冥이 또한 나온다: '浩浩風起波 冥冥日沈夕 넓디넓게 부는 바람은 물결을 일으키고 어슴푸레 해는 서산에 넘어간다.' 白居易이의 "琵琶行 비파의 노래"에 忽聞이 보인다: 忽聞水上琵琶聲 主人忘歸客不發 돌연 강 위로 들리는 비파소리에 주인은 돌아갈 생각을 잊고 나그네도 떠나지 못하네.' 祖詠의 "終南望餘雪 종남산에서 남은 눈을 바라보다"에 增暮寒이 보인다: '林表明霽色 城中增暮寒 숲 너머에 갠 하늘빛은 밝고 성 안에는 추운 한기가 늘어나는구나.' 2020. 2. 28.

〔詩原文〕 16

存在意義
존재의의

永劫吾人何義汾
變移雖死豈能聞
漢河漠漠西流去
南岳蕭蕭木落紛
영겁오인하의분
변이수사기능문
한하막막서류거
남악소소목락분

〔시해석〕

존재의의

우주 영겁의 시간의 흐름 속에 나의 존재가 무슨 큰 의미가 있으랴
내가 설령 죽는다 하여도 어떤 달라짐의 소리가 능히 들릴 수 있을까
한강은 유유히 서쪽으로 흘러갈 것이고
남산에는 쓸쓸히 나뭇잎 떨어져 어지러울 테지

〔平仄構成〕

詩의 平仄構成은 仄仄平平平仄平 平平仄仄仄平平 仄平仄仄平平仄 平仄平平仄仄平으로 되어있다. 詩는 仄起式 七言絶句다. 그리고 詩는 韻字는 上平聲 十二 文韻을 썼는데 韻脚은 汾과 聞과 紛이다.

〔작법감상〕

종종 나는 세상에서 원하는 것을 뭐든지 다 할 수 있다는 自信滿滿한 생각도 하게 되지만, 때때로 나의 矮小한 존재라는 것이 이 우주세계에서 시공간적으로 도대체 어떤 대단한 역할을 할 수 있을까 하는, 도대체 내가 설사 죽는다고 하여도 세상이 뭐하나 바뀌고 세상사람이 누구하나 눈 하나 깜짝할까 하는, '虛無'와 '悲感'에도 또한 젖는다. 이 시는 물론 후자의 느낌에서부터 感發하여 쓴 것이다. 세상을 퍽 소란하게 하였던 위인들이 죽어 가는데 세상이 너무 조용한 것에 큰 충격을 받은 적이 있었다. 비근한 내 개인적 경험으로는 Ronald Reagan 대통령, Nelson Mandela 대통령, 김대중 대통령, 김영삼 대통령의 서거소식 사건이 바로 그랬었다. 그 거인들이 갔지만 놀랍게도(?) 세상천지에 그 무엇 하나 변하지 않더라! '떠날 때는 말없이...' William Shakespeare는 말한다: 'Thus I come thus I go 이렇게 왔다 이렇게 가노라.' 그러므로 나는 말할 수 있으리라: '우주 영겁의 시간의 흐름 속에 나의 삶(lifespan)의 존재가 무슨 큰 의미가 있겠는가. 내가 비록 죽는다 하여도 달라진 변화의 소식이 어찌 능히 들려올까. 아무런 달라짐 없이 漢江水는 유유히 서쪽으로 흘러갈 것이고 무심한 終南山에는 쓸쓸히 나뭇잎만 떨어져 어지러울 것이다.' 이 시에서는 다 말하지 못하였지만, 그러므로, 인간이 우주에 머무는 시공간적 준 인생을 살아감에 있어서는 自己執着적 利己主義 보다는 人間愛를 바탕으로 하는 共存共榮적 功利主義의 추구가 彼此간 더 도움이 될 것이라고 생각한다. 그것은 전자와 비교하여 후자가 外形的 崇高함뿐만 아니라 內在的 實利追求도 갖추고 있어서임은 더 말할 나위가 없어서 그렇다. 제시하듯이 사후세계의 寂寞함을 상상하면 우리가 더욱 공감할 수 있지 않을까? 강은경이 작사하고 조수미가 부른 "나 가거든"의 노래가사에는 사후의 미련의 '슬픔'이 엿보인다: '이 삶이 다하고 나야 알텐데 내가 이 세상을 다녀간 그 이유 나 가고 기억하는 이 내 슬픔까지도 사랑하길.' 鄭澈의 사설시조 권주가 "將進酒辭 술을 권하는 노래"에도 인생살이 '허무함'이 많이 배어 나온다: '이 몸 죽은 후면 지게 위에 거적으로 덮어 졸라매고 가거나, 아름답게 꾸민 상여 뒤에 많은 사람들이 울며 뒤따르거나, 억새 속새 떡갈나무 백양숲에 가기만 하면, 누런 해 흰 달 굵은 눈 소슬바람 불 때 누가 한잔 먹자 할까?' 戴叔倫의 "湘南卽事 상남에서 보고 듣고 느낀 바를 즉흥적으로 쓰다"에 東流去가 보인다: '沅湘日夜東流去 不爲愁人住少時 원강 상강은 밤낮으로 동쪽으로 흘러 가버리고 근심하는 사람을 위해서 잠시도 머물러 주지 않는구나.' 李白의 "夜泊牛渚懷古 우저에서 밤에 숙박하며 옛일을 회고하다"에 落紛紛이 보인다: '明朝掛帆席 楓葉落紛紛 내일 아침 돛을 달고 떠나면 단풍잎만 어지러이 떨어지리.' 그리고 3구 轉句와 4구 結句는 的名對다. 2020년 3월 5일 날씨가 풀려 긴 겨울잠을 자던 동물들이 땅 속에서 깨어나고 초목은 싹이 돋기 시작한다는 驚蟄에 쓴다. 어릴 적 외었던 24절기 노래를 기억한다: '立春 雨水 驚蟄 春分 淸明 穀雨...'

〔詩原文〕 17

新型冠狀病毒肺炎　其一
신형관상병독폐렴　기일

新種肺炎消毒漫
戴綿洗手日常干
竟然武漢發生染
遺憾大邱猖獗癉
域內需求連淤滯
善隣友好亂遮闌
奈何疫病單疫病
經濟外交增不安
신종폐렴소독만
대면세수일상간
경연무한발생염
유감대구창궐단
역내수구연어체
선린우호난차란
내하역병단역병
경제외교증불안

〔시해석〕

신형 코로나바이러스 폐렴　그 첫 번째

신종 폐렴으로 방역소독이 넘쳐나게 되고
마스크 쓰기와 손 씻기가 일상의 일이 되었다
뜻밖에 무한에서 발생하여 전염이 되고
유감스럽게도 대구에서 창궐하여 앓게 되었다
나라 안 내수경기는 줄곧 침체하고
나라 밖 국가 간 우호관계는 걷잡을 수 없이 가로막히고 있다
역병이 어찌 단지 역병일뿐이더냐
경제도 외교도 불안감이 점점 더해가는구나

〔平仄構成〕

詩의 平仄構成은 平仄仄平平仄平 仄平仄仄仄平平 仄平仄仄仄平仄 仄仄仄平平仄平 仄仄平平平仄仄 仄平仄仄仄平平 仄平仄仄平仄仄 平仄仄平平仄平으로 되어있다. 詩는 仄起式 七言律詩다. 그리고 詩는 韻字는 上平聲 十四 寒韻을 썼는데 韻脚은 漫과 干과 癉과 闌과 安이다. 그리고 3句와 4句에서는 孤平拗救가 쓰였는데 本來 3句의 下三字는 平平仄이어야 하는데 仄平仄으로 되어, 卽 發生染으로 되어, 5字의 平字가 毁損되었다. 그래서 4句의 5字는 本來 仄字여야 하는데 平으로 바뀌서, 卽 猖으로 바뀌서, 毁損된 平을 回復시켰다. 이로써 合律이 된다. 또한 7句와 8句에서는 雙拗가 쓰였는데 本來 7句의 下三字는 平平仄이어야 하는데 平仄仄으로 되어, 卽 單疫病으로 되어, 6字의 平字가 毁損되었다. 그래서 8句의 5字는 本來 仄字여야 하는데 平으로 바뀌서, 卽 增으로 바뀌서, 毁損된 平을 回復시켰다. 이로써 亦是 合律이 된다. 그리고 中央四句의 下三字는 前聯과 後聯의 境遇에 文法構造를 다르게 配置하여 意味上 各各 動詞+動詞 動詞+動詞 그리고 副詞+動詞 副詞+動詞로 읽히게 되어 四言一法 忌避의 原則을 따라서 平板을 避하고 錯綜을 지켰다. 다만 詩의 韻을 달지 않은 仄聲字 곧 染, 滯, 病은 次例로 去聲 去聲 去聲으로 上尾가 되어 所謂 四聲遞用의 法則을 毁損하였다. 白玉微瑕라 할 것이다.

〔작법감상〕

詩의 其一에서는 코로나19 疫病이 생겨나서 병의 感染만이 아니라 經濟와 外交의 沈滯와 孤立까지 불안스럽다고 탄식하고 있다. (다음 이어질 其二에서는 이 初有의 病難을 어떻게든 극복하여야한다는 希望과 決意를 담는다.) 起와 承에 해당하는 首聯과 頷聯에서는 新型 冠狀病毒 感染症의 빠른 확산과 사람들의 바뀐 일상생활을 묘사하였다: '신종 폐렴이 세상천지에 넘쳐나니 마스크 착용하고 손 씻는 것이 일상사가 되었다. 뜻밖에 중국 호북 무한에서 발생하여 전염되어 우리 대구 경북에서 창궐하여 앓게 되었으니 유감천만이다.' 그리고 轉과 結에 해당하는 頸聯과 尾聯에서는, 상황을 확대 전환시켜서, 코로나19가 질병을 넘어서서 불러오는 경제의 萎縮과 외교의 孤立無援을 가슴아파하고 있다: '그런데 국내시장 내수경기는 줄곧 침체되고 나라밖 국가 간의 우호관계는 점점 막히게 되었다. 그러므로 전염병이 어찌 단지 전염병에 그치더냐. 설상가상, 感染症 탓으로, 경제도 외교도 불안감이 점차 더해가는구나.' 신종 폐렴이 생겨나더니 국내경제상황이 많이 힘들어졌다. 內需市場이 마치 冬眠(hibernation)에 들어간 듯하다. 세계은행(World Bank)은 우리나라의 올 상반기 경제성장률이 1% 수준으로 떨어질 수 있다고 암울한 예측을 내놓고 있다. 또 국제적으로도 외교적 孤立之勢가 눈앞에 속속 전개되고 있음이다. 바야흐로 신종 코로나바이러스 감염증이 세계적 대유행(pandemic) 단계에 진입하였다고 세계보건기구(WHO)가 발표하자마자 한국 발 입국을 제한하는 국가 수가 오늘까지 131로 늘어난 것이다. 역병으로나 경제피해로나 외교참사로나, 과거 유사한 전염병 SARS나 MERS보다 더 폐해적으로, 前代未聞의 위험한 사태다. 미국은 국가비상상태를 선포하였다. 프랑스는 역사 1백년래의 최대의 보건위기라고 말한다. 대한민국 정부도 지금이 사스나 메르스와는 비교가 안 되는 비상경제시국이라고 진단한다. SARS나 MERS나 COVID19나 죄다 호흡기 감염으로 치료 백신(vaccine)이 아직 없어 對症療法에만 의존할 수밖에 없다니 그것도 걱정스럽다. 2020. 3. 14.

〔詩原文〕 18

新型冠狀病毒肺炎　其二
신형관상병독폐렴　기이

新種肺炎籠大韓
江山如畵恨歎漫
一生一代擔病苦
千載萬年遺國難
事變無窮歲華酷
堅剛非屈草民桓
亦何不克時疫症
億衆今明期必歡
신종폐렴농대한
강산여화한탄만
일생일대담병고
천재만년유국난
사변무궁세화혹
견강비굴초민환
역하불극시역증
억중금명기필환

〔시해석〕

신형 코로나바이러스 폐렴　그 두 번째

신종 폐렴이 대한민국을 뒤덮으니
금수강산에는 한숨짓는 탄식만 가득하여라
개인은 아픈 질병의 고통을 일생 동안 짊어지게 되었고
국가는 위태로운 재난사를 천년만년 동안 남겨 전하게 되었다
사고와 변란이 자주 일어나 끝이 없어서 세상살이 암만 가혹했어도
의지와 생각이 강건하여 굴하지 않고 초야의 인민들 언제라도 위풍당당하였다
또한 어찌 이 시대의 역병을 이겨내지 못하랴
억조창생이시여 금명간 기어이 환호작약하시리

〔平仄構成〕

詩의 平仄構成은 平仄仄平平仄平 平平平仄仄平平 仄平仄仄平仄仄 平仄仄平平仄平 仄仄平平仄平仄 平平平仄仄平平 仄平仄仄平仄仄 仄仄平平平仄平으로 되어있다. 詩는 仄起式 七言律詩다. 그리고 저 其一 詩에서와 마찬가지로 이 其二 詩도 韻字는 上平聲 十四 寒韻을 썼는데 韻脚은 韓과 漫과 難과 桓과 歡이다. 그리고 3句와 4句에서는 雙拗가 쓰였는데 本來 3句의 下三字는 平平仄이어야 하는데 平仄仄으로 되어, 卽 擔病苦로 되어, 6字의 平字가 毁損되었다. 그래서 4句의 5字는 本來 仄字여야 하는데 平으로 바꿔서, 卽 遺로 바꿔서, 毁損된 平을 回復시켰다. 이로써 合律이 된다. 또 5句의 下三字에서는 單拗가 쓰였다. 本來 下三字의 平仄의 構成은 平仄仄인데 仄平仄이 되어, 卽 歲華酷으로 되어, 5字에서 毁損된 平字를 6字에서 回復한 것이다. 이는, 下三字에 孤平現象이 發生하였으나 挾平格으로 肯定的으로 看做하며, 本句 自救의 方法으로 合律이 된다. 또한 7句와 8句에서도 雙拗가 쓰였는데 本來 7句의 下三字는 平平仄이어야 하는데 平仄仄으로 되어, 卽 時疫症으로 되어, 6字의 平字가 毁損되었다. 그래서 8句의 5字는 本來 仄字여야 하는데 平으로 바꿔서, 卽 期로 바꿔서, 毁損된 平을 回復시켰다. 이로써 亦是 合律이 된다. 그리고 中央四句의 下三字는 前聯과 後聯의 境遇에 文法構造를 다르게 配置하여 意味上 各各 擔 病苦 遺 國難 그리고 歲華 酷 草民 桓으로 읽히게 되어 四言一法 忌避의 原則을 따라서 平板을 避하고 錯綜을 지켰다. 또한 詩의 韻을 달지 않은 仄聲字 곧 苦, 酷, 症 字는 次例로 上聲 入聲 去聲으로 上尾를 피하여 所謂 四聲遞用의 法則에 充實하였다.

〔작법감상〕

新型冠狀病毒感染症 詩 其一에서는 코로나19 疫病이 병의 感染만이 아니라 經濟와 外交의 沈滯와 孤立까지 초래한다고 慨嘆하였다. 新型冠狀病毒感染症 詩 其二에서는 이 前代未聞의 病難을 우리 大韓國 億萬蒼生은 반드시 克服하여야한다는 希望과 決意를 담고 있다. 그러므로 其一은 不安을 표출한 것이요 其二는 希望을 노래한 것이다. 나의 생각이 一以貫之하지 못한 것이 아니라 불안하지만 우리의 不撓不屈의 의지와 노력으로 희망을 일구어낼 수 있다는 말일 것이다. (Bertrand Russell이 1931년 쓴 책 "과학의 미래(The Future of Science)"는 세상 사람들이 利己心으로 가득 찬 상태로서는 지구의 未來가 어둡기 그지없다고 말하지만, 그 이듬해 1932년의 "나의 신념(What I Believe)"에서는 그는 사람들의 선한 의지가 共存共榮을 위한 공공의 지혜를 모은다면 우리의 미래의 삶은 밝다고 희망을 전하였다. 여기서도 물론 마찬가지로 럿셀의 입장이 전후로 불일치(inconsistency)하다고 보여서는 안 될 것이다.) '신종 폐렴이 時時刻刻 坊坊曲曲 대한민국을 뒤덮으니 삼천리 錦繡江山에 탄식만이 가득하게 되었다. 개인으로서는 아픈 질병의 고통을 평생 동안 짊어지게 되었고 국가로서는 불행한 재난의 역사의 흔적을 천년만년 동안 남겨 전하게 되었다. 과거사 사고와 변란이 자주 일어나 끝이 없어서 세상살이 아무리 가혹했어도 뜻과 의지가 강건하여 굴복하지 않고 不屈의 정신으로 초야의 인민들은 언제라도 威風堂堂하였다. 그러므로 시대의 傳染病 따위야, 전국적인 그리고 세계적인 유행병(pandemic)이라한들, 어찌 또한 이겨내지 못하겠는가? 億兆蒼氓은 금명간 기필코 기뻐서 크게 소리치며 날뛰리라!' 지난 오천년 동안 쉼 없이, 군사적으로나 경제적으로나, 우리의 生存을 위협한 이웃 러시아나 중국이나 일본이 과연 어떤 나라들이던가. 세계사를 左之右之하는 최강대국들이었다. 그들의 침략으로부터 수시로 累卵之危에 처한 絶體絶命의 大國難의 危機에서도 보란 듯이 여전히 살아남은 우리가 바로 그 '大韓國人'이다! 이깟 코로나19 난리쯤이야! 우선 우리들은 전문가의 조언과 정부의 대책을 충실히 따라서 나 자신을 지키고 동시에 나아가 이웃을 보듬어 껴안으며 이 위기를 극복해야 할 것이다. 바야흐로 우리의 우수한 유전자 '弘益人間'의 人類愛를 발휘할 때다. 불안을 떨치고 희망을 품으며 2020년 3월 22일에 쓴다.

〔詩原文〕 19

新型冠狀病毒肺炎　其三
신형관상병독폐렴　기삼

正初消息不安傳
新種肺炎非易痊
感染增添有端間
豫防貧困可多憐
火星探險應迅速
輿地醫治那鈍蹇
秋去冬來又春過
黎民何日接平年
정초소식불안전
신종폐렴비이전
감염증첨유단간
예방빈곤가다련
화성탐험마신속
여지의치나둔건
추거동래우춘과
여민하일접평년

〔시해석〕

신형 코로나바이러스 폐렴　그 세 번째

새해 소식이 불안감을 전하는데
신종 코로나바이러스 감염증이 쉬이 낫지 않으리라네
바이러스 전염이 막 늘어만 가는데 도대체 병세가 호전되겠으며
예방 백신은 태부족하다니 또 얼마나 딱하고 가슴 아픈 일인가
화성의 우주 탐사도 그렇게도 빠르고 빠르더니
지구의 병을 고치는 일은 어쩌자고 더디고 더디는가
가을이 가고 겨울이 오고 또 봄이 지나가는데
검은 머리 백성들은 어느 날에나 사건 사고 없는 평범한 해를 맞을까

〔平仄構成〕

詩의 平仄構成은 平平平仄仄平平 平仄仄平平仄平 仄仄平平仄平仄 仄平平仄仄平平 仄平仄仄平平仄 平仄平平平仄平 平仄平平平仄平仄 平平平仄仄平平으로 되어있다. 詩는 平起式 七言律詩다. 그리고 詩는 下平聲 一 先韻을 썼는데 韻脚은 傳, 痊, 憐, 騫, 年이다. 그리고 3句의 下三字에서는 單拗가 쓰였다. 本來 3句 下三字의 平仄의 構成은 平仄仄인데 仄平仄이 되어, 卽 有端間으로 되어, 5字에서 毁損된 平字를 6字에서 回復한 것이다. 이는, 下三字에 孤平現象이 發生하였으나 挾平格으로 肯定的으로 看做하며, 本句 自救의 方法으로 合律이 된다. 또한 7句의 下三字에서도 單拗가 쓰였다. 本來 7句 下三字의 平仄의 構成은 平仄仄인데 仄平仄이 되어, 卽 又春過로 되어, 5字에서 毁損된 平字를 6字에서 回復한 것이다. 이는, 下三字에 孤平現象이 發生하였으나 挾平格으로 肯定的으로 看做하며, 本句 自救의 方法으로 또한 合律이 되었다. 그리고 中央四句의 下三字는 前聯과 後聯의 境遇에 文法構造를 다르게 配置하여 意味上 各各 有 端 間, 可 多 憐 그리고 麽 迅速, 那 鈍騫으로 읽히게 되어 四言一法 忌避의 原則을 따라서 平板을 避하고 錯綜을 지켰다. 그리고 詩의 韻을 달지 않은 仄聲字 곧 間, 速, 過는 次例로 去聲 入聲 去聲이 되어 이른바 四聲遞用의 法則을 따름에 充實하였다. 끝으로, 首聯 頷聯 頸聯이 모두 對仗을 갖추었다.

〔작법감상〕

辛丑年 2021년 새해 劈頭부터 不安하다. 2020년부터 시작된 신종 코로나바이러스 감염증(Novel Coronavirus Infection)이 여전히 極盛을 부리는 탓이다. 世界保健機構(WHO)는 2020보다, 최근 생겨난 코로나바이러스 變種까지 겹쳐서, 2021의 상황이 더 어려우리라는 엄중한 警告를 내놓는 板局이다. 바이러스(virus) 傳染은 날로 擴散一路인데 豫防 백신(vaccine)은 왜 이렇게 마련하기 어려운가. 그런데 미국은, 게다가 중국까지 宇宙開發 競爭에 끼어들고 있어서, 當場에 큰 실속도 없는 火星探査에 全力投球하고 있는 듯하다. 저 먼 宇宙의 行星의 開發에 무한대의 자금과 노력을 기울이는 일은 靈惡하게 빠르면서도 당장 절실한 우리 이 地球의 疾病의 治癒는 어찌 이다지도 愚鈍하게 느리기만 한단 말인가. 지난해부터 봄도 가을도 겨울도 다 지나고 또 새봄이 지나가는데 대관절 어느 날에나 우리들 선량한 人群은 큰 사건 사고 없는 평범한 해를 맞이할 수 있을 것인가. 필자 黃白沙가 일찍이 쓴 시 "新型冠狀病毒肺炎 신형 코로나바이러스 폐렴" 其一(〔詩原文〕 17)과 其二(〔詩原文〕 18)에 각각 마땅히 新種肺炎이 등장한다: '新種肺炎消毒漫 戴綿洗手日常干 신종 폐렴으로 방역소독이 넘쳐나게 되고 마스크 쓰기와 손 씻기가 일상의 일이 되었다,' '新種肺炎籠大韓 江山如畵恨歎漫 신종 폐렴이 대한민국을 뒤덮으니 금수강산에는 한숨짓는 탄식만 가득하여라.' 可憐은 '불쌍하다'와 '사랑스럽다'라는 두 가지 뜻으로 詩詞에 곧잘 사용되는데 杜甫의 시 "偪側行 구차스럽게 서로 가깝게 사는 것을 노래함"과 白居易의 시 "暮江吟 황혼에 강변에서 읊음"에 각각 보인다: '男兒性命絶可憐 焉能終日心拳拳 사나이 대장부 생명 참으로 가련하구나 어째서 능히 온종일 마음을 붙들고 근심만할까,' '可憐九月初三夜 露似眞珠月似弓 곱기도 해라 구월 초삼일 밤이여 이슬은 진주 같고 달은 활 같구나.' 賈島의 시 "王侍御南原莊 왕시어사의 남원 별장에서"에 '그런가' '그렇게도' 따위를 뜻하는 의문부사 麽가 나온다: '南齋積雨後 仍許重來麽 남원장 서재에 이어진 간밤의 비가 그친 후에도 자주 거듭 오는 것이 그렇듯 가능할 터이지.' 그리고 膾炙人口하는 杜甫의 시 "絶句 절구"에 春過와 何日이 나온다: '今春看又過 何日是歸年 올 봄은 보건대 또 지나가니 어느 날이 이 돌아갈 해인가.' 끝으로, 正은 바를 正일 때는 仄聲이지만 正月의 正일 때는 平聲이다. 그래서 시에서는 平聲으로 쓰였다. 間은 사이 間일 때는 平聲이지만 病이 나을 間일 때는 仄聲이다. 그래서 시에서는 仄聲으로 쓰였다. 過는 허물 過일 때는 平聲이지만 지날 過일 때는 仄聲이다. 그래서 시에서는 仄聲으로 쓰였다. 黎民=百姓=良氓=良萌=平民=庶民=人民=黔首=蒼氓=蒼生. 2021. 1. 15.

〔詩原文〕 20

老年人生遺憾
노년인생유감

人生後半戰始作
行路難和憂正論
誰道將來不要怕
老年無驗者虛言
인생후반전시작
행로난화우정론
수도장래불요파
노년무험자허언

〔시해석〕

노년 인생 유감

인생후반전을 시작하니
인생행로 살아가기가 어렵고도 두렵다는 말이 맞는 말이렷다
미래를 두려워하지 말라고 누가 말하는가
노년기를 경험해보지 않은 자의 실속 없는 빈말이로세

〔平仄構成〕

詩의 平仄構成은 平平仄仄仄平仄 平仄平平平仄平 平仄平平仄平仄 仄平平仄仄平平으로 되어있다. 詩는 平起式 七言絶句다. 그리고 詩는 上平聲 十三 元韻을 썼는데 韻脚은 論과 言이다. 그리고 1句와 2句에서는 孤平拗救가 쓰였는데 本來 1句의 下三字는 平平仄이어야 하는데 仄平仄으로 되어, 卽 戰始作으로 되어, 5字의 平字가 毁損되었다. 그래서 2句의 5字는 本來 仄字여야 하는데 平으로 바뀌서, 卽 憂로 바뀌서, 毁損된 平을 回復시켰다. 이로써 合律이 된다. 그리고 3句의 下三字에서는 單拗가 쓰였다. 本來 下三字의 平仄의 構成은 平仄仄인데 仄平仄이 되어, 卽 不要怕로 되어, 5字에서 毁損된 平字를 6字에서 回復한 것이다. 이는, 下三字에 孤平現象이 發生하였으나 挾平格으로 肯定的으로 看做하며, 本句 自救의 方法으로 亦是 合律이 된다.

〔작법감상〕

노년기 세상살이가 생각대로 되지 않아, 만만치 않아, 아쉽고 섭섭하고 한스럽다는 넋두리다. 다가올 미래를 두려워말라는 충고 따위는, 혹시 젊은이에게는 몰라도 필시 늙은이에게는, 사실이 아닌 것을 사실인 것처럼 꾸며대는 얄궂은 말일 것이라는 것이다. 그대 노년의 삶을 살아보라. 그것은 실로 어렵다(難)와 두렵다(憂)다. 내 자세한 얘기는 아니 할 터이지만, 이제는 과거에 비해서 살아가기가 여러 가지로 어렵고, 이제부터는 지난날과 비교해서 살아간다는 것이 여러 가지로 두렵다. 하기야 전반전 젊은 인생이라고 어디 어렵고 두려운 것이 없겠는가마는 후반전에 들어 늙고 보니 어려움과 두려움이 보다 時時刻刻 더 피부에 와 닿는다는 말일 테다. 그러므로 이 시의 주제는 단연 '노년 인생살이가 어렵고 두렵다'이다. 人生行路에 대한 장탄식의 壓卷은 아무래도 시인 李白이요 그의 시 "行路難 가는 길 어려워라"이리라: '行路難 行路難 多歧路 今安在 長風破浪會有時 直挂雲帆濟滄海 인생 가는 길 험하구나 인생 가는 길 험하구나 갈림길 많은데 지금 어디에 있는가 거센 바람타고 파도 헤치는 때 반드시 있으리니 곧바로 구름 돛 높이 달고 푸른바다를 건너리라.' 또한 李白의 "上皇西巡南京歌 상황께서 서쪽으로 남경을 노닐며 순행하는 노래"에 誰道가 나온다: '誰道君王行路難 六龍西幸萬人歡 군왕의 가시는 길 어렵다고 누가 말하는가 임금의 어가를 끄는 여섯 마리의 말이 서쪽으로 나아감에 만백성이 환호하도다.' 그리고 孟郊의 "遊子吟"에 誰言이 나온다: '誰言寸草心 報得三春輝 한 치 밖에 안 되는 풀과 같은 자식의 마음이 온 봄날의 햇빛과 같은 어머니의 사랑에 보답할 수 있다고 누가 말하던가.' 또한 出處는 좀 불명확한데, 게다가 부분적으로 동의하기 어려운 부분도 없지 않으나, 인생 성공의 비결을 가르쳐준다는 널리 알려진 명언 옛글에 '不要怕 不要棄 不要悔'가 보인다. 인생을 살아감에 두려워하지 말고 포기하지 말고 후회하지 말라는 뜻이다. 그리고 洪蘭坡 곡 李殷相 시 "옛 동산에 올라"에 虛辭가 보인다: '내 놀던 옛 동산에 오늘 와 다시 서니 山川依舊란 말 옛 시인의 虛辭로고 예 섰던 그 큰 소나무 버혀지고 없구료.' 그리고 松江 鄭澈의 時調는 노인을 공경하라고 호소한다: '이고 진 저 늙은이 짐 벗어 나를 주오 나는 젊었거늘 돌인들 무거울까 늙기도 설워라커든 짐조차 지실까.' 그러나, 물어보자, 내일이 어렵고 두려운 황혼기 늙은이 그 누군들 쉬이 짐을 내려놓을 수 있겠는가? 2020. 3. 27.

〔詩原文〕 21

遊子吟
유자음

上京千里候書虧
渡美鵬程歸國遲
一寸肝腸焦思患
倚閭而望眼穿期
상경천리후서휴
도미붕정귀국지
일촌간장초사환
의려이망안천기

〔시해석〕

떠다니는 자식의 노래

천리 길 상경하여 안부편지가 부족하였고
붕정만리 먼 길 미국으로 건너가서는 귀국이 더디었다
한 토막의 간과 창자라 하였으니 노심초사 걱정하심이요
동구 밖 문에 기대어 서서 바라보았으니 눈이 빠지게 기다리심이라

〔平仄構成〕

詩의 平仄構成은 仄平平仄仄平平 仄仄平平平仄平 仄仄平平平仄仄 仄平平仄仄平平으로 되어있다. 詩는 平起式 七言絶句다. 그리고 詩는 上平聲 四 支韻을 썼는데 韻脚은 虧와 遲와 期이다. 그리고 詩는 모든 句가 對仗을 갖춘 全對格이다.

〔작법감상〕

이 시는 자신이 지난날 무심하여, 아니 소홀히 행동하고 철없이 굴다가, 천리 길 서울에 遊學하면서 문안인사를 게을리 하였고 만리 길 미국에 留學가서는 시간만 줄창 흘려서 심려를 끼쳐드렸건만 어머니께서는 늘 애태우며 또 기다리셨다고 고백하는 자책감에서 비롯한 신세타령이다. 물론 동시에 떠도는 逆子의 반성과 후회를 노래한 것이기도 하다: '서울로 천리 길 상경하여 대학에 다니면서 어머님께 안부를 묻는 편지나 전화를 한 적이 별로 없었다. 박사학위공부하러 태평양 건너 먼길 미국가서는 세월만 줄곧 흘려보내서 죄송스럽게도 불편과 불안을 안겨드리게 되었다. 그러나 어머님께서는 늘 勞心焦思 가슴을 졸이고 걱정해주시고 해질녘 문밖에서 나의 귀향을 고대하며 기다리신 것이다.' 이 세상의 어머니들이 다 그러하듯이... 그래서 이 세상의 어머니들이 한결같이 위대하듯이... 고사성어 鵬程萬里는 "莊子" 逍遙遊篇에 나오는데 붕새가 만리를 난다는 뜻으로 먼 길을 이르는 말이다. 中唐의 孟郊의 "遊子吟"에는 자식의 떠돎이 지체되고 더딤을 염려하는 시구가 있다: '臨行密密縫 意恐遲遲歸 떠날 때 앞두고 촘촘히 꿰매는 뜻은 자식이 더디 돌아올까 두려워하는 때문이다.' 一寸肝腸은 한 토막의 간과 창자라는 뜻으로 애가 타는 마음을 이르는 말이다. 일촌간장이 봄눈 슬듯 한다고 말하여 봄눈이 녹듯이 속이 타서 녹아내린다는 뜻인데 여기서는 자식생각으로 애를 태우는 어머니의 마음에 比興하였다. 고사성어 倚閭而望은 어머니가 자식이 돌아오는 것을 마음을 졸여가며 기다린다는 뜻이다: '齊나라 왕손가의 어머니가 아들에게 말하였다. 네가 아침에 나가서 늦게 오면 나는 곧 집 문에 의지하여 네가 오는가 바라보고 저물어 나가 돌아오지 않으면 나는 곧 동구 밖 문에 의지하여 네가 오는가 바라보고 있다 齊王孫賈之母謂賈曰 汝朝出而晩來 吾則倚門而望 暮出而不還 吾則倚閭之望.' 李興烈 곡 梁柱東 시 "어머니 마음"도 어머니의 애타는 기다림을 노래하였다: '어려선 안고 업고 얼려 주시고 자라선 문기대어 기다리는 마음 앓을사 그릇될사 자식 생각에 고우시던 이마위에 주름이 가득 땅 위에 그 무엇이 높다 하리오 어머님의 정성은 지극하여라.' 그런데 그런 어머니의 기다림도 오래갈 수 없다는 人間悲劇을 고발하는 시구도 일찌감치 前漢 韓嬰이 쓴 "詩經"의 해설서 "韓詩外傳"에 보인다: '樹欲靜而風不止 子欲養而親不待 나무가 조용하고자 하나 바람이 그치지 않고 자식이 봉양하고자 하나 어버이는 기다리지 않는다.' 끝으로, 膾炙人口하는 親愛와 孝誠을 노래한 시들을 소개한다. 鄭澈의 시 "어버이 살아신 제"는 읊는다: '어버이 살아신 제 섬길 일란 다하여라 지나간 후면 애달프다 어찌하리 평생에 고쳐 못할 일이 이뿐인가 하노라.' 朴仁老의 "반중 조홍감이"는 읊는다: '반중 조홍감이 고와도 보이나다 유자 아니라도 품음직도 하다마는 품어 가 반길 이 없을새 글로 설워하나이다.' 그리고 朴孝寬의 시 "뉘라서 가마귀를"은 읊는다: '뉘라서 가마귀를 검고 흉타 하돗던고 反哺報恩이 그 아니 아름다운가 사람이 저 새만 못함을 못내 슬허하노라.' 2020. 3. 31.

〔詩原文〕 22

四一五總選擧
사일오총선거

方春選擧復何選
先進先求公僕迎
同等縱橫仍然守
市場經濟更爲生
前朝桎梏且銘念
後代繁榮應備耕
過去要忘未來望
只今便向大文明
방춘선거부하선
선진선구공복영
동등종횡잉연수
시장경제갱위생
전조질곡차명념
후대번영응비경
과거요망미래망
지금변향대문명

〔시해석〕

4월 15일 총선거

바야흐로 한창인 봄날에 선거에서는 또 어떤 사람을 뽑을까
선진사회를 앞서서 간구해 마지않는 국민심부름꾼을 맞이하리라
동등한 자유자재 여전히 지켜야하고
시장의 경제활동 더욱더 살려야하리
이전 시대의 질곡은 또한 명심하여야 하되
후세대의 번영을 마땅히 미리 준비하여야 할 것이다
과거는 부디 잊고 미래를 바라보며
지금 곧장 선진문명대국으로 향해 가세

〔平仄構成〕

詩의 平仄構成은 平平仄仄仄平仄 平仄平平平仄平 平仄平平仄平仄 仄平平仄仄平平 平平仄仄仄平仄 仄仄平平平仄平 平仄平平仄平仄 仄平仄仄仄平平으로 되어있다. 詩는 平起式 七言律詩다. 그리고 詩는 下平聲 八 庚韻을 썼는데 韻脚은 迎, 生, 耕, 明이다. 또 1句와 2句에서 孤平拗救가 쓰였는데 本來 1句의 下三字는 平平仄이어야 하는데 仄平仄으로 되어, 卽 復何選으로 되어, 5字의 平字가 毁損되었다. 그래서 2句의 5字는 本來 仄字여야 하는데 平으로 바꿔서, 卽 公으로 바꿔서, 毁損된 平을 回復시켰다. 이로써 合律이 된다. 또한 3句의 下三字에서는 單拗가 쓰였다. 本來 下三字의 平仄의 構成은 平仄仄인데 仄平仄이 되어, 卽 仍然守로 되어, 5字에서 毁損된 平字를 6字에서 回復한 것이다. 이는, 下三字에 孤平現象이 發生하였으나 挾平格으로 肯定的으로 看做하며, 本句 自救의 方法으로 亦是 合律이 된다. 또한, 마찬가지 方式으로, 5, 6句에서와 7구에서 孤平拗救와 單拗가 또다시 發生한 것을 알 수 있다. 亦是 모두 合律이 된다. 그리고 中央四句의 下三字는 前聯과 後聯의 境遇에 文法構造를 다르게 配置하여 意味上 各各 仍然 守 更爲 生 且 銘念 應 備耕으로 읽히게 되어 四言一法 忌避의 原則을 따라서 平板을 避하고 錯綜을 지켰다. 그러나 詩의 韻을 달지 않은 仄聲字 곧 選, 守, 念, 明은 次例로 上聲 上聲 去聲 去聲이 되어 上尾를 저질러 이른바 四聲遞用의 法則을 따름에 疏忽하였다. 玉에 티다.

〔작법감상〕

시는 2020년 4월 15일 總選에서는 先進文明社會로 나아가려는 우리 국민의 念願을 앞서서 渴求하는 국회 일꾼을 뽑아야겠다는 다짐과 바람을 주제로 삼았다. 과거는 부디 잊고 밝은 미래로 가야한다는 懇曲한 부탁도 절실히 비친다. 살아왔던 千年의 시간보다도 당연히 살아갈 萬年의 시간이 더 중요할 것이기 때문이다. 首聯에서 미래지향적 公僕을 선발하자고 하였다. 頷聯에서 '그들을 통해서' 同等한 自由를 누리는 사회를 지향하고 자유시장경제를 바탕으로 누릴 수 있는 社會의 效用을 극도로 높여야 할 것이라고 하였다. 頸聯에서는 '그들을 통해서' 또한 過去에 대한 執着을 버리고 未來에 대한 繁盛을 목표하는 도모의 시간을 마련하자고 프로포즈하고 있다. 尾聯에서는 우리는 지금 바로 文明大國을 향하여 발맞추어 나가야한다고 외치고 있다. 杜甫의 시 "贈衛八處士 위팔처사에게 드리다"에 復何夕이 보인다: '今夕復何夕 共此燈燭光 오늘 저녁은 또 어떤 저녁이기에 이 등불 아래 빛을 함께하게 되었는가.' John Rawls는 저서 "A Theory of Justice 正義論"에서 정의의 두 원리를 제창하는데, 첫 번째가 정치적 同等한 자유의 원리(equal liberty principle)이고, 두 번째가 경제적 차등에 관한 원리(difference principle)이다. 첫째는 모든 사람이 동등한 자유를 많이 갖는 것이 공정한 정의로운 사회라는 것이요, 둘째는 시장 경제활동을 통해서 富의 差等이 있게 마련이지만 그 격차를 줄일 수 있도록 노력하는 것이 또한 공정한 정의로운 사회라는 주장이다. 나는 哲學을 공부하면서 Rawls로부터 공정한 정의(fair justice)를 배웠고 Bertrand Russell로부터 공리적 미래주의(utilitarian futurism)를 배웠다. 다른 杜甫의 시 "聞官軍收河南河北 관군이 하남과 하북을 수복하였다는 소식을 듣고서"에 卽便이 보인다: '卽從巴峽穿巫峽 便下襄陽向洛陽 바로 파협에서 무협을 뚫고 나가 곧장 양양에서 낙양으로 향하리라.' 총선거 遊說를 들으며 써본다.

〔詩原文〕 23

陳叔寶
진숙보

張孔妃嬪傾國夸
忽聞玉樹後庭花
口脣酒與乳頭酒
索隱陳皇行怪耶
장공비빈경국과
홀문옥수후정화
구순주여유두주
색은진황행괴야

〔시해석〕

진숙보

장 귀비 공 귀빈 경국지색을 뽐내는데
옥수후정화 애틋한 노랫가락 문득 들려오는구나
구순주 마시고 유두주 마시니
진나라 후주 숙보의 괴벽스러운 짓거리더라

〔平仄構成〕

詩의 平仄構成은 仄仄平平平仄平 平平仄仄仄平平 仄平仄仄平平仄 平仄平平仄仄平으로 되어있다. 詩는 仄起式 七言絶句다. 그리고 詩는 韻字는 下平聲 六 麻韻을 썼는데 韻脚은 夸와 花와 耶이다. 그리고 3句와 4句에서는 孤平拗救가 쓰였는데 本來 3句의 下三字는 平平仄이어야 하는데 仄平仄으로 되어, 卽 乳頭酒로 되어, 5字의 平字가 毁損되었다. 그래서 4句의 5字는 本來 仄字여야 하는데 平으로 바뀌서, 卽 行으로 바뀌서, 毁損된 平을 回復시켰다. 이로써 合律이 된다.

〔작법감상〕

이 시는 南朝 陳나라 后主 叔寶에 관한 시다. 陳叔寶가 酒色에 빠져서, 張孔妃嬪과 口脣酒 乳頭酒 따위에 陶醉되어서, 홍청망청하다가 나라를 말아먹었다는 것이다. 一端의 諷刺를 빌어서 꾸짖어 教訓을 노래하였으니 소위 詠史詩의 一品이 되었다. 먼저, 起承에서, 張 貴妃와 孔 貴嬪은 傾國之色을 뽐낸다고 하였고, 마침 문득 애틋한 玉樹後庭花 노랫가락이 들려온다고 하였다. 장비와 공빈은 진나라 마지막 황제 숙보가 너무도 아름다워서 너무도 사랑했다는 두 妃嬪이다. 훗날 隋나라가 대궐에 쳐들어왔을 때도, 皇后는 버려두고, 이 두 여인과 궁중 우물 속에 숨었다가 사로잡혔다고 한다. 그 후 세월이 흐른 후에도 오랫동안 酒肆青樓에서는 기녀들이 장귀비가 예쁜가 공귀빈이 예쁜가 다퉈가며 노래하였다는 것이다. 한쪽에서 장귀비가 더 예쁘다고 노래하면 다른 쪽에서는 공귀빈이 더 예쁘다고 대응하여 노래하는 일종의 竝唱을 하였다고 전한다. 진숙보가 지었다는 옥수후정화는 진나라가 멸망하게 된 향락과 저속의 상징의 亡國之聲이 되었는데 남녀간의 노골적인 사랑과 性愛行爲에 대한 적나라한 묘사가 있었던 탓으로 세월을 초월하여 세상에 인기가 있었다고 또한 전하여진다. 白居易의 "長恨歌 긴 한의 노래"에 傾國이 보이고, 杜牧의 "泊秦淮 진회에 정박하다"에 後庭花가 보인다: '漢皇重色思傾國 御宇多年求不得 한 황제 여색을 좋아해 경국지색을 사모하니 여러 해 천하를 다스렸어도 구하지 못하였다,' '商女不知亡國恨 隔江猶唱後庭花 술을 파는 아가씨들 망국의 한도 모른 채 강 건너에서 여전히 후정화를 부르네.' 轉結에서, 後主 진숙보의 음란과 방탕은 여기서 그치지 않는다. 구순주를 마시고 유두주를 마시며 온갖 괴벽스러운 짓거리를 다하였다더라. 최인호 "海神 바다를 다스리는 신"에 설명이 있다: '구순주는 자신이 먼저 입에 술을 머금어 그 술을 상대방의 입속에 부어넣는 입술의 술잔을 가리키는 말이며, 유두주는 자신의 가슴을 풀어 헤치고 그 위에 술을 따라서 가슴에 흘러내리는 술을 상대방이 마시도록 하는 술이다.' 孔子는 "中庸 어느 쪽으로 치우침이 없음"에서 索隱行怪를 말하며 엄중한 警鐘을 주고 있다: '素隱行怪 後世有述焉 吾弗爲之矣 비정상의 목적을 위해 구석진 것을 찾고 괴상한 짓을 행하면 후세에 조술될 만큼 이름을 날릴지는 모르겠으나 나는 그런 짓을 하지 않을 것이다.' 君王이 沈於酒色에 荒淫을 일삼아 결국 亡國에 이르는 상황을 생생하게 그려내기 위해서, 起句에서는 傾城之色을 끄집어내오고 承句에서는 亡國之音 玉樹後庭花를 등장시켰다. 轉句에서는 극적 전환을 시도하면서 강도를 높여서 口脣酒 乳頭酒 등의 逸脫을 폭로하고 있는 것이다. 그러므로 結句에서 中庸의 가르침을 빌어서 怪常罔測하다고 엄히 꾸짖고 있음이다. 2020년 4월 10일 쓴다.

〔詩原文〕 24

丈夫歌
장부가

包羞忍恥重打鼓
正正堂堂東國夫
千萬磨刀完整備
瞬間雪辱義軍模
포수인치중타고
정정당당동국부
천만마도완정비
순간설욕의군모

〔시해석〕

장부가

부끄러움을 참아 내고 실패에 굴하지 않고 다시 일어서니
바르고 떳떳한 해동성국의 대장부여라
천번만번 칼을 갈아 완전무결하게 준비하였으니
일순간에 설욕하여 대한국 의군의 본보기가 되셨구나

〔平仄構成〕

詩의 平仄構成은 平平仄仄平仄仄 仄仄平平平仄平 平仄平平平仄仄 仄平仄仄仄平平으로 되어있다. 詩는 平起式 七言絶句다. 그리고 詩는 上平聲 七 虞韻을 썼는데 韻脚은 夫와 模이다. 그리고 1句와 2句에서는 雙拗가 쓰였는데 本來 1句의 下三字는 平平仄이어야 하는데 平仄仄으로 되어, 卽 重打鼓로 되어, 6字의 平字가 毁損되었다. 그래서 2句의 5字는 本來 仄字여야 하는데 平으로 바꿔서, 卽 東으로 바꿔서, 毁損된 平을 回復시켰다. 이로써 合律이 된다.

〔작법감상〕

나는 안중근의사숭모회 자문위원으로 있으면서 2010년과 2015년 두 차례에 걸쳐서 '해외독립운동유적지탐방단'의 일원이 되어, 경향각지의 대학생 40여명과 더불어, 연해주 만주 일대를 유람하였다. 安重根의사가 沿海州에서 독립운동을 시작해서 滿洲 哈爾濱에서 伊藤博文을 처단하고 旅順 감옥에서 殉國하기까지의 大長征을 되밟아보는 것이었다. 1905년에 乙巳條約을 통해서 우리는 외교권을 박탈당하고 1907년의 丁未七條約으로 한국 군대는 해산되었다. 나라는 보호국이라지만 이미 식민지가 된 처지였다. 이 치욕에 대한 침묵할 수 없는 조선인의 강한 항거를 보여준 사건이 바로 안의사의 1909년 10월 26일의 하얼빈 의거 총격사건이다. 그래서 이 시는 시작부분에서 부끄러움을 참아 내고 권토중래하여 나서니 그가 정정당당한 대한국의 대장부 안중근이라고 하였다. 나는 탐방 중 안의사가 거사 전 여러 날을 거닐며 방황하며 마음의 준비를 하였던 兆麟공원과 東淸鐵道를 가로지르는 다리를 거닐면서 의사의 절실했을, 한편 장하고 한편 처절한, 심사를 특별하게 경험한 적이 있다. 그래서 시 후반에서는 만반의 준비를 갖춰서 바야흐로 운명의 날 심장이 떨리는 그 순간에 3발을 이등박문에게 명중시켰고 雪辱하였다고 하였다. 그래서 대한국 의병의 영원한 본보기가 되었다고 하였다. 晩唐의 杜牧의 "題烏江亭 오강정 정자에 시를 써 붙인다"에 包羞忍恥가 나온다: '勝敗兵家不可期 包羞忍恥是男兒 승패는 병가에서 기약할 수 없는 것이니 수치를 참고 견디는 것이 바로 대장부라.' 조선의 南怡장군의 "北征歌"에 大丈夫가 보인다: '男兒二十未平國 後世誰稱大丈夫 사나이 이십대에 나라를 평정하지 못한다면 훗날 누가 대장부라 이르겠는가.' 안중근의사의 "丈夫歌"에도 丈夫가 보인다: '丈夫處世兮 其志大矣 時造英雄兮 英雄造時 장부가 세상에 처함이여 그 뜻이 크도다 때가 영웅을 지음이여 영웅이 때를 지으리로다.' 重打鼓는 북을 거듭 치며 다시 온다는 뜻으로 捲土重來 흙먼지를 날리며 다시 온다와 重整旗鼓 깃발과 북을 재정비한다와 東山再起 동산에서 다시 재기한다와 함께 실패에 굴하지 않고 다시 일어난다는 뜻으로 詩作에서 종종 쓰인다. 東國은 海東盛國으로 檀國과 함께 우리나라 대한국을 지칭하는 오래된 이름이다. 그리고 역시 남이장군의 "北征歌"에 磨刀가 나온다: '白頭山石磨刀盡 豆滿江水飮馬無 백두산의 돌은 칼을 갈아 다하고 두만강 물은 말을 먹여 없애네.' 義軍은 義兵이다. 정의를 위하여 스스로 일어난 군대다. 안중근의사는 大韓國 義軍 參謀中將이었다. 우리 반만년 역사에서 위인을 6사람만 말하라고 한다면 나는 서슴지 않고 광개토대왕 을지문덕장군 최영장군 세종대왕 이순신장군 안중근의사를 꼽을 것이다. 2020. 4. 14.

〔詩原文〕 25

無題
무제

蒼天明月刺孤船
肇夏淸風盈滿舷
云謂時時世情改
自然不變慰安宣
창천명월자고선
조하청풍영만현
운위시시세정개
자연불변위안선

〔시해석〕

제목 없음

맑게 개인 푸른 하늘 밝은 달빛 아래 외로운 배 한척 노 저어 가는데
초여름날 맑은 바람 뱃전에 가득하게 불어온다
시시때때로 세상인심 바뀐다고 말해지지만
자연만은 변치 않고 위안을 베푸네

〔平仄構成〕

詩의 平仄構成은 平平平仄仄平平 仄仄平平平仄平 平仄平平仄平仄 仄平仄仄仄平平으로 되어있다. 詩는 平起式 七言絶句다. 그리고 詩는 下平聲 一 先韻을 썼는데 韻脚은 船과 舷이과 宣이다. 그리고 3句의 下三字에서는 單拗가 쓰였다. 本來 下三字의 平仄의 構成은 平仄仄인데 仄平仄이 되어, 卽 世情改로 되어, 5字에서 毁損된 平字를 6字에서 回復한 것이다. 이는, 下三字에 孤平現象이 發生하였으나 挾平格으로 肯定的으로 看做하며, 本句 自救의 方法으로 合律이 된다.

〔작법감상〕

盛唐 李太白의 시는 다들 名篇이지만 "夜泊牛渚懷古 우저에서 밤을 지새며 옛 자취를 돌이켜 생각한다"는 개인적으로 偏愛하는 시다. 이 시가 세상이 자신의 재주를 알아보지 못한 것을 괴로워하는 不遇를 담고 있다고들 말하지만, 좀 일반화시켜 본다면, 사람이라면 누구나가 세상에 대해서 갖는, 결코 상스럽다고 핀잔할 수 없는, 아쉬움의 섭섭함의 안타까움의 속내가 담담하면서도 속속 드러난 것이라고 보고 싶다. 위 시는 바로 이런 詩情에서 촉발한 것인데, 작자는 세상사 인심의 무상함을 탓으로 삶이 비록 고단하게 되었음을 고백하면서도, 그래도, 변함없는 다함없는 위로와 위무를 우주자연세계로부터 받게 되었다는 취지다. 한편 疏斥이 있고 또 한편 慰安이 있다. 李白의 시 전반과 후반을 소개하면 이렇다. '牛渚西江夜 青天無片雲 우저산 서쪽에 배를 댄 장강의 밤 푸른 하늘에는 조각구름 하나 없어라,' '明朝挂帆席 楓葉落紛紛 내일 아침 돛 달고 떠나면 단풍잎만 어지러이 떨어지리.' 통상 싯구에서 '老疾有孤舟 늙고 병든 몸 홀로 쪽배를 탄다'는 孤獨함과 孤寂함을 상징하는데 바로 起句의 정서와 부합한다. 承句에서는 대조적으로 자연세계의 활수한 껴안음과 보듬음을 보여주고 있는데, 위 시에서는 초여름 맑은 바람이 뱃전에 가득히 불어온다고 하였는데, 初唐 張若虛는 "春江花月夜 봄날 강에 꽃이 피고 달이 밝은 밤에"에서 달빛이 가득 내려 비침을 묘사하였다. '不知乘月幾人歸 落月搖情滿江樹 달빛 타고 몇 사람이나 고향에 돌아갔던가 지는 달 사람마음 흔들어놓고 강숲을 가득히 적시네.' 그러므로, 자연스럽게, 소외와 소원과 함께 위문과 위안이 轉結句에서 이어진다. 이렇듯 자고이래로 세상인심은 시시각각 변한다는데, 그래서 개개인의 세상살이가 퍽이나 고달프고 외롭지만은, 저 자연계의 도타운 기운은 한없는 마음의 평안을 준다는 것이다. 야속한 인정을 꾸짖기보다는 차라리 정겨운 우주자연의 후의에 고마워하고 있으니 溫柔敦厚의 시의 교훈의 정신을 끝내 저버리지 않았다. 그리고 일전의 필자의 다른 시 "季秋過石濤山房 늦가을 석도산방을 찾아서"에 時時刻刻이 등장한다. '刻刻變心茶飯事 田家友誼殊何長 시시각각으로 사람 마음 변함은 일상다반사일텐데 농가 산방의 우정은 어찌 유독 변함이 없던고.' 그리고 내가 또한 편애하는 시 盛唐 杜甫의 "義鶻行 의로운 송골매의 노래"에 끼치다 갚는다 베푼다는 所宣이 보이는데 시의 앞부분과 뒷부분을 소개하면 이렇다. '斯須領健鶻 痛憤寄所宣 순식간에 사나운 독수리를 거느리고 와서 원통하고 분함을 털어내어 되갚게 하는 바 되었다,' '聊爲義鶻行 永激壯士肝 애오라지 의로운 보라매의 노래를 지어 영원히 장사의 의협한 마음을 불러일으키려네.' 2020. 4. 18.

〔詩原文〕 26

次康津灣
차강진만

移舟近泊矮丘陵
日暮海灣寒氣凝
雁下沙洲汀渚照
人歸村里竈烟騰
山歌野唱放靑粹
田畝畓塍奔少興
何處鐘聲未眠客
疏星澹月憶親朋
이주근박왜구릉
일모해만한기응
안하사주정저조
인귀촌리조연등
산가야창방청수
전무답승분소흥
하처종성미면객
소성담월억친붕

〔시해석〕

강진만에 머무르며

배를 옮겨 나지막한 산언덕에 가까이 대니
해는 저물어 물굽이 해만에 찬 기운이 엉킨다
기러기 내려앉은 모래섬에는 물가가 되비치고
사람들 돌아간 마을에는 부엌연기가 피어오른다
산노래 들노래 맘껏 부르니 젊은 날의 순수함이었고
밭두렁 논두렁 마냥 달리니 어린 시절의 흥미로움이었다
어디선가 들려오는 종소리에 잠 못 이루는 나그네라
성긴 별빛 으스름한 달빛 아래 소꿉동무들 그리워한다

〔平仄構成〕

詩의 平仄構成은 平平仄仄仄平平 仄仄仄平平仄平 仄仄平平平仄仄 平平平仄仄平平 平平仄仄仄平仄 平仄仄平平仄平 平仄平平仄平仄 平平仄仄仄平平으로 되어있다. 詩는 平起式 七言律詩다. 그리고 詩는 下平聲 十 蒸韻을 썼는데 韻脚은 陵, 凝, 騰, 興, 朋이다. 또 5句와 6句에서 孤平拗救가 쓰였는데 本來 5句의 下三字는 平平仄이어야 하는데 仄平仄으로 되어, 卽 放生粹로 되어, 5字의 平字가 毁損되었다. 그래서 6句의 5字는 本來 仄字여야 하는데 平으로 바꿔서, 卽 奔으로 바꿔서, 毁損된 平을 回復시켰다. 이로써 合律이 된다. 또한 7句의 下三字에서는 單拗가 쓰였다. 本來 下三字의 平仄의 構成은 平仄仄인데 仄平仄이 되어, 卽 未眠客으로 되어, 5字에서 毁損된 平字를 6字에서 回復한 것이다. 이는, 下三字에 孤平現象이 發生하였으나 挾平格으로 肯定的으로 看做하며, 本句 自救의 方法으로 亦是 合律이 된다. 그리고 中央四句의 下三字는 前聯과 後聯의 境遇에 文法構造를 다르게 配置하여 意味上 各各 汀渚 照 竈煙 騰 放 青粹 奔 少興으로 읽히게 되어 四言一法 忌避의 原則을 따라서 平板을 避하고 錯綜을 지켰다. 그러나 詩의 韻을 달지 않은 仄聲字 곧 照, 粹, 客은 次例로 去聲 去聲 入聲이 되어 上尾를 저질러 이른바 四聲遞用의 法則을 따름에 疏忽하였다.

〔작법감상〕

늦은 가을날 저녁때 康津灣에 닿아 낮은 구릉아래 배를 대고 고향산천을 둘러보며 옛날을 생각하고 벗들을 그리워하는 感慨를 읊은 것이다. 이런 발상과 형식을 취한 시는 무릇 많다. 몇 개만 예를 들어 봐도, 王灣의 "次北固山下 북고산 아래에 머물며," 李白의 "夜泊牛渚懷古 우저에서 밤에 자며 옛날 일을 생각한다," 孟浩然의 "宿桐廬江寄廣陵舊遊 동려강에 묵으며 광릉에서 옛날 함께 놀던 친구에게 부쳐," 韋應物의 "夕次盱眙縣 밤에 우이현에 자다," 盧綸의 "晩次鄂州 저녁때 악주에 머물다," 孟浩然의 "宿建德江 건덕강에 묵으며," 張繼의 "楓橋夜泊 풍교에서 밤에 자다," 杜牧의 "泊秦淮 진회에 숙박하다" 따위다. 수련은 배를 물굽이 해만에 정박시킴이며, 함련은 저녁때 포구 안과 밖의 정경을 묘사한 것이다. 그래서 경련과 미련에서는 고향땅에서의 청소년기의 추억을 회상하면서 함께 뛰놀았던 옛날 옛적 소꿉친구들을 밤늦도록 그리워한다. 孟浩然의 "宿建德江"에 移舟 日暮가 보인다: '移舟泊煙渚 日暮客愁新 배를 옮겨 안개 낀 물가에 대니 해는 저물어 나그네 근심이 새롭게 다가오네.' 韋應物의 "夕次盱眙縣"에 人歸 雁下가 보인다: '人歸山郭暗 雁下蘆洲白 사람들 돌아간 산마을은 어둑하고 기러기 내려앉은 갈대섬은 하얗구나.' 王維의 "過香積寺"에 何處鍾이 보인다: '古木無人逕 深山何處鍾 고목이 울창한 사람 없는 오솔길에 깊은 산 어디선가 종소리 들려온다.' 韋應物의 "夕次盱眙縣"에 未眠客이 보인다: '獨夜憶秦關 聽鐘未眠客 홀로 밤에 진관 땅 그리며 들리는 종소리에 잠 못 드는 나그네라.' 金朝 元好問의 "横波停爲青口帥賦 횡파정에서 청구장수를 위해서 짓다"에 疏星澹月이 나온다: '疏星澹月魚龍夜 老木清霜鴻雁秋 성긴 별 어슴푸레한 달 아래 물고기 뛰노는 밤이요 늙은 나무 맑은 서리 아래 기러기 나는 가을이라.' 그리고 杜甫의 "登岳陽樓"에 親朋이 나온다: '親朋無一字 老病有孤舟 친한 벗들로부터 일자 소식이 없고 늙고 병든 몸에는 배 한 척뿐이다.' 2020. 5. 1.

〔詩原文〕 27

貪食性味
탐 식 성 미

爲人性僻忌膻腥
疏食菜羹心不寧
誰謂珍羞身後事
生前所願五侯鯖
위 인 성 벽 기 전 성
소 사 채 갱 심 불 녕
수 위 진 수 신 후 사
생 전 소 원 오 후 청

〔시해석〕

탐내어 먹는 식습관

내 사람됨이 편벽하여 누린내 비린내 나는 음식 꺼리고
거친 밥 나물 국 먹자니 마음이 편치 못하다
누가 말하는가 나 죽은 후 진수성찬을
살아생전 소원이 산해진미 오후청이라오

〔平仄構成〕

詩의 平仄構成은 平平仄仄仄平平 平仄仄平平仄平 平仄平平平仄仄 平平仄仄仄平平으로 되어있다. 詩는 平起式 七言絶句다. 그리고 詩는 下平聲 九 青韻을 썼는데 韻脚은 腥과 寧과 鯖이다.

〔작법감상〕

맛난 음식에 지나치게 탐닉하는 것은 일종의 비정상이다. 정갈하지 못한 맛없는 음식은 아예 입에 대지 않으니 병이라고 불러도 지나치지 않을 것이다. (다만 어려서부터 어머니로부터 반찬투정은 결코 허용되지 않는 것으로 배워서 음식에 대한 불평소리는 내 사전에 없다.) 맛난 좋은 음식을 먹으려고 애쓰는 것이 스스로 애처롭기도 하지만 영양가가 높을 것이라고 생각하기도 하고, 대신 일을 열심히 하면 되지 않겠는가 생각하기도 하고, 또 한편으로는 혀가 발달한 탓이니 어쩔 수 없는 일이라고 생각하기도 하면서, 나름대로 위안을 삼는다. 詩에서는 먼저 首句에서 정결하지 않는 누리고 비린 음식은 기피한다고 하였다. 承句에서는 또한 거친 밥과 푸성귀 국만 먹는 것은 마치 修道僧의 식단과 같아서, 너무 못 먹고 사는 것 같아서, 마음이 괜히 상한다. 그래서 轉句와 結句에서는 부디 사람 죽고 나서 佳肴 珍羞盛饌 따위는 들먹이지 말라며, 그게 무슨 소용이냐며, 살아생전에 山海珍味 가득한 五侯鯖을 먹는 것이 소원이라고 하였다. 五侯鯖은 漢 成帝 때 사람 婁護가 다섯 외삼촌 諸侯가 보낸 고기와 생선을 맛있게 먹었다는 데서 유래한 말로 아주 맛있는 天下의 美食을 이르는 말이다. 杜甫는 "夢李白 이백을 꿈에 꾸다"에서 身後事를 탄식한다: '千秋萬歲名 寂寞身後事 천년만년후의 명성이 무슨 쓸모냐 사람 죽은 후의 일 적막할 뿐이라.' 魏 阮籍의 "詠懷詩 마음의 회포를 읊은 시"나 梁 庾信의 "擬詠懷 영회시를 모방하다"나 東晋 陶潛의 "挽歌詩 애도하는 노래의 시"도 더불어 뜻이 같다: '千秋萬歲後 榮名安所之 천년만년후에 영광스러운 이름이 어디에 쓰는 바가 되리요,' '眼前一杯酒 誰論身後名 눈앞에 한 잔의 술이 있는데 누가 사후의 명성을 따지는가,' '千秋萬歲後 誰知榮與辱 천년만년후에 영광과 치욕을 누가 알리요.' 白居易는 "客中月 객지에서 보는 달"에서 誰謂 대체 누가 말하느냐고 묻는다: '誰謂月無情 千里遠相逐 누가 달이 무정하다고 말하는가 천리 길 먼 곳을 따라다니는데.' 王建의 "新嫁娘 새색시"에 羹湯이 보인다: '三日入廚下 洗手作羹湯 삼일 만에 부엌에 들어가 손을 씻고 국을 끓인다.' 杜甫의 시 "江上値水如海勢聊短述 강변에서 바다의 기세와 같은 물을 만나서 애오라지 짧게 짓는다"에 性僻이 나온다: '爲人性僻耽佳句 語不驚人死不休 사람의 됨됨이 편벽되어 잘 지은 글귀만을 탐닉하니 시어가 사람을 놀라게 하지 않으면 죽어서도 쉬지 않으리라.' 元稹의 시 "天壇上境 하늘 제단의 비문을 보고"에도 性僻이 나온다: '野人性僻窮深僻 藝署閑官不似官 교양 없는 사람 성격 편벽되기가 심히 치우치니 예서는 한가한 관청이라 관청 같지 않구나.' 음식이야기가 나왔는데, 미국 유학시절 여러 해 학교 기숙사식당에서 식사를 한 인연으로 나는 우리 음식 못지않게 서양음식도 썩 좋아한다. 대한민국 수도 서울에서 한국인으로서 나보다 더 서양음식을 좋아하는 사람이 있다면 나는 큰 충격에 휩싸일 것이다. 참고로, 장조림, 동지팥죽, 식혜, 오징어찜, 매생이죽, 그리고 칠리(Chili)는 어려서부터 즐겨먹던 음식이며 나는 음식점 수준의 맛을 만들어낼 수 있다. 2019. 11. 28.

〔詩原文〕 28

孤哀子
고애자

天涯孤子是流民
無怙作賓無恃賓
幾化人間傷感事
最悲棄養欲重申
천애고자시유민
무호작빈무시빈
기화인간상감사
최비기양욕중신

〔시해석〕

부모를 여읜 사람이

천애고아는 무릇 떠돌아다니며 사는 사람이려니
아버지 잃어 믿을 사람이 없는 길손이요 어머니 잃어 의지할 데가 없는 길손이라
인간사 슬픈 일 많기도 하지만
어버이를 여윔이 제일 서글프다고 거듭거듭 말하려네

〔平仄構成〕

詩의 平仄構成은 平平平仄仄平平 平仄仄平平仄平 仄仄平平平仄仄 仄平仄仄仄平平으로 되어있다. 詩는 平起式 七言絶句다. 그리고 詩는 上平聲 十一 眞韻을 썼는데 韻脚은 民과 賓과 申이다.

〔작법감상〕

이 시는 부모를 여윈 天涯孤兒를 무엇보다 流浪民의 처지가 된 사람이라고 보겠다는 것이, 그리고 더하여 最悲 즉 가장 슬픈 사람이라고 보겠다는 것이, 작자의 主旨다. 먼저 孤哀子는 떠도는 길손일 것이 대컨 눈에 띄는 속성이라고 하였다. 그래서 "詩經"에서 故事를 引用한, 宋 周弼의 三體詩의 표현을 빌자면 用事한, 것이다. "詩經"의 '小雅蓼莪'에 보인다: '無父何怙 無母何恃 아비가 없으니 누구를 믿으며 어미가 없으니 누구에 의지하랴.' 이런 구절에서 비로소 부친을 잃는 것을 無怙 또는 失怙, 모친을 잃는 것을 無恃 또는 失恃로 표현하게 되었는데 마침 중당 韋應物의 시 "送楊氏女 양씨 집에 딸을 시집보내며"에 無恃가 보인다: '爾輩況無恃 撫念益慈柔 너희들 하물며 어미도 없이 자랐으니 어루만지고 생각하며 더욱 사랑하고 부드럽게 대하였느니라.' 그래서 이어서 시에서는 하늘 끝에 몸 붙일 곳이 없는 사람은 곧 떠돌이 신세라고 말하고 그것은 곧장 부모가 없어 믿을 곳도 의지할 곳도 없는 길손에 다름 아니라고 한 것이다. 여기까지가 이 시 "孤哀子"의 場面設置가 되는 起와 承이다. 그리고 이어지는 전환의 轉과 結에서는, 流民의 의미를 사람이 살아가면서 겪게 되는 온갖 일들에 확대하여 해석하면서, 인간 세상에 서러운 일들 많기도 하지만 어디 부모 잃은 비통함만 하겠느냐면서, 부모 잃음이 최고로 슬프다면서, 되풀이하여 告白하고 있다. 작자 내가 연전에 쓴 시 "慰撫西藏叙利亞悲運 티베트와 시리아의 슬픈 운명을 위로하며"에서 이와 비슷한 감개를 애달프게 노래한 적이 있다: '古來何限丹青手 世上傷心摸不成 자고이래로 유명난 화가 많다더라만 세상사 가슴아파하는 이내 마음을 그리지는 못하리.' 盛唐 邊塞詩의 宗匠 岑參의 시 "胡笳歌送顔眞卿使赴河隴 호인의 갈잎피리를 불어서 감숙성 하롱으로 사신가는 안진경을 전송한다"에 最悲가 나온다: '君 不聞胡笳聲最悲 紫髯綠眼胡人吹 그대여 듣지 못하는가 호인의 피리소리 너무너무 슬픈데 자줏빛 구레나룻과 푸른 눈을 한 호인이 불고 있는 것을.' 蛇足이나, 명필로 잘 알려진 顔眞卿은 서예뿐만 아니라 사신으로서 외교도 잘했고 장수로서 전투도 잘하였다고 전하여진다. 끝으로, 詩는 이와 같이 무엇보다도 句와 句가 有機的으로 連結이 잘 되어야, so systematically related, 이제 비로소 겨우 성공작에 들어선다고 평가됨을 강조하고 싶다. 2020년 5월 14일에 쓴다.

〔詩原文〕 29

天下名山金剛山
천하명산금강산

蓬萊一萬二千峯
樹海森林積翠重
蒼昊山禽吟喞喞
綠陰溪水發淙淙
牧丹浮碧果能比
揚子鶴樓何得宗
太白金剛又投筆
黃元走下復啼(噥)
봉래일만이천봉
수해삼림적취중
창호산금음즉즉
녹음계수발종종
목단부벽과능비
양자학루하득종
태백금강우투필
황원주하부제농

〔시해석〕

하늘 아래 이름난 산 금강산이여

쑥풀 여름산 금강산 일만 이천 봉우리
숲의 바다를 이룬 울창한 삼림은 겹겹이 포개어진 짙푸름이네
널따란 하늘 속 산새들은 짹짹짹짹 노래하고
푸르른 그늘 속 계곡물은 졸졸졸졸 소리낸다
모란봉하 부벽정자 경치가 과연 비교가 될 수 있으며
양자강변 황학루각 경치가 어찌 종주가 될 수 있으랴
당조 이태백은 금강산에서 다시 붓을 던져 버릴 것이요
여조 김황원은 내려가면서 또 엉엉 울며 괴로워하리로다

〔平仄構成〕

詩의 平仄構成은 平平仄仄仄平平 仄仄平平仄仄平 平仄平平平仄仄 仄平仄仄仄平平 仄平平仄仄平仄 平仄仄平平仄平 仄仄平平仄平仄 平平仄仄仄平平으로 되어있다. 詩는 平起式 七言律詩다. 그리고 詩는 上平聲 二 冬韻을 썼는데 韻脚은 峯, 重, 淙, 宗, 儂이다. 또 5句와 6句에서 孤平拗救가 쓰였는데 本來 5句의 下三字는 平平仄이어야 하는데 仄平仄으로 되어, 卽 果能比로 되어, 5字의 平字가 毁損되었다. 그래서 6句의 5字는 本來 仄字여야 하는데 平으로 바뀌서, 卽 何로 바뀌서, 毁損된 平을 回復시켰다. 이로써 合律이 된다. 또한 7句의 下三字에서는 單拗가 쓰였다. 本來 下三字의 平仄의 構成은 平仄仄인데 仄平仄이 되어, 卽 又投筆로 되어, 5字에서 毁損된 平字를 6字에서 回復한 것이다. 이는, 下三字에 孤平現象이 發生하였으나 挾平格으로 肯定的으로 看做하며, 本句 自救의 方法으로 亦是 合律이 된다. 그리고 中央四句의 下三字는 前聯과 後聯의 境遇에 文法構造를 다르게 配置하여 意味上 各各 吟 喞喞, 發 淙淙, 果 能 比, 何 得 宗으로 읽히게 되어 四言一法 忌避의 原則을 따라서 平板을 避하고 錯綜을 지켰다. 그리고 詩의 韻을 달지 않은 仄聲字 곧 喞, 比, 必은 次例로 入聲 上聲 入聲이 되어 이른바 四聲遞用의 法則을 따름에 充實하였다.

〔작법감상〕

전반 4구에서, 먼저 遠景으로, 푸르른 숲의 바다를 펼친 여름날 금강산 일만 이천 봉우리의 아름다움을 베꼈다. 이어서는, 近景으로, 창공 속 산새들의 지저귐과 녹음 속 시냇물소리를 청각적으로 대비시키면서 자연계의 아름다움과 자유로움을 한층 부각시켰다. 여름의 금강산 蓬萊 쑥풀, 중첩한 녹색 積翠, 푸른 하늘 蒼昊, 푸른 그늘 綠陰에 이르기까지 한결같이 푸르른 여름날 명산 금강산의 절경을 실컷 노래하려고 하였다. 이쯤 작자에게 불현듯 다가오는 詩史에 등장하는 두 詩人이 있으니 盛唐 시절의 李白이요 高麗 중기의 金黃元이다. 이유야 조금씩 차이가 있을지언정 자연의 아름다운 풍광에 넋을 잃고 글을 다 짓지 못하기는 매한가지라... 그래서 후반 4구는 시인들의 사연을 떠올리면서, 마땅히 금강산의 壯觀에 놀라, 太白은 또다시 붓을 던져버릴 것이요 天民은 또 마땅히 통곡할 것이라고 하였다. 天下 第一名山 金剛山을 그렇게 높여서 노래해본 것이다. 詩仙 李白은 절경 황학루에 올라 시를 쓰려하니 崔顥의 싯구절이 자꾸 떠올라 종내 붓을 던져버렸다고 한다. 海東文豪 金黃元은 浮碧亭에 올라서 '長城一面溶溶水 大野東頭點點山 길게 둘러쌓은 성 한쪽에는 넘실대는 강물 널따란 들판 동쪽에는 점점이 산봉우리'라 쓰고 아름다움을 시에 더 담지 못한 채 울고 내려왔단다. 내가 과거 쓴 "登武昌黃鶴樓上遠眺 무창의 황학루에 올라서 멀리 바라보다"에 自投筆이 보인다: '謫仙李白自投筆 一曲陽春何所求 하늘에서 귀양 왔다는 신선 이백도 못 이겨 스스로 붓을 던져버렸는데 양춘곡과 같은 아름다운 한가락 싯구를 어디서 구할 수 있겠는가.' 또한 내가 과거 쓴 "夢中醉遊大同江上 꿈속에서 취하여 대동강가에서 노닐다"에 高麗文士 金黃元이 보인다: '明使足能辭絶景 高文不得抒爭姸 명나라 사신 주지번은 뛰어난 경관을 족히 말하였고 고려 문장가 김황원은 다투는 아름다움을 다 표현하지 못하였다.' 그 외 내가 과거 쓴 금강산 시가 몇 편 더 있다: "秋日一覽金剛山下 가을날에 금강산 산하를 굽어보다"가 있고 "晚秋金剛山下詠懷 늦가을에 금강산자락에서 느낌을 읊어본다"도 있다. 2020. 5. 16.

〔詩原文〕 30

送謝氏女
송사씨녀

西辭愚息漢城丘
今日有行他域歐
獨女無男唯姐望
非常疼愛益娘柔
令門謝氏憂慮卻
仁恤舅姑鞭撻求
欲若爲寬遣懷抱
忽然臨感亂難收
서사우식한성구
금일유행타역구
독녀무남유저망
비상동애익낭유
영문사씨우려각
인휼구고편달구
욕약위관견회포
홀연임감란난수

〔시해석〕

사씨집안에 딸을 시집보내며

나의 못난 여식은 서쪽 서울 한성언덕을 뒤로하고
오늘 이역만리 낯선 땅 구라파로 시집을 가는구나
무남독녀라 유독 너만 바라보며
애지중지하면서 더욱 너를 귀여워하였다
훌륭한 가문 사씨댁이라 걱정과 염려는 물리쳤으나
인자하고 아껴주시는 시아버지와 시어머니께 지도와 편달을 구하도록 하여라
잊히지 않은 생각들 털어버리려 마음속 너그러운 듯 노력하겠지만
불현듯 네가 보고 싶으면 심란한 마음을 추스르기 어렵겠구나

〔平仄構成〕

詩의 平仄構成은 平平平仄仄平平 平仄仄平平仄平 仄仄平平平仄仄 平平仄仄仄平平 仄平仄仄平仄仄 平仄仄平平仄平 仄仄平平仄平仄 仄平平仄仄平平으로 되어있다. 詩는 平起式 七言律詩다. 그리고 詩는 下平聲 十一 尤韻을 썼는데 韻脚은 丘, 歐, 柔, 求, 收이다. 또 5句와 6句에서 雙拗가 쓰였는데 本來 5句의 下三字는 平平仄이어야 하는데 平仄仄으로 되어, 卽 憂慮卻으로 되어, 6字의 平字가 毁損되었다. 그래서 6句의 5字는 本來 仄字여야 하는데 平으로 바꿔서, 卽 鞭으로 바꿔서, 毁損된 平을 回復시켰다. 이로써 合律이 된다. 또한 7句의 下三字에서는 單拗가 쓰였다. 本來 下三字의 平仄의 構成은 平仄仄인데 仄平仄이 되어, 卽 遣懷抱로 되어, 5字에서 毁損된 平字를 6字에서 回復한 것이다. 이는, 下三字에 孤平現象이 發生하였으나 挾平格으로 肯定的으로 看做하며, 本句 自救의 方法으로 亦是 合律이 된다. 그리고 中央四句의 下三字는 前聯과 後聯의 境遇에 文法構造를 다르게 配置하여 意味上 各各 唯 姐 望, 益 娘 柔, 憂慮 卻, 鞭撻 求로 읽히게 되어 四言一法 忌避의 原則을 따라서 平板을 避하고 錯綜을 지켰다. 그리고 詩의 韻을 달지 않은 仄聲字 곧 望, 卻, 抱는 次例로 去聲 入聲 上聲이 되어 이른바 四聲遞用의 法則을 따름에 充實하였다.

〔작법감상〕

中唐 韋應物의 "送楊氏女 양씨 집에 딸을 시집보내며"를 최근에 學堂에서 읽으면서 우리 각자가 딸을 시집보내는 심정이 되어 "送O氏女"를 제목으로 시를 써보자고 하였다. 그래서 이 위응물의 시와 또 널리 알려진 金朝 元好問의 "別程女 정씨 집에 딸을 시집보내며"를 바탕으로 나 나름대로 이리저리 시상을 다듬어본 것이 위 시 "送謝氏女"이다. 맨 먼저 首聯에서는 시집가는 상황을 말하였고, 頷聯에서는 無男獨女 외동딸을 특별히 愛之重之 하였다는 것이며, 頸聯에서는 부디 가서 媤家 父母 잘 모시고 지혜롭게 살아주기 바란다는 것이며, 끝으로 尾聯에서는 이제 여식이 떠나감에 헤어져야함을 알면서도 보고 싶은 마음을 어떻게 감당할지 모르겠다고 고백하고 있다. 무릇 여느 아버지가 딸을 出嫁시킴에 있어서, 이별에 임하여, 갖고 겪을 수 있는 共通的 心事를 노래한 작품이리라. 위응물의 "送楊氏女"에 忽難收가 보인다: '居閑始自遣 臨感忽難收 한가로이 지내며 처음에는 스스로 달랠 수 있을 것이나 그리워지면 갑자기 수습키 어려우리라.' 원호문의 "別程女"에 若爲寬이 보인다: '明日緱山東畔路 野夫懷抱若爲寬 내일 구산가는 동쪽 두둑 길에서 시골 아비는 마음속 넓은 듯해야 하리라.' 통상 시어머니를 敬畏하는 며느리의 마음은 위응물 시 "送楊氏女"와 王建 시 "新嫁娘 새색시"에 보인다: '自小闕內訓 事姑貽我憂 어려서부터 어머니의 가르침이 없었으니 시어머니를 잘 모실까 걱정이구나,' '未諳姑食性 先遣小姑嘗 시어머니 식성을 알지 못해 시누이에게 먼저 맛보게 하네.' "詩經" '邶風 泉水'에 有行이 나오는데 出嫁와 같다: '女子有行 遠父母兄弟 여자가 출가하면 부모형제와 멀어진다.' 그리고 李白의 "送孟浩然之廣陵 광릉으로 가는 맹호연을 전송하며"에 西辭가 나온다: '故人西辭黃鶴樓 煙花三月下揚州 옛 친구 서쪽 황학루와 헤어져서 아지랑이 꽃 만발한 삼월 봄날에 양주로 내려가네.' 2020년 5월 23일 올해 들어 처음 民魚湯을 맛본 후 완성한다. A la Mark Twain: 'One of the keys to success in life is to eat your favorite food and fight hard. [Fight it out!]'

〔詩原文〕 31

隱退
은 퇴

一世宦游羈絆騈
桃源引退自由仙
往來早晩人踪滅
天際長歌碧自然
일 세 환 유 기 반 변
도 원 인 퇴 자 유 선
왕 래 조 만 인 종 멸
천 제 장 가 벽 자 연

〔시해석〕

은퇴

평생토록 벼슬살이 얽어맨 굴레의 수레와 같아라
무릉도원에 은퇴하니 자유분방한 신선계의 삶이로세
아침저녁으로 가거나 오거나 사람의 발자취 끊어지고
하늘 끝에서 홀로 길게 노래 부르니 푸르른 대자연이어라

〔平仄構成〕

詩의 平仄構成은 仄仄仄平平仄平 平平仄仄仄平平 仄平仄仄平平仄 平仄平平仄仄平으로 되어있다. 詩는 仄起式 七言絶句다. 그리고 詩는 韻字는 下平聲 一 先韻을 썼는데 韻脚은 騈과 仙과 然이다.

〔작법감상〕

中唐의 대시인이자 唐宋八大家의 문장가인 柳宗元은 당시 王叔文의 새정치개혁운동에 참여했다가 개혁이 실패하자 서울 장안에서 쫓겨나 호남성 남쪽 永州로 貶流되었다. 그런 귀양살이 상황에서도 다행히 유종원은 나름 스스로 지친 몸과 마음을 달래며 자연과 벗하며 유유자적할 수 있었던 것으로 보인다. 永州 司馬로 좌천되어 愚溪에서 담박하게 생활하면서 남긴 시들이 여러 편 있는데 얼른 "夏初雨後尋愚溪"와 "溪居"와 "江雪" 등이 눈에 띈다. "夏初雨後尋愚溪 초여름 비온 후 우계를 찾는다"에서 '沈吟亦何事 寂寞固所欲 나지막하게 읊조리니 또한 무슨 일이런가 쓸쓸하고 고요함은 진실로 내가 바라는 바라'가 보이고, "溪居 개울가에 살며"에서 '曉耕翻露草 夜榜響溪石 새벽에 밭을 갈며 이슬 젖은 풀을 뒤엎고 밤에는 배를 저어 시냇가 바윗돌을 울린다'가 보이고 "江雪 강에 눈은 내리고"에서 '孤舟蓑笠翁 獨釣寒江雪 외로이 떠 있는 배에 도롱이 입고 삿갓 쓴 늙은이 눈 내리는 찬 강에서 홀로 낚시하네'가 눈에 띈다. 柳子厚의 다행스럽고 평화로운 귀양살이를 좀 장황하게 얘기하게 된 것은 위 "隱退" 시의 은퇴 후의 담담하고 자유분방한 생활과 비교하면서 공감을 불러일으키고자 하는 이유 때문일 것이다. 먼저 시 起句에서 일생의 벼슬살이가 얽매임의 굴레와 같은 더부살이의 삶이라고 하였다. 이어서 承句에서 도원에 은퇴하게 되니 격식이나 관습에 얽매이지 않고 행동이 자유스러워 마치 신선이 된 기분이라는 것이다. 桃源은 물론 武陵桃源이거니와, 東晋 陶淵明의 "桃花源記 도화원기록"에 나오는 故事로 別有天地非人間의 신선들이 산다는 理想鄕이요 別天地 아니던가. 그러므로, 轉結句에서, 아침저녁으로 가거나 오거나 하여도 사람의 발자취는 끊어지고 하늘 끝 푸르른 대자연에서 홀로 길게 노래 부른다고 하였다. 絶句나 律詩의 起承轉結은, 작시에서 the single most important element인데, 이 정도로 엮으면 무난하다고 하겠다. 일찍이 나는 자유로운 활동을 지향한 은퇴의 변을 고백한 적이 있는데 黃山浦의 시 "隱退自由人"은 自由奔放을 노래한다: '今日自由何自由 電光脫出萬年憂 오늘 내가 누리는 자유는 어떤 자유인가 전광석화처럼 천년만년의 근심의 옹이로부터 벗어남이라.' 初唐 王勃의 시 "送杜少府之任蜀州"에 宦遊가 나온다: '與君離別意 同是宦遊人 그대와 헤어지는 마음이요 우리 다 같이 떠도는 벼슬아치라.' 盛唐 李白의 시 "春日行 봄날의 노래"에 雲騈이 나온다: '三十六帝欲相逢 仙人飄颻下雲騈 삼십육 황제들 만나보길 원하니 신선은 나부끼는 구름수레에서 내려오네.' 유종원의 "江雪"에 人踪滅이 보인다: '千山鳥飛絶 萬徑人踪滅 일천 산에는 새들의 날갯짓 끊기고 일만 길에는 사람들의 자취가 사라졌다.' 또한 유종원의 "溪居"에 長歌楚天碧이 보인다: '來往不逢人 長歌楚天碧 오고 감에 사람 만나지 아니하고 길게 노래하니 남방 초나라 하늘은 푸르기만 하여라.' 다음 주에 있을 시집 "백사한시백수2" 출판기념회에서 만날 오랜 벗들을 상상하면서 2020년 5월 28일 자유롭게 붓 가는 대로 써본다.

〔詩原文〕 32

隱退貽我三多苦痛
은퇴이아삼다고통

引退出迎何者大
寂寥年紀顯明多
況兼百病頻煩到
日益三重苦可苛
인퇴출영하자대
적료연기현명다
황겸백병빈번도
일익삼중고가가

〔시해석〕

은퇴가 내게 세 가지 많은 고통을 주네

은퇴를 맞으니 무엇이 많던가
나잇살과 적막함이 눈에 띄게 많아졌네
하물며 갖가지 질병이 자주자주 번거롭게 찾아오니
날로 더하는 삼다삼중고 정말 모질고 가혹하구나

〔平仄構成〕

詩의 平仄構成은 仄仄仄平平仄仄 仄平平仄仄平平 仄平仄仄平平仄 平仄平平仄仄平으로 되어있다. 詩는 仄起式 七言絶句다. 그리고 詩는 韻字는 下平聲 五 歌韻을 썼는데 韻脚은 多와 苛이다.

〔작법감상〕

바로 얼마 전 나는 "隱退 은퇴" 시에서 평생의 벼슬살이는 얽어맨 굴레의 수레와 같았었는데 이제는 물러나 武陵桃源에 머무르니 自由奔放한 신선세상에서 사는 것 같다며 은퇴의 생활을 별천지 도원의 삶에 비유하였기 때문에 독자여러분은 갑자기 은퇴의 생활이 고통스럽다는 이 모순적(?) 시를 마주함에 적이 唐惶할 것이라고 생각한다. 이제는 은퇴를 맞아 나이가 많고 쓸쓸함이 많고 질병이 많아서 은퇴 후 노년의 삶은 괴로움과 아픔이 커 가히 가혹한 삶이라며 공감과 동정을 호소하고 있기 때문이다. 당황함에 물론 일견 일리가 있으나 좀 자세히 들여다보면 꼭 그렇지는 않다. The inconsistency is only apparent! 한편, 은퇴하니, 기나긴 굴욕의 굴레의 생활을 벗어난 것은 자유세계의 신선이 된 기분이지만, 다른 한편으로는 드디어 그간 채 깨닫지 못하였던 갖가지 苦痛이 생겨나서 두렵고 괴롭다는 말이다. 무엇보다, 짐작하건대 인생 전반기를 지나 후반기를 맞는 우리들 匹夫匹婦 모두에게 공통일 것이지만, 年齡과 寂寥와 病苦가 가시적으로 늘어나는 것을 기어이 무시할 수 없기 때문이다. 은퇴인생에게 동시에 주어지는 긍정적 自由自在의 세계와 부정적 三多苦痛이라는 상황은 어쩌면 동전의 양면처럼 뗄 수 없는(two sides of the same coin), 같이 가야만하는, 것인지도 모른다. 이것은 괜한 단순한 신세타령이 아니라 우리 인생의 매우 적나라한 참모습이리라. 貽我는 내게 주다 끼치다 증여하다는 의미가 되는데 蘇州 韋應物의 "送楊氏女 양씨집에 딸을 시집보내며"에 등장한다: '自小闕內訓 事姑貽我憂 어려서부터 어머니의 가르침이 없었으니 시어머니 모시는 일이 나에게는 근심을 주는구나.' 아까 언급한 山浦 黃必洪의 "隱退 은퇴" 시에 어떤 직무를 그만두고 물러난다는 引退가 등장한다: '一世宦游羈絆騈 桃源引退自由仙 평생토록 벼슬살이 얽어맨 굴레의 수레와 같아라 무릉도원에 은퇴하니 자유분방한 신선계의 삶이로세.' 夢得 劉禹錫의 "秋詞 가을 노래"에 쓸쓸하고 고요하다는 寂寥가 등장한다: '自古逢秋悲寂寥 我言秋日勝春朝 예부터 가을이 되면 슬프고 쓸쓸하지만 나는 가을 햇볕이 봄날 아침보다 더 좋다고 말하려네.' 子美 杜甫의 "登岳陽樓 악양루에 올라서서"에 노쇠하여 생기는 병이라는, 나이 들어서 늘어만 가는 百病이나 萬病이라는 의미의, 老病이 보인다: '親朋無一字 老病有孤舟 친한 벗에게서는 한 자 소식이 없고 늙고 병든 몸은 오직 작은 배 한 척 뿐이다.' 또한 松江 鄭澈의 시에 "老病有孤舟 늙고 병듦에 외로운 배 한 척이 있구나"가 있다: '居然老病忽相催 萬事人間成謬悠 무료하게 살아감에 늙음과 병환은 문득 서로 재촉하니 인간만사 아득히 그릇되어라.' 참고로, 重은 무거울 重으로는 仄聲이고 거듭 重으로는 平聲이다. 그러므로 三重苦의 重은 平이다. "백사한시백수2 출판기념회" 기간 중에 보리가 익고 모를 심는 절기라는 芒種(2020. 6. 5)을 맞아서 써내려간다. 이때쯤이면 어릴 적 시골에서는 최고조 農繁期라 들판이 奔走不暇로 물들어있었다.

〔詩原文〕 33

回顧芒種節氣
회고망종절기

青藍田畓染平野
農圃鄰人芒種催
合唱勞謠高意氣
每逢佳節感懷來
청람전답염평야
농포인인망종최
합창노요고의기
매봉가절감회래

〔시해석〕

망종절기를 돌아다보며

짙게 푸르른 논밭이 넓게 펼쳐진 들판을 물들일 때면
농사짓는 이웃사람들 까끄라기 곡식 벼와 보리 경작을 재촉했었다
노동요를 함께 부르며 사기도 드높았었는데
매양 좋은 절기 맞을 때마다 감회가 가슴에 밀려오네

〔平仄構成〕

詩의 平仄構成은 平平平仄仄平仄 平仄平平平仄平 仄仄平平平仄仄 仄平平仄仄平平으로 되어있다. 詩는 平起式 七言絶句다. 그리고 詩는 上平聲 十 灰韻을 썼는데 韻脚은 催와 來다. 그리고 또한 1句와 2句에서 孤平拗救가 쓰였는데 本來 1句의 下三字는 平平仄이어야 하는데 仄平仄으로 되어, 卽 染平野로 되어, 5字의 平字가 毁損되었다. 그래서 2句의 5字는 本來 仄字여야 하는데 平으로 바꿔서, 卽 芒으로 바꿔서, 毁損된 平을 回復시켰다. 이로써 合律이 된다.

〔작법감상〕

얼마 전 芒種이 지났다. 그래서 시는 보리는 익고 볏모를 심는 24절기의 하나 망종시절을 돌이켜 생각한 것이다. 짙게 푸르른 논밭이 넓게 펼쳐진 들판을 물들일 때면 어릴 적 시골에서는 최고조의 農繁期라 농군들은 奔走히 까끄라기가 있는 곡식 벼와 보리 耕農을 재촉했었다. 간간이 勞動歌謠를 함께 부르며 사기도 드높았었는데 매번 좋은 절기를 맞을 때마다 옛 감회가 가슴에 다가온다. 佳節佳人不重來 좋은 시절 좋은 사람 다시 돌아오지 않는구나... 王維의 시 "九月九日憶山東兄弟 구월구일 산동의 형제를 생각한다"에 每逢佳節이 나온다: '獨在異鄕爲異客 每逢佳節倍思親 홀로 타향에서 나그네 되어 지내니 명절 맞을 때마다 부모형제 생각 배가 된다.' 王昌齡의 시 "塞下曲 변방 아래의 노래"에 意氣高가 나온다: '昔日長城戰 咸言意氣高 옛날 길게 둘러쌓은 성에서 적과 싸울 때 사기가 높았었다고 모두 말하였다.' 柳宗元의 시 "溪居 개울가에 살며"에 農圃가 보인다: '閑依農圃隣 偶似山林客 한가로이 농가 이웃에 붙어사니 뜻밖에도 산림 속 은자 같구나.' 杜牧의 시 "漢江 한강"에 染이 보인다: '溶溶漾漾白鷗飛 綠淨春深好染衣 힘차게 흐르고 파도치는데 갈매기는 날고 푸른색은 맑고 봄은 깊어 옷을 물들이기에 알맞구나.' 그리고, 끝으로, 위 시의 기구 시작부분에 田畓이 등장하는데 田土의 의미로 곧 논과 밭이 된다. 그런데 혹자는 畓은 國字 곧 우리나라만 사용하는 漢字라서, 그림이나 자수에서 쓰는 기쁠 囍 따위와 마찬가지로, 格에 어긋나 시에서는 쓸 수 없다고 말한다. 또 근대시기에 형성된, 특히 일본에 의해서 주조된, 단어들 말하자면 自由 社會 哲學 自然 등등을 시에 쓰는 것도 粗惡하다고 말한다. 나는 그런 주장에 대해서 논리적으로나 공리적으로도 수용하기 어렵다는 생각이다. 단지 中國에 없어서, 역사가 짧아서, 무논을 지칭하는 畓자는, 기쁨이나 행복을 나타내는 囍자는, 시에서는 안 써야 하는 것이냐? 또 일본이 근대 西勢東漸期에 서양의 어휘들을 다수 번역하였던 탓으로 언급한 自由 社會 哲學 自然 등등의 단어가 이미 널리 세상에 쓰이는 말이 되었고 시대를 살아가는 사람과 사회를 상당량 대변하는데도, 日本이 쓰니까, 역사가 짧다고, 이들 용어의 사용이 역시 거부되어야 하는가? 그런 논리라면, 英國에서는 없고 美國에서만 쓰는 'as good as it gets-이보다 더 좋을 순 없다'와 같은 표현을 시문장에 쓸 때는 미국사람들은 스스로 부끄러워하여야 하는가? 비슷한 논리로, 包裝飮食이 영국에서는 takeaway이나 미국에서는 takeout인데 미국사람이라면 누구도 takeout 사용을 꺼려야 되지 않겠는가? 한 시대의 시는 한 시대를 충실히 담아야 하는 사명이 있다. 시대착오적 事大主義와 國粹主義는 세상 사람을 이롭게 하지 않는다. 大 韓國人으로서 우리 좀 堂堂하게 삽시다!!!! 2020. 6. 12.

〔詩原文〕34

塞上曲　其一
새상곡　기일

鮮節淸標麗節徼
不聞遠役返回邀
遼東戰鬪人防智
安市干戈馬策驍
遊俠封侯碎身滅
閨中生別老軀消
誰言又壯又悲事
城閣旌麾空自飄
선절청표여절요
불문원역반회요
요동전투인방지
안시간과마책효
유협봉후쇄신멸
규중생별노구소
수언우장우비사
성각정휘공자표

〔시해석〕

변방의 노래　그 첫 번째

고조선 시절 밝은 달 고구려 시절 변방 경계에도 비추는데
먼 곳으로 싸우러 갔다가 살아 돌아온 사람들 맞이하였다는 말 들어보지 못했다
요동성 전투에서 수비에서 사람을 방어하며 슬기롭고 지혜로웠다하며
안시성 싸움에서 공격에서 군마를 채찍질하며 날래고 용맹스러웠다더라
의리를 숭상하는 병사는 제후에 봉해지는 일을 구하러 몸이 부서져 죽어나가고
두고 온 고향의 아낙네는 기약 없는 헤어짐을 당하여 몸이 늙어서 사라져갔다
누가 말하는가 또한 장하고 또한 구슬픈 일이라고
성채 망루에는 대장기 깃발만 부질없이 절로 펄럭이는구나

〔平仄構成〕

詩의 平仄構成은 平仄平平平仄平 仄平仄仄仄平平 平平仄仄平平仄 平仄平平仄仄平 平仄平平仄平仄 平平平仄仄平平 平平仄仄仄平仄 平仄平平平仄平으로 되어있다. 詩는 仄起式 七言律詩다. 그리고 詩는 韻字는 下平聲 二 蕭韻을 썼는데 韻脚은 徼와 邀와 驍와 消와 飄이다. 그리고 5句의 下三字에서는 單拗가 쓰였다. 本來 下三字의 平仄의 構成은 平仄仄인데 仄平仄이 되어, 卽 碎身滅로 되어, 5字에서 毁損된 平字를 6字에서 回復한 것이다. 이는, 下三字에 孤平現象이 發生하였으나 挾平格으로 肯定的으로 看做하며, 本句 自救의 方法으로 合律이 된다. 또한 7句와 8句에서는 孤平拗救가 쓰였는데 本來 7句의 下三字는 平平仄이어야 하는데 仄平仄으로 되어, 卽 又悲事로 되어, 5字의 平字가 毁損되었다. 그래서 8句의 5字는 本來 仄字여야 하는데 平으로 바뀌서, 卽 空으로 바꿔서, 毁損된 平을 回復시켰다. 이로써 亦是 合律이 된다. 그리고 中央四句의 下三字는 前聯과 後聯의 境遇에 文法構造를 다르게 配置하여 意味上 各各 名詞 動詞 動詞 그리고 動詞 名詞 動詞로 읽히게 되어 四言一法 忌避의 原則을 따라서 平板을 避하고 錯綜을 지켰다. 또한 詩의 韻을 달지 않은 仄聲字 곧 智, 滅, 事는 次例로 去聲 入聲 去聲으로 上尾를 피하여 所謂 四聲遞用의 法則에 充實하였다.

〔작법감상〕

漢詩에서 다루는 素材는 多種多樣하지만 戰爭은 그중에서도 가장 많은, 그리고 가장 성공한, 것 중의 하나다. 전쟁 관련 시를 통상 邊塞詩라고 하는데 한편에서는 전쟁을 가슴아파하고 반대하며, 다른 한편으로는 전쟁터에서의 자랑스런 武勇을 독려하고 칭송하고 있다. 前者에서 시인들은 전쟁터에 끌려 나가는 나약한 백성들의 悲感을 대변하였고, 後者에서는 시인들은 전장에서 사기충천하는 인민용사들의 忠心을 노래하고 있다. 그래서 필자도 其一에서는 소위 厭戰思想을 표방하였고, 其二에서는 國防武勇을 대변해 볼 생각이다. 古朝鮮 때 밝은 달이 高句麗 때 변방에도 비추도록 오랜 세월 전쟁이 그치지 않고 원정나간 사람들이 돌아왔다는 소식은 없더라는 절망적 탄식이 우선 등장한다. 그 이름난 遼東城 安市城 전투에서 수비하고 공격하며 장병들은 粉骨碎身하여 죽어나가고 고향 아낙네는 기다림의 생이별 속에 몸이 늙고 병들어 사라져갔다고 하였다. 위정자들이여! 부디 參戰行爲를 구슬프나 장하다고 미화하거나 부추기지 말라, 공연히 성 누각 깃발만 나부껴 속이 상하고 서럽다... 그래서 싸우러 나가서 죽거나 돌아오지 않는다고 詩人들은 異口同聲이다. 李白 “關山月”: ‘由來征戰地 不見有人還 예로부터 유명한 이 전쟁터에서 살아서 돌아온 사람이 있음이 보이지 않네.’ 王昌齡 “出塞”: ‘秦時明月漢時關 萬里長征人未還 진나라 때 밝은 달 한나라 때 관문에 비치는데 만 리 길 원정 나갔다 돌아온 사람 아직 없어라.’ 王翰 “涼州詞”: ‘醉臥沙場君莫笑 古來征戰幾人回 모래밭에 취해 누워도 그대 비웃지 마라 예로부터 전쟁에 나갔다가 몇이나 살아 돌아왔더냐.’ 張籍 “沒蕃故人”: ‘前年伐月支 城下沒全師 지난 해 월지국을 치다가 성 아래서 전군대가 몰살하였다.’ 黃必洪 “黃山行”: ‘百濟五天貂錦軍 黃山大戰歿丘墳 백제의 오천 결사대 황산벌 대전투에서 다 죽어 무덤 언덕을 이루었다.’ 黃必洪 “出塞”: ‘遼東外陣全師歿 誠是天人共怒災 요동성 외각 진지에서 군사들 모두 죽으니 참으로 천인공노할 재앙이로세.’ 2020. 6. 17.

〔詩原文〕 35

塞上曲　其二
새상곡　기이

東水嘩嘩流狄夷
西風颯颯度高麗
隨時萬疊山中伺
一氣油然雲裏馳
煬帝乙支淸野靡
太宗淵蓋扑城圮
咸言士氣固高漲
六戰六嬴遊俠兒
동수화화유적이
서풍삽삽도고려
수시만첩산중사
일기유연운리치
양제을지청야미
태종연개박성비
함언사기고고창
육전육영유협아

〔시해석〕

변방의 노래　그 두 번째

동쪽에서 흐르는 물은 콸콸콸콸 오랑캐 땅으로 흘러가고
서쪽에서 불어오는 바람은 쏴아쏴아 고구려 땅을 지나는구나
적군은 수시로 첩첩이 겹치는 산중에서 기회를 엿보았고
아군은 단숨에 뭉개뭉개 이는 구름속으로 말을 달려나갔다
수나라 양제 을지문덕의 청야전투에 쓰러지고
당나라 태종 연개소문의 공성전투에 무너졌다
사기가 한결같이 하늘을 찌를 듯이 높았다고 다들 말하였다지
여섯 번 싸워 여섯 번 이긴 대 고구려의 의협심 넘치는 대 용사들이여

〔平仄構成〕

詩의 平仄構成은 平仄平平平仄平 平平仄仄仄平平 平平仄仄平平仄 仄仄平平平仄平 平仄仄平平仄仄 仄平平仄仄平平 平平仄仄仄平仄 仄仄仄平平仄平으로 되어있다. 詩는 仄起式 七言律詩다. 그리고 詩는 韻字는 上平聲 四 支韻을 썼는데 韻脚은 夷와 麗와 馳와 坭와 兒이다. 그리고 7句와 8句에서는 孤平拗救가 쓰였는데 本來 7句의 下三字는 平平仄이어야 하는데 仄平仄으로 되어, 卽 固高漲으로 되어, 5字의 平字가 毁損되었다. 그러므로 8句의 5字는 本來 仄字여야 하는데 平으로 바꿔서, 卽 遊로 바꿔서, 毁損된 平을 回復시켰다. 이로써 合律이 된다. 그리고 中央四句의 下三字는 前聯과 後聯의 境遇에 文法構造를 다르게 配置하여 意味上 各各 名詞 名詞 動詞 그리고 動詞 名詞 動詞로 읽히게 되어 四言一法 忌避의 原則을 따라서 平板을 避하고 錯綜을 지켰다. 그리고 詩의 韻을 달지 않은 仄聲字 곧 伺, 靡, 漲은 次例로 去聲 上聲 去聲으로 上尾를 피하여 所謂 四聲遞用의 法則에 充實하였다. 그리고 中央 4句 外에도 首聯에 對仗을 두었다.

〔작법감상〕

앞선 邊塞詩 其一에서는 인민들의 非戰思想을 표방하였고, 여기 其二에서는 고구려 군사의 國防武勇을 대변하고 있다. 非戰思想=厭戰思想=反戰思想이다. 말하자면 전자가 군주의 領土擴張을 향한 侵略野慾을 聲討하고 그로인한 백성의 고통을 表出하는 것이라면, 후자는 사뭇 달리 獻身祖國하고 盡忠報國하는 장병들의 용맹심과 충성심을 鼓吹하고 顯揚하는 것이다. 만사를 고려해 봐도 어느 쪽 시가 더 좋고 더 낫다 감히 말하겠는가? 변방 성채에서 내려다보니 동쪽에서 흐르는 물은 콸콸콸콸 오랑캐 땅으로 흐르고 서쪽에서 불어오는 바람은 쏴아쏴아 고구려 땅을 지나간다. 되놈들 늘상 첩첩산중에서 침략의 야심을 드러냈고 아군은 언제라도 한숨에 주저 없이 뭉개뭉개 구름 속으로 말을 달려가 싸웠다. 隋나라 煬帝는 乙支文德의 淸野戰鬪에서 淸川江大捷에서 쓰러지고 唐나라 太宗은 淵蓋蘇文의 攻城戰鬪에서 安市城大捷에서 무너졌다. 사기가 한결같이 하늘을 찌를 듯이 높았다고 다들 말했다지, 수나라와 네 번 싸워 이기고 당나라와 두 번 싸워 이기니 여섯 번 싸워 여섯 번 이긴 大 高句麗의 의협심 넘치는 大 勇士들이시여! 당시 대륙을 통일한 수나라 황제가 변방을 다 휩쓴 무적의 대군을 직접 이끌고 쳐들어왔고 역시 뒤이어 대륙을 통일한 당나라 황제가 변방을 다 휩쓴 무적의 대군을 직접 이끌고 쳐들어왔음을 상기해보면 고구려의 大破 大勝은 짐작건대 인류역사에 새겨진 가장 눈부신 '戰捷'일 것이다. 首聯 對句 西風颯颯度高麗에 度가 나오는데 度는 종종 시문장에서 渡와 통한다. 마찬가지로 참고로 余=餘, 厓=涯, 支=枝, 直=値, 熏=薰, 冢=塚, 共=供, 受=授, 采=採, 然=燃, 卷=捲, 女=汝, 舍=捨, 喜=嬉, 里=裡, 夸=誇, 風=諷, 制=製 등이 있다. 王昌齡의 "塞下曲 변경 아래의 노래"에 咸言意氣高가 보인다: '昔日長城戰 咸言意氣高 黃塵足今古 白骨亂蓬蒿 옛날 만리장성에서 적과 싸울 때 기개가 높았다고 모두들 말했다지 누른 흙먼지 예나 지금이나 가득한데 백골은 어지럽게 쑥대밭에 나뒹군다.' 또한 王昌齡의 "塞上曲 변경 위의 노래"에 遊俠兒가 보인다: '從來幽幷客 皆共塵沙路 莫學遊俠兒 矜夸紫騮好 예로부터 유주와 병주의 병사들 모두 모래먼지 길을 함께 하였다만 자류마가 좋다고 자랑하는 의리에 목숨을 거는 협객은 부디 본받지 마라.' 2020. 6. 22.

〔詩原文〕 36

塞上曲　其三
새상곡　기삼

明朝驛吏騁飛鰲
竟夜遑忙絮戰袍
戎馬亂跳迎死活
還鄉企望抵貪饕
靑春佳節這幺去
百歲人生那樣逃
昔覓封侯今歎息
不知何日罷軍勞
명조역리빙비오
경야황망서전포
융마난도영사활
환향기망저탐도
청춘가절저요거
백세인생나양도
석멱봉후금탄식
부지하일파군로

〔시해석〕

변방의 노래　그 세 번째

내일 아침 역참의 사자가 급히 말달려 떠난다기에
밤새껏 부랴부랴 솜을 넣어 낭군의 도포 군복을 짓는다
전쟁이 한창이어서 오직 죽느냐 사느냐의 갈림길에 있으니
금의환향을 바라는 것은 한갓 지나친 욕심일테지
청춘가절 이렇게 가버리면
백세인생 저렇게 떠나가리
지난날 그대에게 제후에 봉하는 일 구하게 한 것을 지금 와서 한탄하는 것은
군역의 수고로움이 어느 때에나 끝날지 도무지 알지 못하는 탓이라네

〔平仄構成〕

詩의 平仄構成은 平平仄仄仄平平 仄仄平平仄仄平 平仄仄平平仄仄 平平仄仄仄平平 平平平仄仄平仄 仄仄平平平仄平 仄仄平平平仄仄 仄平平仄仄平平으로 되어있다. 詩는 平起式 七言律詩다. 그리고 詩는 下平聲 四 豪韻을 썼는데 韻脚은 鰲, 袍, 饕, 逃, 勞이다. 또 5句와 6句에서 孤平拗救가 쓰였는데 本來 5句의 下三字는 平平仄이어야 하는데 仄平仄으로 되어, 卽 這幺去로 되어, 5字의 平字가 毁損되었다. 그래서 6句의 5字는 本來 仄字여야 하는데 平으로 바꿔서, 卽 那로 바꿔서, 毁損된 平을 回復시켰다. 이로써 合律이 된다. 또한 中央四句의 下三字는 前聯과 後聯의 境遇에 文法構造를 다르게 配置하여 意味上 各各 迎 死活, 抵 貪饕, 這幺 去, 那樣 逃로 읽히게 되어 四言一法 忌避의 原則을 따라서 平板을 避하고 錯綜을 지켰다. 그리고 詩의 韻을 달지 않은 仄聲字 곧 活, 去, 息은 次例로 入聲 去聲 入聲이 되어 이른바 四聲遞用의 法則을 따름에 充實하였다.

〔작법감상〕

전쟁터에 남편을 보내고서 길어지는 生離別에 지난 일을 後悔하는 아내의 長歎息을 노래한 것이다. 인생에서 가장 손쉬운 것이 후회라고 하던가! 그런데 行間 곳곳에서 전쟁을 반대하는 厭戰意識이 또한 잔잔히 풍기고 있다. 내일 아침 역참의 구실아치가 급히 말달려 떠난다기에 밤을 새워 허둥지둥 솜을 넣어 변방에 나가있는 낭군의 군복을 짓는다. 전쟁에서 싸우는 말이 날뛰니 오직 죽느냐 사느냐의 갈림길에서 錦衣還鄕을 바라는 것은 단지 지나친 욕심일 것이다. 청춘가절이 이렇게 가버리면 백세인생도 저렇게 떠나가리라. 지난날 벼슬길 찾으라고 그대 보낸 일 지금 와서 後悔莫及인 것은 軍役의 勞苦가 어느 때에나 끝날지 알지 못하기 때문이다. 首聯은 李白에게서 빌려서 시작하였다. 그의 "子夜四時歌 자야가 부르는 사계절의 노래"의 겨울의 노래 冬歌에서 '明朝驛使發 一夜絮征袍 내일 아침 역참의 사람이 간다니 밤새 솜을 넣어 군복을 짓는다'고 하였다. 杜甫의 "登岳陽樓 악양루에 올라서"에 戎馬가 나온다: '戎馬關山北 憑軒涕泗流 싸움터의 말이 관산 북쪽에 있으니 난간에 기대어 눈물 콧물 흘린다.' 元稹의 "遣悲懷 슬픈 생각을 떨쳐버리다"에 人生살이 百年세월이 나온다: '閑坐悲君亦自悲 百年都是幾多時 한가로이 앉아 그대를 슬퍼하고 또한 나를 슬퍼하는데 인생 백년이 도대체 길어야 얼마나 되더냐.' 王昌齡의 "閨怨 규방의 원망"에 覓封侯가 나온다: '忽見陌頭楊柳色 悔教夫壻覓封侯 문득 길가의 버드나무색 보고서 그대에게 제후에 봉하는 일 구하게 한 것을 후회한다.' 李白의 "子夜四時歌 자야가 부르는 사계절의 노래"의 가을의 노래 秋歌에 何日과 罷가 나온다: '何日平胡虜 良人罷遠征 언제나 오랑캐 평정하여 서방님은 원정을 마치고 돌아올까.' 詩에서 平은 종종 난리를 진정시킨다는 平定이다. 司空曙의 絶唱에 "賊平後送人北歸 도적떼가 평정된 후 북으로 돌아가는 벗을 송별하며"라는 시가 있다: '世亂同南去 時淸獨北還 세상이 어지러워 함께 남으로 갔다가 시국이 안정되니 그대 홀로 북으로 돌아가는구나.' 역시 司空曙의 "江村卽事 강촌에서 느낌이 있어서 바로 쓰다"에 罷가 나온다: '釣罷歸來不繫船 江村月落正堪眠 낚시를 파하고 돌아오면서 배를 매어두지 않았는데 강촌에 달이 지니 바로 잠이 들기 알맞더라.' 참고로, 夫壻나 藁砧은 여자가 남편을 보통 부르는 표현이고 良人과 丈夫는 더 품격이 갖춰진 것이다. 2020. 7. 3.

〔詩原文〕 37

西施咏
서시영

傾國傾城天下重
人山人海若耶涓
回舟歸去越皇室
還在東施盲效矉
경국경성천하중
인산인해약야연
회주귀거월황실
환재동시맹효빈

〔시해석〕

서시를 노래함

성을 기울게 하고 나라를 기울게 하는 절세미인은 온 세상 사람들이 중히 여기니
약야계 개울가에 사람들이 모여들어 산을 이루고 바다를 이루었다고 한다
배를 돌려 이미 월나라 왕실로 돌아갔는데도
아직도 동쪽 시 서방 사람들은 맹목적으로 서시의 눈썹 찌푸림을 흉내 내고 있더라

〔平仄構成〕

詩의 平仄構成은 平仄平平平仄仄 平平平仄仄平平 平平平仄仄平仄 平仄平平平仄平으로 되어있다. 詩는 仄起式 七言絶句다. 그리고 詩는 韻字는 下平聲 一 先韻을 썼는데 韻脚은 涓과 瞻이다. 그리고 3句와 4句에서는 孤平拗救가 쓰였는데 本來 3句의 下三字는 平平仄이어야 하는데 仄平仄으로 되어, 卽 越皇室로 되어, 5字의 平字가 毁損되었다. 그래서 4句의 5字는 本來 仄字여야 하는데 平으로 바꿔서, 卽 盲으로 바꿔서, 毁損된 平을 回復시켰다. 이로써 合律이 된다.

〔작법감상〕

성을 기울게 하고 나라를 기울게 하는 절세가인은 온 세상 사람들이 소중히 여기나니 西施의 미모를 보기위해서 약야계 시냇가에 사람들이 모여들어 人山人海를 이루었다고 한다. 서시는 이미 배를 돌려 월나라 황실로, 그곳이 그녀가 마땅히 돌아갈 곳이어서, 돌아갔는데도 아직도 동쪽의 시 서방 사람들은 맹목적으로 서시의 눈썹 찌푸림을 본받고 있더라. 詩語 歸는 본래 돌아갈 자리로 돌아간다는 뜻이 있다. 歸家 歸鄕 歸國이 그렇다. 必然 최고 미녀의 운명은 皇家에 돌아갈, 시집갈, 수밖에 없다는 운명적 의미가 함축되어 있다. 여기서는, 이렇듯, 시의 취지는 西施를 빌어서 美人을 選好하는 세상의 人情을 드러낸 것이지 시비나 선악의 판단 없이 덩달아 얼렁뚱땅 남의 흉내를 내는 것을 이르는 소위 東施效顰의 교훈을 굳이 말하려는 것은 아닐 것이다. 만일 그럴 요량이었다면 배경설정이 되는 起句 承句 부분을 이처럼 단순히 美色의 칭송으로만 그치지는 않았을 것이다. 西施나 趙飛燕이나 貂蟬이나 楊貴妃나 王昭君이나 班婕妤 같은 뛰어난 미인을 지칭하는 시어는 많다. 傾國之色 傾城之色 傾城傾國 傾國傾城 絶世佳人 絶世美人 絶代佳人 絶代美人 無比一色 天下一色 등이 그렇다. 세상 사람들이 미인을 중시한다는 人心을 노래한 바도 또한 여러 군데에 나온다. 白居易는 "長恨歌 긴 한의 노래"에서 '漢皇重色思傾國 御宇多年求不得 한나라 황제 여색을 중히 여겨 경국지색을 사모하는데 수년 간 천하를 다스렸어도 구하지 못했다'고 하고, 王維는 "西施詠 서시의 노래"에서 '艶色天下重 西施寧久微 곱고 예쁨을 천하가 중시하니 서시가 어찌 오랫동안 숨겨져 있으랴'라고 하였다. 李白의 "子夜四時歌 자야의 사철의 노래"에 回舟 歸去가 나온다: '回舟不待月 歸去越王家 서시 태운 돌아가는 배는 달도 뜨기 전에 월나라 궁궐로 돌아갔다네.' 李白의 "子夜四時歌 자야의 사철의 노래"에 若耶川이 나온다: '五月西施采 人看隘若耶 오월 날 서시가 연꽃을 따니 많은 사람의 지켜봄 때문에 약야계 개천이 모두 막혔다.' 참고로 東施效顰의 故事成語는 덩달아 거죽만 배워 나쁜 결과를 초래한다는, 객관성을 상실하고 무조건 베껴서 상황이 더욱 악화된다는, 의미로 춘추시대 월나라 미녀 서시에서 유래한다. 美女 西施는 狹心症을 앓고 있어서 길가면서 때때로 가슴을 쥐고 눈살을 찌푸린 모양이다. 이를 본 醜女 東施가 따라했더니 사람들이 아무도 그녀를 거들떠보지 않았다는 것이다. 끝으로 若耶溪에서 悠悠自適하는 삶을 동경하여 綦毋潛은 "春泛若耶溪 봄날 약야계에 배를 띄워"를 쓴 적이 있다: '生事且彌漫 願爲持竿叟 우리 인생사 또한 아득하니 낚싯대 드리운 노년의 삶을 살고 싶어라.' 2020. 6. 27.

〔詩原文〕 38

健康長壽四强
건강장수사강

健康長命此相迎
美意延年不朽衡
東吉史家忠義士
浩亭詞客古文英
梧南審判正邪判
亨錫哲人人道明
四傑歷程眞積善
松齡鶴壽禱祈呈
건강장명차상영
미의연년불후형
동길사가충의사
호정사객고문영
오남심판정사판
형석철인인도명
사걸역정진적선
송령학수도기정

〔시해석〕

건강하게 장수하시는 사인 강한 분들

건강하게 장수함을 이렇게들 맞으시니
선한 의지가 건강 장수를 부른다는 말이 영원히 썩지 않는 기준 법칙일레라
역사가 김동길 선생은 충성과 절의의 선비시요
시인 호정 하영섭 선생은 고문장에 정통한 영재시다
판관 오남 이종관 선생은 바른 것과 사악한 것을 가려 판결하시고
철학자 김형석 선생은 사람이 행할 바른 길을 명쾌하게 보여주셨다
걸출한 네 분이 거쳐 지나 온 길은 진실로 선함을 쌓고 또 쌓은 것일 터이니
소나무처럼 학처럼 건강하게 오래오래 사시도록 천지신명께 비는 바라

〔平仄構成〕

詩의 平仄構成은 仄平平仄仄平平 仄仄平平仄仄平 平仄仄平平仄仄 仄平平仄仄平平 平平仄仄仄平仄 平仄仄平 平仄平 仄仄仄平平仄仄 平平仄仄仄平平으로 되어있다. 詩는 平起式 七言律詩다. 그리고 詩는 下平聲 八 庚韻을 썼는데 韻脚은 迎, 衡, 英, 明, 呈이다. 또 5句와 6句에서 孤平拗救가 쓰였는데 本來 5句의 下三字는 平平仄이어야 하는데 仄平仄으로 되어, 卽 正邪判으로 되어, 5字의 平字가 毁損되었다. 그래서 6句의 5字는 本來 仄字여야 하는데 平으로 바꿔서, 卽 人으로 바꿔서, 毁損된 平을 回復시켰다. 이로써 合律이 된다. 또한 中央四句의 下三字는 前聯과 後聯의 境遇에 文法構造를 다르게 配置하여 意味上 各各 忠義 士 古文 英 正邪 判 人道 明으로, 곧 名詞 名詞 名詞 名詞 名詞 動詞 名詞 動詞로, 읽히게 되어 四言一法 忌避의 原則을 따라서 平板을 避하고 錯綜을 지켰다. 그리고 詩의 韻을 달지 않은 仄聲字 곧 士, 判, 善은 次例로 上聲 去聲 上聲이 되어 이른바 四聲遞用의 法則을 따름에 充實하였다.

〔작법감상〕

얼마 전 오남 이종관 선생님의 시집 "院祠頌讚 사원과 사당을 기리다" 출판기념회에 참석하였다. 갑자기 인사말을 하게 되어 내가 평소 잘 아는 분 중에서 강건하게 장수하시는 四人 중에 한 분이 바로 오남 선생님이라고 말씀드렸다. 그 네 분을 연령 순서로 써보자면 93세 김동길 님, 95세 하영섭 님, 99세 이종관 님, 101세 김형석 님이다. 모임이 파하는 길에 같이 참석하였던 詩書畵家 林石濤 선생님께서 그 四强에 대해서 시 한편 써달라고 재촉하였는데 이제야 이렇게 작시하게 된 것이다: '건강하게 장수함을 오늘 이렇게들 넉넉하게 맞으시니 선한 의지(good will)가 건강 장수를 낳는다는 말이 千古不朽의 度量衡임을 알겠다. 역사가 金東吉 선생님은 충성과 절의를 지킨 선비시요 시인 浩亭 河永燮 선생님은 고문헌에 정통한 영재로 한시 역사를 빛내신 바다. 심판관 梧南 李鍾寬 선생님은 바른 것과 사악한 것을 가려서 판결하시고 철인 金亨錫 선생님은 사람이 행해야 할 도리를 명쾌히 제시하셨다. 회고컨대 네 人傑이 겪은 노정의 수고스러움은 진실로 자신을 위해서도 타인을 위해서도 선함(goodness)을 쌓고 또 쌓은 흔적일 것이리라. 부디 소나무처럼 학처럼 건강하게 오래오래 사시도록 神明께 빌어 드린다.' 김동길 선생님은 연대 강사 때 내 수업에 특별강연으로 오신 적이 있고 선생님께서 주도하시는 기도모임에 나갔었고 태평양시대위원회를 잠시 도와드린 적도 있다. 호정 선생님은 우리 학당의 창업자이시고 한국 한시역사에 불멸의 자취를 남기신 우리들의 스승이시다. 오남 선생님은 변호사 은퇴 후에도 여전히 시공부에 열중하시는 분으로 직간접으로 호정 선생님과 한시학당과 교류하시는 터다. 김형석 선생님은 나의 학부 논문 지도를 해주셨고 미국에서 학위 후 귀국 후 교수채용응모에 이곳저곳 추천서를 써주기도 하셨다. 철도대학 개교기념 강연에 초대하여 오신 적도 있었다. 끝으로, 한시학당의 고문이신 冠松 鄭載吉 선생님은 올해 88세시다. 2년 후, 정확히는 1년 반 후, 90세가 되신다. 그 때는 관송선생님을 健康長壽五强의 최연소(the youngest member)로 모셔 추대할 생각이다. Where there is a good will there is a good way!! 2020. 7. 13.

〔詩原文〕 39

鷺梁行
노량행

郎妾津人覆額孩
兩家意願計謀媒
新娘同樂最高値
賈豎香應難上財
濟物行商忘婦漠
鷺梁獨守望夫哀
昔羞千次未嘗展
且喚萬番無一回
낭 첩 진 인 부 액 해
양 가 의 원 계 모 매
신 낭 동 락 최 고 치
고 수 향 응 난 상 재
제 물 행 상 망 부 막
노 량 독 수 망 부 애
석 수 천 차 미 상 전
차 환 만 번 무 일 회

〔시해석〕

노량진 나루터의 노래

그대와 내가 나루터에 살면서 머리가 이마를 덮기 시작한 아이들이었을 때
양가의 부모의 뜻을 좇아서 미리 계획된 중매가 있었다고 하더라
새색시는 동고동락이 최고의 값어치이지만
장사꾼은 이익창출이 더 할 수 없이 좋은 재화이던가
그대가 제물포로 행상을 나가서 무심히 아낙네를 잊어도
나는 노량진에 남아 독수공방으로 구슬피 지아비를 그리워한다
옛적에 천 번이나 부끄러워 일찍이 얼굴을 방긋 펴지 못하였고
또한 만 번을 불러도 한 번도 돌아보지 못하였지

〔平仄構成〕

詩의 平仄構成은 平仄平平仄仄平 仄平仄仄仄平平 平平平仄仄平仄 仄仄平平平仄平 仄仄平平平仄仄 仄平仄仄仄平平 仄平平仄仄平仄 仄仄仄平平仄平으로 되어있다. 詩는 仄起式 七言律詩다. 그리고 詩는 韻字는 上平聲 十 灰韻을 썼는데 韻脚은 孩와 媒와 財와 哀와 回이다. 그리고 3句와 4句에서는 孤平拗救가 쓰였는데 本來 3句의 下三字는 平平仄이어야 하는데 仄平仄으로 되어, 卽 最高値로 되어, 5字의 平字가 毁損되었다. 그러므로 4句의 5字는 本來 仄字여야 하는데 平으로 바뀌서, 卽 難으로 바뀌서, 毁損된 平을 回復시켰다. 이로써 合律이 된다. 또 7句와 8句에서도 孤平拗救가 쓰였는데 本來 7句의 下三字는 平平仄이어야 하는데 仄平仄으로 되어, 卽 未嘗展으로 되어, 5字의 平字가 毁損되었다. 그러므로 8句의 5字는 本來 仄字여야 하는데 平字로 바뀌서, 卽 無로 바뀌서, 毁損된 平을 回復시켰다. 이로써 亦是 合律이 된다. 그리고 中央四句의 下三字는 前聯과 後聯의 境遇에 文法構造를 다르게 配置하여 意味上 各各 形容詞 名詞 名詞 그리고 動詞 名詞 動詞로 읽히게 되어 四言一法 忌避의 原則을 따라서 平板을 避하고 錯綜을 지켰다. 그리고 詩의 韻을 달지 않은 仄聲字 곧 値, 漠, 展은 次例로 去聲 入聲 上聲으로 上尾를 피하여 所謂 四聲遞用의 法則에 充實하였다.

〔작법감상〕

위 詩에서는 어린 새색시가 신랑이 장사를 떠나서 이내 소식이 없음을 아쉬워하고 있다. 또한 장사치들이 이윤창출은 중시하면서도 이별은 가벼이 함을 은근히 꾸짖고 있는 것이다. 다만 尾聯에서나마 아주 완만하게 갓 결혼한 新婚時節의 수줍음과 달콤함을 회상함으로써 애써 스스로를 달래면서 끝맺었다. 그러므로, 일부러, 이 시는 모든 구를 對杖으로 구성한 소위 全對格을 갖추었는데 郎妾과 兩家, 新娘과 賈豎, 濟物浦와 鷺梁津, 千次와 萬番 등이 각각의 구에서 比較(compare)와 對照(contrast)를 일삼고 있어서다. 시의 시작부분에서 우리는 본래 나루터 가에서 살아서 삶의 터전이 같다는 것을 밝힌다. 그러나 삶의 방식은 꼭 같지 않다는 후반부를 위한 伏線일수도 있을 것이다. 崔顥의 "長干行 장간리의 노래"에 同鄕이 나온다: '停船暫借問 或恐是同鄕 배를 멈추고 잠시 묻는 것은 혹 우리가 동향인인가 해서요.' 李白의 "長干行 장간리의 노래"에 覆額이 나온다: '妾髮初覆額 折花門前劇 나의 머리가 막 이마를 덮을 때 꽃을 꺾으며 문 앞에서 놀았다.' 王建의 시에 "新嫁娘 새색시"가 있다: '未諳姑食性 先遣小姑嘗 시어머니 식성을 알지 못해서 먼저 시누이로 하여금 맛보게 한다.' 장사치들의 利害打算적 商心이 비정하고 얄궂다는 목소리는 古今에 藉藉하다. 白樂天은 "琵琶行 비파의 노래"에서 노래한다: '商人重利輕別離 前月浮梁買茶去 장사꾼은 이익만 중시하고 이별은 가벼이 여겨 지난달 부량으로 차를 사러 떠났다.' 黃白沙의 "禮成江曲 예성강의 노래"에도 읊어진다: '嫁作松商禮成畔 賈人輕別重增貲 예성강가 개성상인에게 시집왔더니 장사치들은 이별은 가벼이 하고 재물 불리는 것만 중히 여기더라.' 그리고 李白의 "長干行 장간리의 노래"에 멋진 着想의 싯구가 등장하는데 위 시의 끝은 주로 여기에 의지하였다: '十四爲君婦 羞顔未嘗開 低頭向暗壁 千喚不一回 십사 세에 그대의 아내가 되어 수줍어서 얼굴 한 번 펴지 못하고 고개 숙여 어두운 벽만 바라보고 천 번 불러도 한 번도 대답을 못했다.' 2020. 7. 19.

〔詩原文〕 40

人間愛
인간애

孔孟心中性善盈
紅塵惡行勢威驚
誰言不變人間愛
荀況黃泉敢酷評
공맹심중성선영
홍진악행세위경
수언불변인간애
순황황천감혹평

〔시해석〕

인간에 대한 사랑

공자선생과 맹자선생의 가슴속에는 성선설이 가득한데
이 속된 세상에는 사악한 행동거지의 위세가 놀랍고 두렵게 하는구나
인간의 인간에 대한 사랑은 영원불변한 것이라고 누가 말하는가
성악설의 순자선생은 구천지하에서도 감히 가혹하게 비판할진저

〔平仄構成〕

詩의 平仄構成은 仄仄平平仄仄平 平平仄仄仄平平 平平仄仄平平仄 仄仄平平仄仄平으로 되어있다. 詩는 仄起式 七言絶句다. 그리고 詩는 韻字는 下平聲 八 庚韻을 썼는데 韻脚은 盈과 驚과 評이다. 그리고 詩 全句에서는 聲律의 어긋남이 全無해서 平仄의 規律이 森嚴하다. 가장 理想的 울림이라고 하겠다.

〔작법감상〕

요즘 세상이 하도 시끄러워서, 未曾有의 도덕적 타락이 횡행하여, 그 감개를 쓰게 되었다. 부모자식간의 殺傷이 드물지 않고, 학교 사제 간이나 직장 상하 간에서도 不信과 不倫은 도가 넘쳐난다. 또한 정치권을 비롯한 사회일반의 不正腐敗는 가히 역대급으로 도처에 위기감이 등등하다. 아무리 기다려도 어떤 일이 이루어지기 어려우리라는 '百年河清'의 자괴의 탄식을 삼키게 된다. 孔孟사상의 性善說보다는 荀子의 性惡說이 人間本性(human nature)을 보다 적확하고 날카롭게 파악한 것은 아니겠는가라는 挫折의 의문이 생기는 이유다. '공자선생과 맹자선생의 마음속에는 인간의 본성이 착하다는 생각이 가득한데, 이 번거롭고 속된 세상에는 악독한 짓거리가 기세를 떨쳐 두렵다. 인간에 대한 숭고한 애정이 영구불변한 것이라고 누가 말하였던가, 순자선생께서 北邙山川에서도 과감히 가혹히 비판할 것이로다.' 주지하듯이 儒家의 孔子와 孟子는 인간의 本性을 착하다고 보았다. 그 본성을 잘 활용하여 좋은 세상을 만들 수 있고 사람들은 여기서 행복할 수 있다고 본 것이다. 서양철학자로는 Jean-Jaques Rousseau가 이와 근사한 생각을 가지고 있었다. 그와 반대로 荀子는, 큰 틀 안에서 유가에 있으면서도, 인간의 본성을 악하다고 보았다. 그러므로 본성을 그대로 방치해서는 안 되고 늘 감시하고 늘 강제해야 한다는 것이다. 그래야 비로소 사회가 바로 돌아갈 수 있을 것이라고 바라본 것이다. 서양사상가로는 Thomas Hobbes가 이와 유사한 생각을 가지고 있었다. 性善의 儒家는 董仲舒와 朱子가 연면히 이어갔다면 性惡의 儒家는 李斯와 商鞅이 소위 法家思想으로 발전시켰다. (法家主義의 法이 통제(control), 규율(regimentation)이라면 현금 民主主義의 法은 정의(justice), 평등(equality) 정도다.) 그러므로 공맹의 성선사상 안에는 기본적으로 인간에 대한 愛情, 信賴, 尊敬이 바닥에 상당량 깔려있다. 人間愛/人類愛와 손을 마주잡는다는 말이다. 서양의 自由主義가 태동하면서 孔子思想(Confucianism)을 要注視한 이유다. 소위 자유주의의 '만민이 평등하게 창조된 것은 자명하다(It's self-evident that all men are created equal)'라거나 '직업에 귀천이 없다(All legitimate trades are equally honorable)'라거나 '노동은 신성하다(Labors are sacred)' 따위는 직간접으로 儒學의 흔적을 얼마간 담고 있다. 그러나 순자의 성악설은, 또는 좀 더 실천적으로 法家思想은, 인간 본성을 깎고 다스리지 않으면 잘못될 가능성이 무한히 널려있다고 보는 것이다. 그러므로 언제라도 강제로 뜯어고쳐서 써야한다는 주장이다. 오늘날의 이슈로 예를 들자면 死刑制度를 유지하여 중범죄자에게는 엄한 징벌로써 豫防을 가져올 수 있다고 볼 것이다. 포르노그라피는 공동체의 훼손과 성도착을 경계하여 엄히 처벌되어야 한다고 말할 것이다. 또한 落胎行爲를 살인행위로 간주하고 사람의 생명체를 경시하는 자는 禽獸와 같다며 '이에는 이(a tooth for a tooth)'의 엄벌을 외칠 수도 있을 것이다. 2020년 7월 22일 일 년 중 가장 무덥다는 大暑에 쓴다.

〔詩原文〕 41

水朴與椰子水可親
수박여야자수가친

水朴一同椰子水
夏天果種最優先
若無汝等何冒暑
沙漠綠洲生命泉
수박일동야자수
하천과종최우선
약무여등하모서
사막녹주생명천

〔시해석〕

수박과 야자수와 친하게 지내면서

수박과 야자수
여름철 과일로 최고라
만약에 그대들이 없다면 어떻게 무더위를 견딜까
사막의 오아시스 생명의 샘이로세

〔平仄構成〕

詩의 平仄構成은 仄仄仄平平仄仄 仄平仄仄仄平平 仄平仄仄平仄仄 平仄仄平平仄平으로 되어있다. 詩는 仄起式 七言絶句다. 그리고 詩는 韻字는 下平聲 一 先韻을 썼는데 韻脚은 先과 泉이다. 그리고 3句와 4句에서는 雙拗가 쓰였는데 本來 3句의 下三字는 平平仄이어야 하는데 平仄仄으로 되어, 卽 何冒暑로 되어, 6字의 平字가 毁損되었다. 그래서 4句의 5字는 本來 仄字여야 하는데 平으로 바꿔서, 卽 生으로 바꿔서, 毁損된 平을 回復시켰다. 이로써 合律이 된다.

〔작법감상〕

燈火可親은 등불을 가까이할 만하다는 뜻이다. 나아가서는 서늘한 가을밤은 등불을 가까이 하여 독서하기에 좋다는 말이 되었다. 이에 比興하고자 시 제목을 水朴與椰子水可親 곧 수박과 야자수와 친하게 지낸다고 하였으니 나아가서는 무더운 여름날은 시원한 수박과 야자수를 먹는 것이 으뜸이라는 말이리라. 소위 至尊의 納凉이다. 내가 지금까지 먹어본 과일 중에서 제일 맛있는 것 1, 2위는 단연코 수박과 야자수다. 무더운 여름철 차갑게 식힌 수박과 야자수를 먹노라면 문득 별천지를 여행한다는 생각이 들고 또 순간 사막의 오아시스(oasis)의 생명수로 착각하게 된다. 그들이 없다면 나의 여름의 삶은 삽시간에 황폐해버릴 것이다. 고로 수박과 야자수는 내 여름날 인생의 오아시스다. Give me watermelon and coconutwater or give me death!! 李光洙 선생의 수필 "牛德頌 소의 덕을 기림"이 있어서 나는 시 "獒德頌 개의 덕을 기림"을 쓴 적이 있다. 閔泰瑗 선생의 수필에 靑春을 禮讚함이 있어서 나 또한 이제 와서 水朴과 椰子水를 시로 禮讚하게 된 것이다: '수박과 함께 야자수는 여름철의 과물로는 白眉여라. 만일에 그대들이 없었다면 이 찌는 무더위를 어떻게 견딜 수 있으랴 가히 사막의 오아시스 생명의 샘이라고 부르려네.' 이전에 나의 "余及水 나와 수분"의 시에서 밝혔듯이, 여담이지만, 나와 물과의 떼려야 뗄 수 없는 因緣(?)을 잠깐 또 언급하지 않을 수 없다. 나의 이름이 必洪이니 洪자에 물이 들어있다. 나의 다른 이름 몇 개 號에도 물이 들어있다. 白沙의 沙자에 물이 있고 山浦의 浦자에도 물이 있는 것을 볼 수 있다. 그리고 또 다른 나의 호가 되는 范蠡에도 范자에 물이 들어있으니 참 야릇하다. 이 모두가 어떤 의도도 없이 우연적으로 이뤄진 것이다. 天地神明께 약속하건데 눈곱만큼도 계획적이지 아니한 것이다. 이름자 4개에 이미 4개나 물 水자가 있다니... 게다가 우리가 세상에 태어나 처음 어머니 뱃속에 있을 때 羊水에서 논다고 하니 그곳도 水자가 물이요, 또 우리가 죽으면 저승 黃泉으로 돌아간다니 그곳에도 泉에 水자가 들어있다. 당연히 나도 그 길을 밟아왔고 그 길을 밟을 것이 아닌가. 그런데 물과의 인연이 여기서 그치지 않으니 더욱 놀랍게 된다. 내가 이 지구상에 와서 가장 좋아하는 두 과일이 수박이요 야자수라고 이미 위에서 밝혔다. 그런데 水朴의 水가 물이요 椰子水의 水가 물 아닌가. 영어로도 물인 water가 선명하다. Watermelon, Coconutwater!! 그러므로 내가, 이승에서 저승까지, 경험하는 물 水자가 도합 8개라... 사정이 이러하니 나의 우주에서의 이번 生은 水라고 해도 결코 지나치지 않는다. 남진 가수에게 '님과 함께'가 있다면 나는 '물과 함께'다. 그러나 지금은 무더운 여름이라 水朴與椰子水可親하여 과실에 탐닉하지만 서늘한 가을이 오면 내 기꺼이 燈火可親하여 독서도 할 것이다. 2020. 7. 30.

〔詩原文〕42

米壽大人
미수대인

江南日夕句文吟
米壽遠離書本箴
貯冊胸中萬餘卷
自由自在不虧心
강남일석구문음
미수원리서본잠
저책흉중만여권
자유자재불휴심

〔시해석〕

미수대인

강남땅 동작동에서 아침저녁으로 싯구를 읊으시니
팔십 팔세 노년에도 서적을 멀리함을 경계함이다
가슴속에 만 권도 넘는 서책을 쌓아두셨으니
자유자재 종횡무진 거리낌이 없을지라

〔平仄構成〕

詩의 平仄構成은 平平仄仄仄平平 仄仄仄平平仄平 仄仄平平平仄仄 仄平仄仄仄平平으로 되어있다. 詩는 平起式 七言絶句다. 그리고 詩는 下平聲 十二 侵韻을 썼는데 韻脚은 吟과 箴과 心이다. 그리고 3句의 下三字에서는 單拗가 쓰였다. 本來 下三字의 平仄의 構成은 平仄仄인데 仄平仄이 되어, 卽 萬餘卷으로 되어, 5字에서 毁損된 平字를 6字에서 回復한 것이다. 이는, 下三字에 孤平現象이 發生하였으나 挾平格으로 肯定的으로 看做하며, 本句 自救의 方法으로 合律이 된다.

〔작법감상〕

지난번 관송선생님의 신체적 건강함을 노래한 시에 이어서 이번에는, 물론 서로 밀접하게 연관되어있을 테지만, 선생님의 쉼 없는 詩文 사랑과 여유로운 人生行路를 칭송하였다. 말하자면 정신적으로도 건강함을 잘 유지하고 계신 것을 밝히 드러낸 것이다: '한수 남쪽 동작에 사시면서 밤낮으로 시구를 읊고 조율하시니 소위 米壽 팔십 팔세 노년기에도 불구하고 책읽기를 게을리함을 경계함이라. 듣건대 大人의 가슴속에 자그마치 서적 삼만 권을 차곡차곡 저장해두셨으니 自由自在하고 縱橫無盡함에 거리낌이 없으리라.' 盛唐의 李頎의 "送陳章甫 진장보를 송별하며"에 腹中貯書一萬卷이 보인다: '陳侯立身何坦蕩 虯須虎眉仍大顙 腹中貯書一萬卷 不肯低頭在草莽 진장보 공은 입신처세에 어찌 그리 평온하고 도량이 넓으신지 용의 수염에 범의 눈썹에다가 이마는 널찍도 하셔라 뱃속에 일만 권의 책을 저축하였으니 머리를 낮게 숙인 채로 초야에 묻히려 하지 않았으리라.' 南宋의 朱熹의 "活水亭觀書有感 활수정자에서 책을 보고 느낌이 있어서"에는 때를 기다리며 悠悠自適하고 無窮自在하는 道人의 모습이 엿보인다: '昨夜江邊春水生 艨艟巨艦一毛輕 向來枉費推移力 今日中流自在行 어젯밤 강가에 봄물이 불어나니 거대한 전투함이 한 가닥의 깃털처럼 가볍네 줄곧 헛되이 힘을 들여 밀고 옮기려고 애썼는데 오늘은 강 가운데서 저절로 떠다니는구나.' 솔직하게 말해서 돈벌이로는 마이너스에 가까운데도 내가 韓國漢詩學堂을 앞장서서 이끄는 데는 두 가지 이유가 있다. 첫째는, 물론, 한시공부가 우리가 지켜야 할 가치라고 확신하기 때문이다. 학당이 가지는 역사적 전통의 무게를 감히 함부로 가벼이 할 수 없는 이유다. 오늘 당장 인기가 없다고 버리면 내일 살아남을 수 있는 소중한 것이 몇이나 되겠는가. 일종의 사명감 탓이다. 둘째는, 개인적으로는 첫째 못지않게 중요한 이유인데, 시공부가 내 정신 건강을 지키려는 노력의 구체적인 一環이 되기도 해서다. (나의 별개의 개화기미술품 활동은 정신 자극이 좀 미약해서) 두뇌가 정상으로 돌아가게 하기 위해서 시공부에 정신을 집중하는 것이 한 좋은 방법론이 된다고 또한 확신하기 때문이라는 말이다. 과거 법무장관을 했던 한 분을 얼마 전 점심에 만났는데 '이제 癌腫보다 더 무서운 것은 癡呆다'라며 뇌 운동을 열렬히 강조하여 짜릿한 충격이 있었다. 이런 상상을 해본다. 미국 유학기간 내내 머리를 주로 쓰는 철학공부를 한 탓으로 뇌의 사용이 한층 호전되었다고 자평하는데 내가 만일 복싱 레슬링 따위의 신체를 사용하는 격투운동을 열심히 하였다면 아마도 머리가 개발되는 대신에 요즘말로 눈부신 몸짱이 되어왔을 것이라... 대체로 우리 사람은 정신이거나 신체거나 用不用說에 따른다. 경험적으로 쓰면 발전하고 안 쓰면 퇴화한다. 몸을 '심하게 자극적으로 지속적으로' 운동을 시키면 신체는 강건하게 되고, 뇌도 '심하게 자극적으로 지속적으로' 운동을 시키면 정신도 강건하게 된다고 믿는다. 冠松大人 선생님께서 한시학당에서 시공부를 하시고 헬스센터에서 턱걸이를 하시는 心身鍛鍊과 다르지 않다. 2020. 8. 6.

〔詩原文〕 43

遊子吟
유자음

時方半夢半醒間
遊子行程地上班
天國如逢最思念
無窮忘覺欲忘還
시방반몽반성간
유자행정지상반
천국여봉최사념
무궁망교욕망환

〔시해석〕

떠다니는 자식의 노래

바야흐로 비몽사몽간에
나그네 자식은 세상과 헤어져 꿈길에 나서네
하늘나라 천상에서 그리운 님을 만나게 되면
꿈에서 깨어남도 다시금 돌아옴도 영원히 잊으려네

〔平仄構成〕

詩의 平仄構成은 平平仄仄仄平平 平仄平平仄仄平 平仄平平仄平仄 平平平仄仄平平으로 되어있다. 詩는 平起式 七言絶句다. 그리고 詩는 上平聲 十五 刪韻을 썼는데 韻脚은 閒과 班과 還이다. 그리고 3句의 下三字에서는 單拗가 쓰였다. 本來 下三字의 平仄의 構成은 平仄仄인데 仄平仄이 되어, 卽 最思念으로 되어, 5字에서 毁損된 平字를 6字에서 回復한 것이다. 이는, 下三字에 孤平現象이 發生하였으나 挾平格으로 肯定的으로 看做하며, 本句 自救의 方法으로 合律이 된다.

〔작법감상〕

낯선 땅 떠다니는 나그네 된 자식은 돌아가신 부모가 그리워 몸 뒤척이며 잠 못 이룬다. 자는 듯 마는 듯 몽롱히 어느새 꿈의 여행을 떠나게 된 것이다. 만약에 그리운 아버지 어머니를 천상에서 뵙게 된다면 영원토록 꿈에서 깨어날 생각도 지상으로 돌아올 생각도 아예 아니할 작정이다: '때는 바야흐로 꿈속인 듯 깨어 있는 듯 어른어른 희미한 상태로 떠도는 나그네 자식은 세상과 이별하고 꿈결의 여행길에 나서는구나. 起와 承이다. 하늘나라 천국에서 너무나도 그리운 아버지 어머니 만나 뵈오면 영원무궁히 꿈에서 깨어나지 않을 것이요 영원무궁히 다시 돌아오려고 하지도 않을 것이다. 轉과 結이다.' 자식의 孝心을 노래한 시로는 中唐의 孟郊의 "遊子吟"이 古今에 단연 우뚝 서있다: '慈母手中線 遊子身上衣 臨行密密縫 意恐遲遲歸 誰言寸草心 報得三春輝 인자하신 어머니 바느질 실로 길 떠나는 아들자식의 옷을 지으시네. 떠날 때 앞두고 촘촘히 꿰매는 뜻은 자식이 더디 돌아올까 두려워하는 때문이다. 누가 말하던가 보잘 것 없는 효심으로 봄날 햇볕 같은 은혜에 보답할 수 있다고.' 위 필자의 시 전반부 遊子도 맹교의 시에서 출발하였다: '時方半夢半醒閒 遊子行程地上班 바야흐로 비몽사몽간에 떠도는 자식은 세상과 헤어져 꿈길에 나서네.' 우리 朝鮮의 선배 조상님들도 부모의 은혜를 표현할 때 맹교의 "遊子吟" 시에 감명 받은 바가 상당하였는데, 成俔의 "遊子吟"에도 나그네길의 遊子가 등장한다: '遊子去古里 天涯行役久 나그네 고향을 떠나서 하늘 끝 멀리 여행의 수고로움을 떠난지 오래노라.' 金宗直은 "僑寓興仁門內詠萱花 붙여 살면서 홍인문 안에서 망우초를 읊는다"에도 遊子吟이 나온다: '北堂渺渺天南極 慷慨還爲遊子吟 어머니 계신 곳 아득히 하늘 남쪽 끝에 있으니 슬픔에 잠겨 나그네의 노래를 부르노라.' 卞仲良의 "遊子吟"에도 遊子가 나온다: '遊子久未返 弊盡慈母衣 객지에 떠다니는 자식이라 오래도록 돌아가지 못하니 어머니가 만드신 옷 다 해어져버렸네.' 李植의 "生日有感 생일날 느끼는 바가 있어서"에는 手線이 나오는데 孟郊의 시의 手中線에서 취한 것이리라: '冬風吹手線 消息夢徒回 겨울 찬바람이 손수 지어 주신 옷에 부니 꿈속에 그냥 소식만 여쭙고 돌아오네.' 특별히 위 맹교의 시의 마지막 연 '誰言寸草心 報得三春輝'는 人口에 膾炙되는 뛰어나게 잘 지은 글귀가 되었는데 나 필자가 쓴 또 다른 시 "遊子吟"의 후반부는 바로 이 名句를 마음에 두고 쓴 것이다: '一寸肝腸焦思患 倚閭而望眼穿期 한 토막의 간과 창자라 하였으니 노심초사 걱정하심이요 동구 밖 문에 기대어 서서 바라보았으니 눈이 빠지게 기다리심이라.' 부모가 자식을 사랑하지만 자식의 부모사랑도 마찬가지다. 피차 서로 간 가깝고 가까운 一寸間 아니던가. 2020. 8. 15.

〔詩原文〕 44

唐玄宗李隆基
당현종이융기

李龜年與董庭蘭
樂聖平和琴聖安
楊玉環傾國含笑
明皇珍錯快加餐
이구년여동정란
악성평화금성안
양옥환경국함소
명황진착쾌가찬

〔시해석〕

당 현종 이융기

노래의 성인 이구년과 거문고의 성인 동정란의
부르는 노래소리 평화롭고 타는 거문고소리 평안해라
나라를 기울게 하는 절세미인 귀비 옥환은 미소를 머금고
황제께서는 산해진미를 기쁜 마음으로 맛있게 마음껏 드시는구나

〔平仄構成〕

詩의 平仄構成은 仄平平仄仄平平 仄仄平平平仄平 平仄平平仄平仄 平平平仄仄平平으로 되어있다. 詩는 平起式 七言絶句다. 그리고 詩는 上平聲 十四 寒韻을 썼는데 韻脚은 蘭과 安과 餐이다. 그리고 3句의 下三字에서는 單拗가 쓰였다. 本來 下三字의 平仄의 構成은 平仄仄인데 仄平仄이 되어, 卽 國含笑로 되어, 5字에서 毁損된 平字를 6字에서 回復한 것이다. 이는, 下三字에 孤平現象이 發生하였으나 挾平格으로 肯定的으로 看做하며, 本句 自救의 方法으로 合律이 된다.

〔작법감상〕

이 시는 唐 玄宗 李隆基의 開元之治나 開元盛世를 노래하는 것이 아니고 그의 豪奢나 奢侈를 은근히 나무라는 시다. 말하자면 당대 최고의 名唱 梨園弟子 李龜年과 또 최고의 胡笳를 연주한 음악가 琴師 董庭蘭이 함께하여 예술사랑에 대한 그의 욕망을 채웠고, 절세의 미녀 楊貴妃가 웃음을 머금고 그의 품에 안길 때 진수성찬을 기뻐하며 실컷 먹는다고 하였으니 부릴 호사는 다 부리는 것이 되리라는 풍자적 손가락질이다. 실제로 놀랍게도 현종 이융기는 그 자신의 시대에 樂聖+琴聖+傾國之色+山海珍味 네 가지를 모두 가지고 있었다. 주지하듯이 李龜年은 李鶴年 李彭年 형제와 함께 시대의 絶唱이었다. 시인 杜甫를 詩聖 곧 시의 聖人이라고 부르듯이 그를 樂聖 곧 노래의 聖人이라고 불렀다. 그러나 난리통에 몰락하여 각자 떠돌다 훗날 770년에 湖南省 潭州에서 재회한다. 그 상봉을 노래한 시 名篇이 두보의 "江南逢李龜年"이다: '岐王宅裏尋常見 崔九堂前幾度聞 正是江南好風景 落花時節又逢君 기왕의 저택에서 자주 만났고 최구의 집에서는 몇 번이나 들었던가 여기 강남은 정말로 풍광이 좋은데 꽃이 지는 시절에 그대를 다시 만났습니다.' 同時代人 董庭蘭 역시 거문고 연주에 능통한 음악가였다. 특히 북방 胡人의 피리소리를 거문고로 재현하는 재주를 부렸다. 그의 알려진 "胡笳弄"이 그중 하나다. 高適과 함께 황제 곁에서 영화를 누리다 그들도 좌천과 좌절을 일삼으며 각각 하늘 끝을 떠돌았다. 당나라가 내리막길로 치닫기 시작하는 시기 747년 겨울 고적과 동정란은 河南省 睢陽에서 마주친다. 고적의 이별가 "別董大 동대와 헤어져"가 있다: '千里黃雲白日曛 北風吹雁雪紛紛 莫愁前路無知己 天下誰人不識君 천리 길에 황색구름 끼고 태양빛은 어두워지는데 북풍 찬바람이 기러기 떼 몰아칠 때 눈발이 흩날리는구나 가는 길에 좋은 벗이 없을까 걱정하지 마시라 세상천지에 누가 그대를 못 알아보랴.' 그리고 白居易의 "長恨歌" 첫머리에 傾國이 나온다: '漢皇重色思傾國 御宇數年求不得 한나라 황제 용모의 예쁨을 중시하여 경국지색 미녀를 생각하는데 수년간 천하를 통치하는데도 구하지 못하였더라.' 張祜의 "集靈臺"에 楊太眞의 含笑가 나온다: '昨夜上皇新授籙 太眞含笑入簾來 지난밤 상황께서 새롭게 여도사로 삼으니 양태진 웃음 띠며 주렴 안으로 들어온다.' 韋應物의 "長安道"에 珍羞盛饌 山海珍味가 나온다: '山珍海錯棄藩籬 烹犢炰羔如折葵 산해진미는 쓰레기처럼 울타리에 버리고 삶은 송아지 구운 양 새끼 귀한 음식도 마치 푸성귀 아욱국같이 여기네.' 黃山浦의 "貪食性味 탐내어 먹는 식습관"에도 珍羞盛饌 五侯鯖이 나온다: '誰謂珍羞身後事 生前所願五侯鯖 누가 말하는가 죽은 후 진수성찬을 나 살아생전 소원이 산해진미 오후청이라오.' 山海珍味=山珍海味=山珍海錯=山珍海饌. 2020. 8. 20.

〔詩原文〕 45

觀南北離散家族相逢
관남북이산가족상봉

南北會同開宴時
低聞家族泣歔噫
抱持擦臉怨充溢
吟唱舞跳傷更丕
他意別離重整誓
自料統合再逢期
方俾老少淚如雨
搶地呼天分斷悲
남북회동개연시
저문가족읍허희
포지찰검원충일
음창무도상갱비
타의별리중정서
자료통합재봉기
방비노소루여우
창지호천분단비

〔시해석〕

남북이산가족 상봉을 보며

남과 북의 상봉을 축하하는 연회가 시작할 때에
이산가족들의 흐느끼며 탄식하는 소리가 나직이 들린다
서로 부둥켜안고 뺨을 비비는데 원망이 이드거니 넘쳐나고
함께 노래하고 춤을 추는데 서러움은 더군다나 커만 가는구나
다른 사람들의 의지에 따라 서로 갈려 떼어졌으니 이제 거듭 나설 것을 맹세하고
우리들이 스스로 헤아려 모두 하나로 합쳐서 통일을 이루어 다시 만날 것을 기약하네
바야흐로 남북 이산 남녀노소로 하여금 눈물이 비 오듯 쏟아지게 하니
민족이 남북으로 나뉘어 갈라진 비극에 땅을 치고 하늘을 부르며 방성대곡하네

〔平仄構成〕

詩의 平仄構成은 平仄仄平平仄平 平平平仄仄平平 仄平仄仄仄平仄 平仄仄平平仄平 平仄仄平平仄仄 仄平平仄仄平平 平平仄仄仄平仄 仄仄平平平仄平으로 되어있다. 詩는 仄起式 七言律詩다. 그리고 詩는 韻字는 上平聲 四 支韻을 썼는데 韻脚은 時와 噫와 丕와 期와 悲이다. 그리고 3句와 4句에서는 孤平拗救가 쓰였는데 本來 3句의 下三字는 平平仄이어야 하는데 仄平仄으로 되어, 卽 怨充溢로 되어, 5字의 平字가 毁損되었다. 그러므로 4句의 5字는 本來 仄字여야 하는데 平으로 바꿔서, 卽 傷으로 바꿔서, 毁損된 平을 回復시켰다. 이로써 合律이 된다. 또 7句와 8句에서도 孤平拗救가 쓰였는데 本來 7句의 下三字는 平平仄이어야 하는데 仄平仄으로 되어, 卽 淚如雨로 되어, 5字의 平字가 毁損되었다. 그러므로 8句의 5字는 本來 仄字여야 하는데 平字로 바꿔서, 卽 分으로 바꿔서, 毁損된 平을 回復시켰다. 이로써 亦是 合律이 된다. 그리고 中央四句의 下三字는 前聯과 後聯의 境遇에 文法構造를 다르게 配置하여 意味上 各各 名詞 副詞 動詞 그리고 形容詞 名詞 動詞로 읽히게 되어 四言一法 忌避의 原則을 따라서 平板을 避하고 錯綜을 지켰다. 그리고 詩의 韻을 달지 않은 仄聲字 곧 溢, 誓, 雨는 次例로 入聲 去聲 上聲으로 上尾를 피하여 所謂 四聲遞用의 法則에 充實하였다.

〔작법감상〕

과거 내가 쓴 七絕 "晩秋金剛山下詠懷 늦가을 금강산자락에서 느낌을 읊는다"에서는 금강산 남북상봉을 노래하였는데 상봉 전날 호텔에 도착해 묵으면서 겪는 일말의 설레임과 두려움을 베꼈다: '楓嶽西風渺暮雲 秋深客舍葉紛紛 千年禪室長安寺 半夜鐘聲帶雨聞 가을의 금강산 풍악산에 갈바람이 불고 저녁구름은 아득히 펼쳐져있는데 가을이 깊어가는 나그네 머무는 객사에는 나뭇잎만 우수수 흩날린다. 천년 참선의 역사 간직한 옛 사찰 장안사에서 깊은 밤 종소리 빗줄기 띠하고 들려온다.' 그리고 지금 위 나의 七律 "觀南北離散家族相逢 남북이산가족 상봉을 보며"의 시는, 말하자면 전날에 이어서, 바로 다음날 상봉날의 남북상봉의 현장의 생생한 기쁨과 슬픔과 분노와 희망을 그린 것이다: '남북이산가족의 재상봉을 축하하는 연회가 이제 막 시작하는데 어디선가 여기저기 이산가족들의 흐느끼며 탄식하는 소리가 나직하게 들린다. 서로들 부둥켜안고 뺨을 비비는데 도리어 원망이 가득히 넘쳐나고 다함께 노래하고 춤을 추는데도 서러움은 더욱 커만 가는구나. 다른 사람들의 의지에 따라 서로 갈려 떼어졌으니 이제는 捲土重來 重整旗鼓의 심정으로 거듭 다시 나설 것을 맹세하고 우리들이 스스로 헤아려 모두 합쳐서 반도의 통일을 이루어 하나로 모아 다시 만날 것을 기약하네. 바야흐로 지금 이산가족 남녀노소로 하여금 눈물이 비 오듯 쏟아지게 하니 민족이 남북으로 나뉘어 갈라진 비극에 정말로 머리로 땅을 치고 큰소리로 하늘을 부르며 목 놓아 통곡하는구나.' 盛唐의 시인 李頎의 "古意 옛 뜻"에 淚如雨가 보인다: '今爲羌笛出塞聲 使我三軍淚如雨 지금 강족의 피리로 出塞曲을 부르니 우리 전군사로 하여금 모두 눈물바다가 되게 하누나.' 그리고 中唐의 시인 張籍의 "沒蕃故人 토번에서 전몰한 옛 친구"에 大聲痛哭이 보인다: '欲祭疑君在 天涯哭此時 제사를 지내려는데 그대가 혹 살아있는 듯하여 하늘 끝에서 이날에 대성통곡하네.' 2020. 8. 27.

〔詩原文〕 46

捲土重來
권토중래

東山再起謝安郞
等候時機遠志量
捲土重來抛項羽
噫天助自助何忘
동산재기사안낭
등후시기원지량
권토중래포항우
희천조자조하망

〔시해석〕

실패에 굴하지 않고 재기를 다짐함

진나라 사나이 사안이 동산에서 재기하기까지
원대한 의지와 근심을 헤아리며 때를 기다렸더라
서초패왕 항우는 실패에 굴하지 않고 다시 일어나야함을 끝내 포기하였으니
애석해라 하늘은 스스로 돕는 자를 돕는다는 교훈을 어찌 소홀히 하였더란 말인가

〔平仄構成〕

詩의 平仄構成은 平平仄仄仄平平 仄仄平平仄仄平 仄仄平平平仄仄 平平仄仄仄平平으로 되어있다. 詩는 平起式 七言絶句다. 그리고 詩는 下平聲 七 陽韻을 썼는데 韻脚은 郎과 量과 忘이다. 그리고 詩 全句에서는 聲律의 어긋남이 全無해서 平仄의 規律이 매우 謹嚴하다. 가장 理想的 울림이라고 하겠다.

〔작법감상〕

捲土重來는 문자 그대로 흙먼지를 일으키며 다시 말달려온다는 말이다. 좀 더 심층적으로는 한 번의 실패에 굴하지 않고 다시 일어나 싸워 이겨낸다는 의미로 나아가 발전하였는데 晩唐의 杜牧의 垓河戰鬪를 노래한 詩 "題烏江亭 오강의 정자에 쓰다"에서 비롯하였다: '勝敗兵家事不期 包羞忍恥是男兒 江東子弟多才俊 捲土重來未可知 이기고 지는 것은 병가에서 기약할 수 없는 일이니 수치를 싸고 치욕을 참는 것이 곧 사나이 대장부라. 강남의 자제들 중에는 뛰어난 사람도 많았으니 권토중래하면 결과는 알 수 없었으리.' 楚漢의 乾坤一擲 전쟁에서 四面楚歌 궁지에 처하여 垓河에서 漢王 劉邦에게 패한 楚王 項羽가 재기의 의지를 불태우지 못함을 못내 아쉬워하면서 시인은 일종의 假定法을 사용하고 있다. (그의 역사 가정의 상투적 사용은 삼국시대 孫權과 劉備가 曹操를 크게 무찌른 赤壁大戰을 노래한 "赤壁 적벽"에서도 잘 드러난다: '東風不與周郎便 銅雀春深鎖二喬 동풍이 주유 편을 들지 않았다면 동작대에 봄은 깊어 이교는 갇혔으리.') 물론 그 권토중래의 가능성을 一蹴한 사람도 있었다. 北宋時代의 王安石의 "烏江亭 오강정"이 그렇다: '百戰疲勞壯士哀 中原一敗勢難回 江東子弟今雖在 肯與君王卷土來 수많은 싸움에 지친 장사들의 슬픔이여 중원에서 한 번 패하니 세력을 회복하기 어렵구나 강남의 자제들이 남아있다고 해도 기꺼이 대왕과 더불어 말을 몰아 돌아오겠는가.' 나는 위 두 시에서 권토중래의 긍정의 힘을 택한 두목의 해석을 따랐다. 그러나 전개방법은 두목과 달리하였다. 두목 시는 전쟁의 승패는 미리 알 수 없는 것이니 실재하는 강동의 세력을 모아 다시 도전했어야 하지 않느냐는 현실적 경험적 충고이자 아쉬움의 토로다. 필자 시는 사안이 동산에서 재기하여 출사하듯이 초패왕 항우도 실패했으나 마땅히 다시 힘을 길러 훗날을 도모했어야 했다는 이상적 윤리적 질책이자 꾸지람의 실토다. 그러므로 詩趣의 전개상 두목의 시는 무게중심이 시 전반부 '勝敗兵家不可期 包羞忍恥是男兒 이기고 지는 것은 병가에서 기약할 수 없는 것이니 수치를 싸고 치욕을 참는 것이 곧 사나이 대장부라'에 있다면 나의 시는 무게중심이 당연히 후반부 즉 '捲土重來抛項羽 噫天助自助何忘 서초패왕 항우는 실패에 굴하지 않고 다시 일어나야함을 결국 포기하였으니 애석해라 하늘은 스스로 돕는 자를 돕는다는 교훈을 어찌 소홀히 하였더란 말인가'에 있다고 볼 수 있을 것이다. 세상의 覇者가 될 것인가 敗者가 될 것인가는 실로 인생 전체에 드리워진 중차대한 문제다. 그래서 실패를 딛고 일어서라는 교훈은 東西古今에 부지기수다. 서양에도 우리에게 익숙한 표현이 있다. 'God helps those who help themselves'가 있고 'If you wish God to help you, do the best you can for yourself'도 있다. 하늘은 스스로 돕는 자를 돕는다는 말이고 물론 하늘은 스스로 열심히 살려고 노력하는 사람에게 복을 내린다는 의미 일게다. 捲土重來=東山再起=重打鑼鼓=重新打鼓=重整旗鼓=死灰復燃. 2020. 9. 1.

〔詩原文〕 47

護國僧兵
호국승병

疆土淸時托鉢回
國家累卵召兵催
坊坊曲曲三千里
才俊僧軍捲土來
강토청시탁발회
국가누란소병최
방방곡곡삼천리
재준승군권토래

〔시해석〕

나라를 지키는 승려로 조직된 군사들

삼천리강토가 평화로울 때는 탁발공양을 돌고
나라가 누란의 위기에 처하면 징집을 재촉하였다
삼천리강산 방방곡곡에서
재주 뛰어난 승려 군병들 실패에 굴하지 않고 다시 일어나 흙먼지 일으키며 말달려 오는구나

〔平仄構成〕

詩의 平仄構成은 平仄平平仄仄平 仄平平仄仄平平 平平仄仄平平仄 平仄平平仄仄平으로 되어있다. 詩는 仄起式 七言絶句다. 그리고 詩는 韻字는 上平聲 十 灰韻을 썼는데 韻脚은 回와 催와 來이다.

〔작법감상〕

조선시대는 儒學이 이상국가 건설의 이념이 되었던 터라 고려시대에 융성하였던 佛教는 배척되고 쇠퇴하였다. 언젠가 조선조의 문서를 좀 공부한 적이 있는데 양반들의 유람 산행에 승려들이 인력거꾼으로 일하는 것을 보았다. 고려조 500년 동안 우리민족의 精神史를 앞서서 이끌던 불교가 어쩌다 이렇게 되었나 하는 서글픈 감개가 있었다. 조선사회에서 그런 천대(?) 받은 집단이 國難을 맞아서는 종교적 이데올로기를 초월해서 국가를 지키려 승병으로 분연히 일어선 것은 존경스럽고 자랑스러운 일이다. 그래서 儒學派의 義兵도 존경하지만 佛教派의 僧兵은 내 가슴에 더더욱 애잔하다. 그래서 黃玹 선생이 絶命 遺書 "遺子弟書"에서 유학의 宗廟社稷의 몰락에 유학의 士夫로서 책임으로 통곡하는 것은 사실 동이닿는 면이 있다: '吾無可死之義 但國家養士五百年 國亡之日 無一人死難者 寧不痛哉 나는 죽어야 할 의무가 없다. 다만 나라가 선비를 길러온 지 오백년이 되었는데 나라가 망하는 날에 한 사람도 난리에 죽는 자가 없다면 어찌 통탄스럽지 않으랴.' 나는 개인적으로 천주교에 있고 김수환 추기경님으로부터 세례를 받았는데 이름은 필립보(Phillip)다. 그러나, 역사적으로, 高句麗 明君 小獸林王 이후로 우리 민족을 앞서 이끈 인연의 전래불교에 대해서, 고려가 문명국의 자부심을 갖게 한 불교에 대해서, 조선의 조정과 백성이 위태로울 때는 구국에 목숨을 草芥와 같이 버린 불교 군병에 대해서, 존경과 사랑과 자긍의 마음을 늘 가지고 있다. 내가 만일 불교에 입문하여 僧侶의 길을 갔더라면 아마도 나의 法名은 白沙나 山浦였을 것이고 諸有 衆生은 나를 '백사승려' 또는 '산포승려'라고 불렀을 것이다. 그러므로 위 시는 자신들이 처한 척박한 사회적 환경은 잊고 나라를 지키기 위해서 목숨을 건 조상 승려 스님들께 바치는 일종의 獻詩다: '삼천리강토가 평화스러운 때는 托鉢化緣을 돌고 宗社가 累卵之危에 처하면 나서서 徵集을 재촉하였다. 삼천리강산 방방곡곡에서 재주 뛰어난 승려 군병들 실패에 굴하지 않고 다시 일어나 흙먼지 일으키며 말달려오는구나.' 司空曙의 "賊平後送人北歸"에 時清이 보인다: '世亂同南去 時清獨北還 세상이 어지러워 함께 남으로 갔다가 시절이 맑아지니 홀로 북으로 돌아가는구나.' 托鉢은 黃白沙의 "過傳燈寺"에 清時와 함께 보인다: '清時托鉢祈求共 亂世僧軍命召應 평화로운 시절에는 탁발이 되어 중생의 빌고 구함에 함께하였고 어지러운 세상에서는 승병이 되어 나라의 부름에 응답하였다.' 杜牧의 "題烏江亭"에 才俊과 捲土重來가 있다: '江東子弟多才俊 捲土重來未可知 강남의 자제들 중에는 뛰어난 사람도 많았으니 권토중래하면 결과는 알 수 없었으리.' 王安石의 "烏江亭"에 卷土來가 있다: '江東子弟今雖在 肯與君王卷土來 강남의 자제들이 비록 남아있다고 해도 기꺼이 대왕과 더불어 말을 몰아 돌아오겠는가.' 그리고 黃白沙의 "捲土重來"에 捲土重來가 있다: '捲土重來抛項羽 噫天助自助何忘 초패왕 항우는 실패에 굴하지 않고 다시 일어나야함을 끝내 포기하였으니 애석해라 하늘은 스스로 돕는 자를 돕는다는 교훈을 어찌 잊었더란 말인가.' 2020. 9. 3.

〔詩原文〕 48

觀牧丹峯俱樂部美女們
관모란봉구락부미녀문

南男北女是傳來
江界美人何敢猜
因赤貧增自權損
名聲藉藉很衰頹
남남북녀시전래
강계미인하감시
인적빈증자권손
명성자자흔쇠퇴

〔시해석〕

모란봉 구락부의 미녀들을 보고서

남쪽지방은 남자가 잘나고 북쪽지방은 여자가 곱다는 말이 예로부터 전하여 내려왔으니
북녘 강계에 미인이 많다는 말을 어찌 감히 의심할 수 있었으랴
극심한 빈곤이 늘어나고 개인의 자유의 권리는 줄어든 탓으로
사람의 입에 오르내려 떠들썩했던 명성도 많이도 쇠퇴하였구나

〔平仄構成〕

詩의 平仄構成은 平平仄仄仄平平 平仄仄平平仄平 平仄平平仄平仄 平平仄仄仄平平으로 되어있다. 詩는 平起式 七言絶句다. 그리고 詩는 上平聲 十 灰韻을 썼는데 韻脚은 來와 猜와 頹이다. 그리고 3句의 下三字에서는 單拗가 쓰였다. 本來 轉句 下三字의 平仄의 構成은 平仄仄인데 仄平仄이 되어, 卽 自權損으로 되어, 5字에서 毁損된 平字를 6字에서 回復한 것이다. 이는, 下三字에 孤平現象이 發生하였으나 挾平格으로 肯定的으로 看做하며, 本句 自救의 方法으로 合律이 된다.

〔작법감상〕

사람을 안과 속으로 보지 않고 겉과 밖에서 평가하는 시대가 되었다. 한국사회를 선두로 극심하게 외모지상주의가 판치는데 인류문명사의 잘못된 흐름이리라. 고졸 대입 사이의 방학 중에 蟲齒가 심해가고 있는 것은 애써 잊고 눈 성형수술만 추구했던 것을 후회한다고 말하던 장학생 여학생이 생각난다. 사회적 보상심리(?)가 있어서 안 할 수가 없었다고 고백하더라. 그러나 인류의 엄중한 교훈은 다르다. 차라리 이런 예상된 현상을 한결같이 경계하고 있다: 'Never/Don't judge a book by its cover, Appearances are often misleading, Beauty is only skin-deep, What really matters is invisible to the eyes 따위는 일견하고서 어떤 것을 가정하지 말라, 외형은 종종 오해를 불러일으킨다, 중요한 것은 인격이지 외모가 아니니다, 아름다움은 단지 피상적인 것일 뿐이다, 외모가 개인 간의 우열을 정한다고 믿지 말라, 정말 중요한 것은 눈에 보이지 않는다고 교훈적으로 말하고 있다.' 현금 時流가 오래되면 언젠가는 사람들이 후회하는 날이 오고야 말 것이다!! 그러므로 개인적으로 '복권'과 '격투기'와 더불어 '미인대회'를 폐지하자고 세상에 건의하고 있다. 내가 시청하는 두 프로그램에 TV조선의 '모란봉클럽'과 채널A의 '이제 만나러 갑니다'가 있다. 자유를 찾아 탈북 귀순한 사람들의 사연을 소개한다. 나는 자유주의를 공부하고 강의해온 사람으로서 자유투사들(freedom fighters)의 信念과 決斷과 行動을 항상 사랑하고 존경하고 있다. 오늘날 자유주의시대 지구촌의 진정한 영웅들이라고 생각하고 있으며 그분들께 멀리서나마 엎드려 큰절을 올리는 바다. 그 프로에서는 南男北女라거나 江界美人이라는 말이 종종 등장하던데 필자도 어릴 적 '정말로 강계미인 같습니다'라고 서로 칭찬하는 말을 심심찮게 들었다. 그런데 그런 역사적 평가에도, 그런 전통적 유전자가 우세했다고 해도, 현재의 북한여성들이, 또 강계여인들이, 남한보다 더 우세한 美貌를 갖는다고 말하기는 어렵다는 것이 나의 판단이다. 남북으로 갈라선지 75년이 흐르도록 훨씬 더 가난하고 훨씬 더 인권의 옥죔을 겪는데도 북이 남보다 더 어여쁘기는 현실적으로 불가능하다. 신체적으로 물질적으로 결핍한 환경 속에서 그리고 정신적으로 심리적으로 자유권리가 위협받으면서 인간의 美色이 꽃피울 수는 없는 것이다. 生體的으로 가능하지 않다. 80년대 초에 미국에 유학을 갔는데 대학 내 미국학생들에 대한 나의 첫 인상은 미남미녀가 많은 것이었다. 그때도 '이렇게 잘 먹고 이 자유로운 세상에 살면 아무래도 잘나고 똘똘한 사람들이 많이 만들어질 테지...'라고 되뇌었다. 통일이 되어 남과 북이 共存共榮하게 되면 다시금 남남북녀와 강계미인이 되살아 날 수 있을 것이다. 그날이 오기를 손꼽아 기다린다. 大韓國(Great Gorea) 南男北女 江界美人 萬萬歲!! 2020. 9. 6.

〔詩原文〕49

高句麗琴師王山岳
고구려금사왕산악

王山岳昔造玄琴
主上百官天賦欽
先撥宮音後商羽
神明草木總愔愔
왕산악석조현금
주상백관천부흠
선발궁음후상우
신명초목총음음

〔시해석〕

고구려 거문고 음악가 왕산악

왕산악이 옛적에 현학금 거문고를 만들었을 때
임금과 문무백관들 천부의 재능을 흠모하였다
먼저 궁현을 타고 나중에 상현과 우현을 타니
천지신명과 산천초목들 모두가 잠잠하였더라

〔平仄構成〕

詩의 平仄構成은 平平仄仄仄平平 仄仄仄平平仄平 平仄平平仄平仄 平平仄仄仄平平으로 되어있다. 詩는 平起式 七言絶句다. 그리고 詩는 下平聲 十二 侵韻을 썼는데 韻脚은 琴과 欽과 愔이다. 그리고 3句의 下三字에서는 單拗가 쓰였다. 本來 轉句 下三字의 平仄의 構成은 平仄仄인데 仄平仄이 되어, 卽 後商羽로 되어, 5字에서 毁損된 平字를 6字에서 回復한 것이다. 이는, 下三字에 孤平現象이 發生하였으나 挾平格으로 肯定的으로 看做하며, 本句 自救의 方法으로 合律이 된다.

〔작법감상〕

王山岳은 高句麗 陽原王 통치시기의 유능한 재상이자 걸출한 거문고 연주자였다. 大伽倻와 新羅의 于勒과 朝鮮의 朴堧과 함께 한국 3대 樂聖으로 통한다. 6세기경 南朝 晉에서 七絃琴이 전하여졌는데 고구려 왕산악이 그것을 고쳐서 새 악기를 만들었으니 그것이 玄鶴琴 또는 玄琴이라는 것이다. 그 뒤 왕산악은 100여곡을 창작하였고 임금과 조정의 臣僚들 앞에서 玄鶴琴을 연주하면서 큰 칭송을 얻었다고 되어있다. 너무도 아쉬운 것은 아무 곡명도 지금까지 전해지는 것이 없다는 것이다. 얼른보아도 주위 문헌에 淥水曲이니 楚妃曲이니 霓裳羽衣曲이니 教坊大曲 六幺曲 등 많기도 하던데... (전쟁이 많았던 우리 역사다보니 죄다 불타버렸나보다. 중국이 쳐들어와 싸우다 불타고 일본이 쳐들어와 싸우다 불타고 중국과 일본이 우리 땅에 와서 지들끼리 싸워서 불타고 현대에는 南北으로 나뉘어 우리끼리 싸워서 불타니 소위 문화재라는 것이 어디 살아남았겠는가.) 그러므로 위 시는 왕산악 선생의 玄琴의 神技를 칭송한 것이다: '고구려 왕산악이 옛날에 玄琴 거문고를 만들었을 때 陽原王 임금과 滿朝百官이 다 같이 그의 천부의 재능을 존경하고 흠모하였다고 한다. 먼저 宮調을 타고 나중에 商調과 羽調을 타니 天地의 귀신들 山川의 초목들 모두가 감동하여 정적 속에 고요하였더라.' 李頎의 "聽董大彈胡笳弄兼寄語房給事 동대가 호가곡을 연주하는 것을 듣고 겸하여 방급사에게 말을 전하다"에 昔造가 보인다: '蔡女昔造胡笳聲 一彈一十有八拍 채옹의 여식 채문희가 그 옛날 호가롱을 만들었을 때 1번 튕기면 18박이나 되었지.' 고대 동양음악의 5음 宮商角徵羽의 연주는 여기저기 자주 보인다. 李頎의 "聽董大彈胡笳弄兼寄語房給事 동대가 호가곡을 연주하는 것을 듣고 겸하여 방급사에게 말을 전하다"에서 '先拂商絃後角羽 四郊秋葉驚摵摵 먼저 商音을 치고 후에 角音와 羽音을 치니 사방교외에 가을잎사귀 우수수 진다'고 하였다. 李頎의 "琴歌 거문고의 노래"에서 '銅爐華燭燭增輝 初彈淥水後楚妃 화로에 향이 피고 초가 탈 때 초는 더욱 빛나고 먼저 녹수를 탄 뒤에 초비를 탄다'고 하였다. 또한 白居易의 "琵琶行 비파의 노래"에도 '輕攏慢撚撥不挑 初爲霓裳後六幺 살짝 누르다 천천히 문지르고 뜯다가 튕기며 처음에 예상곡을 나중에 육요곡을 연주하는구나'라고 하였다. 李頎의 "聽董大彈胡笳弄兼寄語房給事 동대가 호가곡을 연주하는 것을 듣고 겸하여 방급사에게 말을 전하다"에 神明이 나온다: '董夫子 通神明 深松竊聽來妖精 董大庭蘭夫子는 천지신명과 통하니 깊은 산에 요정이 몰래 와서 듣네.' 杜牧의 "贈別 헤어짐에 드리다"에 모두 아우르는 분위기에 總이 나온다: '多情却似總無情 唯覺樽前笑不成 다정하다는 것이 도리어 모두 무정한 것과 같아서 술 단지 앞에 두고 웃을 수조차 없음을 다만 깨달을 뿐이네.' 2020. 9. 10.

〔詩原文〕 50

西風吟　其一
서풍음　기일

不自由毋寧死宣
豪男美史赤誠鐫
英詞客作西風曲
意義諸邦萬姓傳
부자유무녕사선
호남미사적성전
영사객작서풍곡
의의제방만성전

〔시해석〕

서풍의 노래　그 첫 번째

자유가 아니면 차라리 죽음을 달라는 선언은
호걸남자 패트릭 헨리가 미국역사에 적성의 일편단심을 아로새긴 것이다
영국 시인 피 비 쉘리는 서풍에 부치는 시를 지어서
역사적 의의를 세계만방의 만백성에게 전하였더라

〔平仄構成〕

詩의 平仄構成은 仄仄平平平仄平 平平仄仄仄平平 平平仄仄平平仄 仄仄平平仄仄平으로 되어있다. 詩는 仄起式 七言絶句다. 그리고 詩는 韻字는 下平聲 一 先韻을 썼는데 韻脚은 宣과 鐫과 傳이다.

〔작법감상〕

西風은 하늬바람 곧 서쪽에서 불어오는 바람이면서 시문장에서는 곧잘 겨울로 가는 길목에서 맞닥뜨리는 가을바람이다. 서풍은 가는 해의 마감을 재촉하는 바람이지만 오는 해를 어서 맞이하려는 바람이기도하다. 그래서 서풍은 마냥 쓸쓸하고 때론 지나치게 감상적이지만 또 한편 새 希望이요 새 生命이요 새 力動이요 새 自由인 것이다. 이 西風吟 其一 시는, 또 다음 其二 시도, 서풍에 대한 후자적 재해석이다. 말하자면 새 희망을 바라는 西風禮讚이라는 말이다: '자유가 아니라면 차라리 죽는 편이 낫다는 당대의 선언은 지혜와 용기가 뛰어난 남자 Patrick Henry가 미국역사에 참된 정성을 담은 一片丹心을 아로새긴 것이다. 이어서, 나아가서, 영국 시인 Percy Bysshe Shelley가 서풍에 부치는 詩歌를 지어서 그 역사적 의의를 세계만방의 만백성에게 전파하였었다.' 1775년 3월 23일 패트릭 헨리는 미국의 한 교회(St. John's Church)의 연설에서 자유를 외쳤다. 自由守護宣言이다: 'Is life so dear, or peace so sweet, as to be purchased at the price of chains and slavery? Forbid it, Almighty God! I know not what course others may take; but as for me, give me liberty or give me death! 쇠사슬과 노예화의 값을 치르고 사야 할 만큼이나 우리의 생명이 그렇게 소중합니까 또 우리의 평화가 그렇게 달콤합니까? 전능하신 신이여 그런 일은 嚴禁하여 주소서! 다른 사람들이 어떤 입장을 택할지 모르나 제가 가는 길은 다음과 같습니다, 자유를 달라 그렇지 않으면 죽음을 달라!' 이 미국역사의 '政治的' 자유의 선언은 그로부터 45년 후 1820년 대서양을 건너서 영국의 무정부주의자 낭만파 시인 피 비 쉘리의 "Ode to the West Wind 서풍에 부치는 시"에서 '文學的' 희망과 생명과 역동과 자유의 노래로 세계 만방의 세상 인민들 마음속에 힘차게 부활하게 된다. 시인이 서풍에 바라는 소원은 인간존재의 자유함의 선언이요 인간해방의 외침이다. 그래서 膾炙人口하는 그의 싯구 '겨울이 오면 봄이 어찌 멀 것이랴'도 단순히 겨울이 오면 머지않아 이윽고 봄이 올 것이라는 말이 아니다. 나아가 세상 인민 모두가 자유와 생명의 봄을 맞이하게 될 것을 시인은 꿈꾸고 있는 것이다: 'O Wild West Wind, thou breath of Autumn's being... The trumpet of a prophecy! O {West} Wind, If Winter comes, can Spring be far behind? 아 광폭한 서풍이여! 그대 가을의 생명의 호흡이라... 예언의 나팔이여! 오 서풍의 바람이여, 겨울이 오면 봄이 어찌 아주 멀기만 하랴?.' 이제는 18c 미국의 애국지사 패트릭 헨리의 '자유가 아니면 죽음을 달라'와 19c 영국의 낭만파시인 피 비 쉘리의 '겨울이 오면 봄도 멀지 않으리'만 우리에게 덜렁 남아있다. 정말로 18세기를 계몽의 시대(The Age of Enlightenment)라고 부르고 19세기를 혁명의 이데올로기의 시대(The Age of Ideology)라고 우리가 부르는 까닭에 충분한 설득력이 있어 보인다. 2020. 9. 19.

〔詩原文〕 51

西風吟　其二
서풍음　기이

春日陽光何所遙
西風落葉樹曾蕭
自由生命盛三月
望眼欲穿欣快邀
춘일양광하소요
서풍낙엽수증소
자유생명성삼월
망안욕천흔쾌요

〔시해석〕

서풍의 노래　그 두 번째

봄날의 따뜻한 햇빛이 어찌 멀기만 하랴
서풍에 잎사귀 떨어진 나무들 이미 쓸쓸한데
자유와 생명이 넘치는 춘삼월
눈이 빠지도록 기다리며 기쁜 마음으로 맞으려네

〔平仄構成〕

詩의 平仄構成은 平仄平平平仄平 平平仄仄仄平平 仄平平仄仄平仄 仄仄仄平平仄平으로 되어있다. 詩는 仄起式 七言絶句다. 그리고 詩는 韻字는 下平聲 二 蕭韻을 썼는데 韻脚은 遙와 蕭와 邀이다. 그리고 3句와 4句에서는 孤平拗救가 쓰였는데 本來 3句의 下三字는 平平仄이어야 하는데 仄平仄으로 되어, 卽 盛三月로 되어, 5字의 平字가 毁損되었다. 그래서 4句의 5字는 本來 仄字여야 하는데 平으로 바뀌서, 卽 欣으로 바뀌서, 毁損된 平을 回復시켰다. 이로써 合律이 된다.

〔작법감상〕

其一 서풍의 시가 전하는 바는 헨리의 자유의 政治的 선언('Give me liberty or give me death!')을 더 깊고 더 높게 문학적 자유와 생명의 노래로 승화시킨 것이 쉘리의 西風에 부치는 노래('If Winter comes, can Spring be far behind?')라는 것이다. 역사적 맥락을 이야기한 셈이다. 여기 其二는, 나아가서, 그 文學的 서풍에 대한 나 작가의 共感과 所望과 意志를 노래한 것이다. 기이는 가을 朔風 西風이, 서쪽에서 불어오는 바람이, 봄 微風 東風을, 동쪽에서 불어오는 바람을, 牽引할 것으로 믿고 있다. 바야흐로 자유의, 새 생명의, 탄생의 씨앗이 되어줄 것을 간절히 바라고 있는 것이다. '나는 아직 나의 봄을 기다리고 있을 테요, 찬란한 자유와 생명과 희망과 역동의 봄을...' 사실 현대시인 T. S. Eliot가 황무지("The Waste Land")에서 잔인한 봄을 노래하지만 소생과 부활과 역동과 생명을 역설적으로 말한 것일 뿐이다: 'April is the cruelest month [of the year], breeding lilacs out of the dead land, mixing memory and desire, stirring dull roots with spring rain. 4월은 해의 가장 잔인한 달, 죽은 땅에서 라일락을 키워 내고, 기억과 욕망을 뒤섞고, 봄비로 잠든 뿌리를 흔드누나.' 그래서 위 시는 담담하게 노래한다: '봄날의 따뜻한 햇볕이 어찌 요원한 바리요 서풍에 잎사귀 떨어진 나무들 이미 쓸쓸한데... 자유와 생명이 넘쳐나는 춘삼월을 나는 눈이 빠지게 기다리며 기쁜 마음으로 맞이할 것이외다.' 1, 2구는 봄이 성큼 다가옴을 부각시키려 부러 倒置시켰다. 말하자면 '서풍에 잎사귀 떨어진 나무들 이미 쓸쓸한데 봄날의 따뜻한 햇빛이 어찌 멀기만 하랴'라고 할 것을 굳이 '봄날의 따뜻한 햇빛이 어찌 멀기만 하랴 서풍에 잎사귀 떨어진 나무들 이미 쓸쓸한데...'라고 한 것이다. 시에서 도치는 종종 등장하는 수사다. 晩唐 杜牧의 명품 시 "泊秦淮 진회에 배를 대다"의 3, 4구가 그러하고, 우리 高麗 鄭知常의 멋진 시 "送人 벗을 보내며"의 3, 4구가 또한 그러하다: '煙籠寒水月籠沙 夜泊秦淮近酒家 商女不知亡國恨 隔江猶唱後庭花 안개는 찬 강물을 덮고 달빛은 모래밭을 감싸고 있는데 밤이 되어 진회에 배를 정박시키니 주막이 가깝다 술 파는 아가씨들 망국의 한도 모른 채 강을 사이에 두고 건너 쪽에서 오히려 옥수후정화를 부른다,' '雨歇長堤草色多 送君南浦動悲歌 大同江水何時盡 別淚年年添綠波 비 갠 긴 언덕에는 풀빛이 가득한데 그대 떠나보내는 남포 포구에는 이별의 노래 진동하네 대동강물은 어느 때나 다 마를꼬 이별의 눈물 해마다 푸른 파도에 보태는 것을.' 北宋(?) 杜常의 "華淸宮 화려하고 맑은 궁"에도 西風이 나온다: '朝元閣上西風急 都入長楊作雨聲 조원각에 서풍은 급한데 모두 길게 드리운 버들가지에 들어가서 빗소리를 내는구나.' 2020. 9. 20.

〔詩原文〕 52

山浦仲秋節序吟　산포중추절서음

今夕工夫何夕哉　금석공부하석재
嘉俳佳節復還回　가배가절부환회
白沙幼稚殘影薄　백사유치잔영박
山浦少年痕迹堆　산포소년흔적퇴
天地熏蒸日炎走　천지훈증일염주
心身爽闊早涼洄　심신상활조량회
蟬鳴變氣似危恐　선명변기사위공
蛩噪屬時如樂徊　공조촉시여약회
行禮祭壇果濃熟　행례제단과농숙
焚香先墓穗張開　분향선묘수장개
神靈物候知恩誼　신령물후지은의
祖上秋收感謝該　조상추수감사해
月色淸淸滿崗土　월색청청만강토
星光楚楚落樓台　성광초초낙루대
强羌水越來聞邈　강강수월래문막
歌舞雲英思念催　가무운영사념최

〔시해석〕

산포에서 추석에 노래하다

오늘 저녁 시간이 어떤 저녁 시간이더냐
중추명절 한가위날이 다시 돌아온 것이라
고향 백사시절은 너무 어려서 남아있는 자취가 별로 없어도
고향 산포시절은 자란 소년기라 남아있는 발자국이 켜켜이 쌓여있구나
천지를 달구던 태양의 열기는 달아나 가버리고
심신을 식혀주는 아침녘의 서늘함이 돌아와 흐른다
매미 울음소리는 변하는 날씨에 놀라서 두려워하는 듯하고
귀뚜라미 울음소리는 때마침의 시절을 만나서 즐겁게 노니는 듯하다
사람들이 제단에 예를 갖추고 절하는데 과일은 농염하게 무르익고
사람들이 산소에 향을 사르고 절하는데 이삭은 뽐내듯이 패였더라
신령님이 주시는 기후에 은혜를 아는 것이 도리요
조상님이 주시는 추수에 감사만만함이 마땅하리로다
달빛은 맑디맑아 언덕바지에 가득하고
별빛은 초롱초롱 누대에 내리비치는데
강강수월래 춤사위 노래소리 저 멀리서 들려와
옛적에 춤추고 노래하던 아가씨들 그리는 마음 재촉하게 하네

〔平仄構成〕

詩의 平仄構成은 平仄平平平仄平 仄平平仄仄平平 仄平仄仄平仄仄 平仄仄平平仄平 平仄平平仄平仄 平平仄仄仄平平 平平仄仄仄平仄 仄仄仄平平仄平 仄仄平平仄平仄 平平平仄仄平平 平平仄仄平平仄 仄仄平平仄仄平 仄仄平平仄平仄 平平仄仄仄平平 平平仄仄平平仄 平仄平平仄仄平으로 되어있다. 詩는 十六句로 된 仄起式 七言排律이다. 그리고 詩는 上平聲 十 灰韻을 썼는데 韻脚은 哉, 回, 堆, 洄, 徊, 開, 該, 台, 催이다. 排律도, 律詩가 首聯과 尾聯은 行散으로 하고 中央四句는 對偶로 하듯이, 中央은 對偶가 義務事項이어서 이곳 排律에서는 一句 二句와 十五句 十六句만 除하고 가운데 十二個의 句는 한결같이 對偶로 構成되어 있다. 排律은 十句 以上의 近體詩를 指稱하는데 唐宋以來로 傳統的으로 五言排律이 七言排律보다 優勢하였다. 그런데 興味로운 것은 朝鮮時代 中期에 七言排律이 士大夫들 사이에 그게 盛行하였다고 되어있다. 그리고 3句와 4句의 下三字에서는 雙拗가 쓰였으며, 7句와 8句의 下三字에서는 孤平拗救가 쓰였으며, 5句와 9句와 13句의 下三字에서는 各各 單拗가 쓰였다. 律詩의 四聲遞用의 遵守나 四言一法의 禁止는 排律詩에서는 勿論 適用되지 않는다.

〔작법감상〕

이 시에서는 언제라도 잊지 못하는 추석날의 고향 山浦를 찾아서 과거를 회상하는 感慨를 읊은 것이다: 1-4구에서는 고향 산포에서 한가위를 맞게 된 것은 아주 특별한 소중한 것이라고 하였다. 白沙의 記憶은 稀微하지만 山浦의 追想은 生生하다고 하였다. 곧 詩가 산포를 노래할 것임을 밝힌 것이다. 중앙 8구 즉 5-12구는 날씨가 선선해져서 사람 마음이 평화롭다는 것이고 또, 뭐라 해도, 수확의 계절이라 사람 마음이 풍요하다는 것이다. 5-8구는 중추절을 맞게 되어 氣象이 이미 더운 여름은 가고 서늘한 가을이 되었으며, 가을매미는 추위에 놀라 이미 울음소리가 처량하고 귀뚜라미 울음소리는 제철을 만난 듯 시끌벅적하다는 것이다. 또 9-12구는 과실을 거두고 추수하는 일에 신령님께 감사하고 조상님께 감사한다고 하였다. 가을 곡식을 거두고 올리는 秋收感謝祭의 心思다. It's Thanksgiving!! 그리고 끝 13-16구에서는 그리운 고향의 山河를 둘러보며 달빛과 별빛에 응답하면서 문득 어디선가 들려오는 강강수월래 소리가락에 옛날 동리 예쁜 처녀들의 춤추고 노래하던 모습이 재촉하듯 그리워진다고 매조지하였다. 朝鮮 中期 鄭蘊의 시 "秋夕夜吟 추석날 밤의 시"에 節序가 보인다: '千里松楸驚節序 三年霜露感芬馨 천리 길 소나무와 가래나무는 절기를 놀라게 하고 삼년 세월 서리와 이슬에 향기를 느낀다.' 盛唐 杜甫의 시 "贈衛八處士 위팔처사에게 드리다"에 今夕과 何夕이 나온다: '今夕復何夕 共此燈燭光 오늘 밤은 또 어떤 밤이기에 이 등불의 빛과 함께 하게 되었을까.' 中唐 韋應物의 시 "秋夜寄邱員外 가을밤에 구원외랑에게 부친다"에 屬이 나온다: '懷君屬秋夜 散步詠涼天 그대를 생각하는데 마침 가을 저녁이라 산보하며 시원한 가을날을 읊는다.' 初唐 杜審言의 시 "和晉陵陸丞早春遊望 진릉 육승의 시 조춘유망에 화답하며"에 物候가 보인다: '獨有宦遊人 偏驚物候新 홀로 벼슬 따라 이리저리 떠도는 사람이 되어 시후 변화의 새로움에 문득 놀라게 된다.' 그리고 필자 黃白沙의 시 "仲秋節 추석에"에 强羌水越來가 나온다: '忽聞强羌水越來 少時舞女慕情催 문득 들려오는 강강수월래 춤사위 노래소리 어릴 적 노래하고 춤추던 아가씨들 그리는 마음 재촉하게 되네.' 行禮=拜禮=展拜=展謁=跪拜=屈膝=鞠躬=作揖=磕頭=膜拜. 2020년 10월 9일 한글날에 적는다.

〔詩原文〕 53

抵抗精神
저항정신

不得摧眉是丈夫
安能肝膽棄阿諛
伯夷叔齊采薇憶
圃隱訥翁招架鋪
부득최미시장부
안능간담기아유
백이숙제채미억
포은눌옹초가포

〔시해석〕

저항정신

권세에 고개를 숙일 수 없고 허리를 구부릴 수 없는 것이 대장부의 삶이니
어찌 능히 진실한 마음을 내버리고 아부하고 아첨하겠는가
백이와 숙제가 고사리 캐먹던 일 잊지 않으며
정몽주선생과 성삼문선생의 저항정신을 세상에 펴리라

〔平仄構成〕

詩의 平仄構成은 仄仄平平仄仄平 平平平仄仄平平 仄平仄仄仄平仄 仄仄仄平平仄平으로 되어있다. 詩는 仄起式 七言絶句다. 그리고 詩는 韻字는 上平聲 七 虞韻을 썼는데 韻脚은 夫와 諛와 鋪이다. 그리고 3句와 4句에서는 孤平拗救가 쓰였는데 本來 3句의 下三字는 平平仄이어야 하는데 仄平仄으로 되어, 卽 采薇憶으로 되어, 5字의 平字가 毁損되었다. 그래서 4句의 5字는 本來 仄字여야 하는데 平으로 바뀌서, 卽 招로 바뀌서, 毁損된 平을 回復시켰다. 이로써 合律이 된다. 不得은 '할 수가 없다' '해서는 안 된다'의 뜻이다.

〔작법감상〕

사람이라면 옳고 그름에 대한 분별이 있어야 하고 옳음을 지키려는, 그름을 거부하려는, 抵抗의 精神이 늘 요청되지 않을까? 물론 權貴에 저항한다는 것은 결코 쉬운 일이 아닐 것이다. 가지가지 손실이 있을 것이며 때로는 목숨이 위태롭기까지 하다. 그러나 각각 나름의 저항정신이 각계각층에 에오라지 살아있어야 그 사회와 국가가 건강하다. 역사에 그런 저항의 師表로 삼을 사람들이 어디 한둘이겠는가마는 시에서는 부득이 伯夷와 叔齊 鄭夢周와 成三問 4인을 예로 들었다. 그분들을 기억하고 그분들의 실천을 세상에 펴겠노라고 선언하였다. (나는 개인적으로 우리 역사에서 不義에 항거하고 國難에 헌신한 先人을 칭송하는 일은 더욱 크게 진작할 일이지만 부끄러운 자취의 일단을 보여주었던 것은, 말하자면 親日行爲 따위는, 나서서 잊고 용서할 일이라고 생각하고 있다. 不念舊惡!! 내게 대통령이나 임금의 직위가 주어진다면 나는 반드시 그렇게 할 것이다. 그리고 그 통치행위에 대한 역사의 심판대에 오를 것이다.): '권력이 있고 신분이 높은 사람에게 고개를 숙일 수 없고 허리를 구부릴 수 없는 것이 대장부가 추구하여야 할 삶이라 어찌 능히 진실한 내 속마음을 져버리고 아부하고 아첨하겠는가. 백이와 숙제가 節義를 지켜 수양산에서 고사리 캐먹던 일을 잊지 않을 것이며 고려를 지키려 不事二君을 외친 정몽주선생과 조선 초 수양대군의 悖倫과 暴政을 꾸짖은 성삼문선생의 저항정신을 세상에 펴리라.' 이 시의 출발은 李太白의 시 "夢遊天姥吟留別 꿈속에서 천모산에 놀면서 이별의 시를 읊는다"를 읽고서다. 그런데 淸 王琦는 "李太白詩集注 이태백의 시를 모아 주를 달다"에서 이백 시 가운데 '惟覺時之枕席 失向來之煙霞 꿈에서 깨니 때는 베개와 자리만 있을 뿐 여지껏 좋았던 안개와 노을은 사라져버렸더라'가 가장 힘이 있다고 하고, 現代 喩守眞은 "唐詩三百首詳析 당시삼백수를 상세하게 분석함"에서 '世間行樂亦如此 古來萬事東流水 세상의 즐거움 또한 이와 같으니 예로부터 온갖 일 동쪽으로 흘러가는 물과 다름이 없으리라'가 주가 되는 취지라고 말하고 있다. 나는 시의 맨 끝자락 '安能摧眉折腰事權貴 使我不得開心顔 어찌 능히 머리를 숙이고 허리를 굽혀 권신과 귀인을 섬겨서 나로 하여금 마음과 얼굴을 펼 수 없게 하겠는가'가 紅塵의 名利에 저항하는 Main Point라고 보고자 하는 것이다. 九言으로, 결론부분에서 말하고 있고, 강한 자유의 저항을 노골하게 밝혔고, 이백이 조정에서 쫓겨난 후 바로 쓴 것이어서 더욱 그렇다. 정몽주 丹心歌: '이 몸이 죽고 죽어 일백 번 고쳐 죽어 백골이 진토 되어 넋이라도 있고 없고 임 향한 一片丹心이야 가실 줄이 있으랴.' 성삼문 絶義歌: '이 몸이 주거 가서 무어시 될꼬하니 봉래산 제일봉에 낙락장송 되야이셔 백설이 만건곤할 제 獨也青青하리라.' 2020. 10. 16.

〔詩原文〕 54

自由人
자 유 인

放浪者是自由人
拘束堤防形式嗔
月白風淸秋夜色
行雲流水旅程親
방 랑 자 시 자 유 인
구 속 제 방 형 식 진
월 백 풍 청 추 야 색
행 운 유 수 여 정 친

〔시해석〕

자유인

방랑자는 곧 자유인이니
구속을 경계하고 형식을 꾸짖는다
달 밝고 바람이 선선한 가을의 야경에
떠도는 구름처럼 흐르는 냇물처럼 자유로운 여행길 사랑한다

〔平仄構成〕

詩의 平仄構成은 仄平仄仄仄平平 平仄平平平仄平 仄仄平平平仄仄 平平平仄仄平平으로 되어있다. 詩는 平起式 七言絶句다. 그리고 詩는 上平聲 十一 眞韻을 썼는데 韻脚은 人과 嗔과 親이다.

〔작법감상〕

나는 自由人(free man)이고 싶지만 自然人(natural man)이 되는 것은 원치 않는다. 사회 공동체 안에서 自意로 사람들과 부대끼며 喜怒哀樂을 경험하는 것은 백번 좋아도, 또 힘이 닿는다면 이웃의 고통에 나누고 기꺼이 위로할 생각이지만, 自意로 사회를 떠나서 산천에 은거하는 것은 싫다. 사람들과 함께 머리를 맞대며 현실의 문제를 풀고 싶어도 사람세상을 떠나서, 물리적으로 인간문명을 거부하거나 멀리하고서, 고즈넉이 자연에 머무는 것은 반대다. 자신이 원해서 깊은 산속에 살거나 무인도에 살거나 극지방에 가서 이글루(Igloo) 눈 집 짓고 사는 것을 누가 뭐라 하겠는가 마는... 그래서 나는 사회현실속의 자유를 추구하며 현실이 강제하는 구속이나 굴레나 형식이나 틀을 벗어나려는, 필요하면 저항하는, 자유인이 되고자 하는 것이다. 그렇다면 行雲流水와 같은 放浪의 삶이 때때로 이상적이지 않을까?: '放浪者는 自由民이니 구속을 경계하고 형식을 꾸짖는다. 淸風明月 가을밤에 떠도는 구름처럼 흐르는 냇물처럼 자유로운 여행의 路程 사랑할진저...' 돌이켜보면 나는 3번 자유를 크게 경험하였다. 중고등학교 다닐 때는 머리도 깎고 교복도 입고 있어서 감히 다방이며 술집이며 성인영화관에 갈 수가 없었다. 喫煙도 곤란하였다. 활동영역이 극히 제한되어 있었던 셈이다. 그런데 웬일인가, 대학생이 되니 갑자기 이런 통제들이 순식간에 사라진 것이다. 자유의 光明天地가 도래한 것이다. 일시에 사람들이 바뀌어 나를 성인으로 대하면서 존댓말을 써주고 담배를 피워도 나무라지 않고 술집에 들러도 좋은 손님으로 반겨주었다. 그 대접이 하도 신기하고 감격스러워서 하루저녁에 술집을 여러 곳 다니면서 생생히 확인하였다. 신촌시장에 선술집이 30여개가 쭉 나열해 있었는데 어른 대학생 손님으로 대우하는 것이 너무 뿌듯해서 한집에 오래 머물지 않고 30-40분정도만 머물면서 하루저녁에 여러 집을 쏘다니면서 여러 번 환대를 즐겼다. 대학 1학년 봄을 그렇게 보냈다. 몇 해가 지나서 복학 중에 1979년 10.26사건이 터졌다. 철권통치가 무너졌다. 학교가 문을 닫았다가 이듬해 봄에 열었다. 짧았던 자유의 봄날이었다. 아침 일찍 등교하는데 北嶽山에서 차가운 바람이 불어왔다. 여느 해의 봄바람과 뭐가 달랐겠는가마는 내게는 너무도 색다른 시원한 자유의 바람이었다. '아, 이렇게도 자유스러운 세상도 있었구나!' 그 기분이 너무너무 좋아서 강의실 가까이 갔다가 뒤돌아서 다시 학교를 나갔다가 다시 등교하면서 자유의 바람을 만끽했다. 그 해 봄날의 등교는 자주 그런 식으로 하였다. 그래도 전혀 싫증이 나지 않았다. 그리고 세 번째 자유는 한 참 세월이 흐른 후 대학에서 은퇴하고 나서 누린 자유다. 아, 어찌 이 자유의 맛을 글로 다 표현할 수 있으랴! Beyond Description! 은퇴의 날이 새자마자 아침 일찍 나는 정처 없이 길을 나섰다. 밤늦도록 이곳저곳 정신없이 쏘다녔다. 서울 도성을 웃으면서 콧노래하면서 온종일 돌아다닌 것이다. 사랑하는 서울 사랑하는 종로 그리고 을지로 충무로 청계천 청량리... 自由主義를 공부하게 된 것이 이런 경험들과 무관할까? 인생에는 참 묘한 면이 있다. 2020. 10. 17.

〔詩原文〕 55

憶范蠡公
억범려공

先事人如天自期
解難勝任是男兒
利他主義最高善
范蠡共榮無盡祇
선사인여천자기
해난승임시남아
이타주의최고선
범려공영무진지

〔시해석〕

범려공을 생각하다

앞서 사람을 하늘과 같이 섬기기로 스스로 약속하였으니
이웃의 어려움을 기꺼이 도맡아 해결하는 것이 대장부다
이타주의가 최고선이려니
월나라 범려공의 공존공영의 정신을 무궁무진히 존경하노라

〔平仄構成〕

詩의 平仄構成은 平仄平平平仄平 仄平仄仄仄平平 仄平仄仄仄平仄 仄仄仄平平仄平으로 되어있다. 詩는 仄起式 七言絶句다. 그리고 詩는 韻字는 上平聲 四 支韻을 썼는데 韻脚은 期와 兒와 祗이다. 그리고 3句와 4句에서는 孤平拗救가 쓰였는데 本來 3句의 下三字는 平平仄이어야 하는데 仄平仄으로 되어, 卽 最高善으로 되어, 5字의 平字가 毁損되었다. 그래서 4句의 5字는 本來 仄字여야 하는데 平으로 바뀌서, 卽 無로 바뀌서, 毁損된 平을 回復시켰다. 이로써 合律이 된다.

〔작법감상〕

水雲 崔濟愚가 教祖인 天道教의 宗旨는 人乃天의 天人合一의 事人如天이다. 우리시대 유행하는 自由主義(Liberalism)의 표현으로는 나 아닌 이웃 사람에 대한 사랑과 존경(Love & Respect) 정도일 것이다. 많이 거슬러 올라가면 國祖 檀君王儉의 弘益人間과도 상당량 맞닿는다. 내가 事人如天이라는 宣言을 좋아하고 宣言에 자랑스러워하는 이유다. 詩史에서는 이를 실천한 사람으로서, 사람이 여럿 있을 것이나 기중, 春秋戰國時代 越나라에서 句踐을 도운 范蠡라는 인물이 얼른 떠오른다. 나는 무엇보다도 그를 利他主義의 전형이요 共存共榮의 실천가로 평가하고 있어서다. 그의 삶의 一代記를 진심으로 존경한다: '앞서서, 천도교에서도 말하듯이, 한울님을 공경하듯 사람도 그와 같이 공경하고 섬기기를 스스로 약속하였으니 이웃의 어려움을 기꺼이 도맡아 푸는 것이 남아 대장부의 마음가짐이다. 利他主義(altruism)가 最高善(summum bonum)이니 이를 실천한 춘추시대 월나라 將軍이자 宰相이자 巨商인 범려공의 共存共榮(the principle of live-and-let-live)의 정신을 공경하고 존경한다.' 시 제목 "憶范蠡公"에서 보듯 憶은 생각한다, 기억한다, 잊지 않는다, 그리워한다 등을 의미하는 시어로 자주 등장한다. 王昌齡의 "同從弟南齋玩月憶山陰崔少府 사촌 아우와 함께 남재에서 달을 감상하며 산의 북쪽 편에 있는 최소부를 생각한다"에서 憶이 쓰이고, 王維의 "九月九日憶山東兄弟 구월 구일 날 산동의 형제를 생각하며"에서도 憶이 쓰이고, 杜甫의 "月夜憶舍弟 달밤에 아우를 생각한다"에서도 憶이 쓰이고, 李白의 "夜泊牛渚懷古 우저에서 밤에 숙박하며 옛 자취를 돌이켜 생각함"의 '登舟望秋月 空憶謝將軍 배에 올라 가을 달 바라보니 공연히 사장군이 생각난다'는 싯구에서도 憶이 등장한다. 그리고 기약하다, 약속하다는 표현의 시어 期는 특히 이백의 시에 곧잘 보인다. 李白의 "月下獨酌 달빛 아래서 혼자 술을 마신다"에 期가 보인다: '永結無情遊 相期邈雲漢 세상의 정에 얽매이지 않는 우정 영원히 맺어 저 먼 은하수에서 다시 만날 것을 기약하자.' 역시 이백의 "廬山謠寄盧侍御虛舟 여산의 노래를 시어사 노허주에게 부친다"에 期가 또한 보인다: '先期汗漫九垓上 願接盧敖遊太清 앞서 아득한 구천에서 만나자고 약속하였으니 노오를 영접하여 하늘 끝에서 노닐기를 바라노라.' 그리고 杜牧의 "題烏江亭 오강정에서 시를 짓다"에 是男兒가 있다: '勝敗不可兵家期 包羞忍恥是男兒 승패는 병가에 기약할 수 없는 것이니 수치를 안고 부끄러움을 참는 것이 대장부라.' 독립운동가 李範奭 장군이 쓴 싯구가 어느 미술품 경매에 나왔는데 是男兒가 있었다. 文獻에 찾을 수 없어서 그의 獨創으로 보인다: '臨難不屈是男兒 난국에 처하여 굴하지 않는 것이 사나이 대장부라.' 2020. 10. 22.

〔詩原文〕 56

世間行樂
세간행락

涉世單行勿弄詼
一場春夢莫傷哀
人生享樂東流水
永劫時間不復回
섭세단행물농회
일장춘몽막상애
인생향락동류수
영겁시간불부회

〔시해석〕

세상의 즐거움

세상살이 한번가면 끝이라고 조롱하며 비웃지 말고
한바탕의 꿈과 같이 덧없다고 가슴아파하며 슬퍼하지도 말라
인생에 즐거움을 누림은 동쪽으로 흐르는 물과 같아서
영겁의 시간 다시 돌아오지 않는다오

〔平仄構成〕

詩의 平仄構成은 仄仄平平仄仄平 仄平平仄仄平平 平平仄仄平平仄 仄仄平平仄仄平으로 되어있다. 詩는 仄起式 七言絶句다. 그리고 詩는 韻字는 上平聲 十 灰韻을 썼는데 韻脚은 詼와 哀와 回이다.

〔작법감상〕

세상의 즐거움이 一回性 直進行이라고, 또 南柯夢의 헛된 꿈에 불과하다고, 비웃지도 슬퍼하지도 말라. 世間行樂은 東流水와 같으니 영원히 不復返이라오. 諦念이자 達觀이지만 동시에 우주의 정해진, 되돌릴 수 없는, 大前提(Large Fact)에의 긍정적 順命과 受容을 말하는 것이리라. 19c 미국시인 Henry Wadsworth Longfellow의 "인생찬가(A Psalm of Life)"의 싯구절이 떠오른다. 'Tell me not, in mournful numbers, Life is but an empty dream. Life is real! Life is earnest! 인생은 한낱 헛된 꿈에 지나지 않는다고 슬픈 곡조로 내게 말하지 말라. 인생은 진지한 것! 인생은 진실 된 것!': '세상살이 한번가면 끝이라고 조롱하며 비웃지 말고 또 한바탕의 꿈과 같이 덧없다고 가슴아파하며 슬퍼하지도 말라. 인생의 즐거움은 동쪽으로 흐르는 강물과 같아서 영원히 다시 돌아오지 않나니.' 일찍이 필자 黃白沙가 쓴 시에 비슷한 주제의 "人生單行道遺憾 인생단행도 유감스럽다"가 있다: '涉世誤差茶飯事 回歸改善幾多尋 人生足悔之無及 行路單行道歎忱 세상을 살아나감에 잘못과 실수는 예사롭게 있는 일인데 과거로 돌아가서 얼마만큼이나 잘못을 고치고 바로잡을 수 있는가. 인생살이 가득히 후회가 막심하거늘 인생행로 단 한 번 가는 길이라 하니 유감천만이로세.' 盛唐 李白의 "夢遊天姥吟留別 꿈속에서 천모산에서 놀면서 이별을 노래하다"에 東流水가 나온다: '世間行樂亦如此 古來萬事東流水 세상에서 즐기는 것 또한 이와 같으니 고래로 온갖 일이 동쪽으로 흐르는 물과 같다.' 역시 李白의 다른 시 "金陵酒肆留別 금릉 술집에서 시를 써서 남겨주고 떠나다"에도 東流水가 나온다: '請君試問東流水 別意與之誰短長 청하노니 그대들은 시험 삼아 동류수 동쪽으로 흐르는 강물에게 물어보라 내 이별의 정과 동류수 중 누가 길고 짧은가를... 내 이별하는 마음이 더 길다!' 그리고 不復返이나 不復回나 不復還은 의미상 상통한다. 盛唐 崔顥의 "黃鶴樓"에 不復返이 있다: '黃鶴一去不復返 白雲千載空悠悠 황학은 한번 가서 다시 돌아오지 않고 흰 구름만 천년토록 부질없이 유유히 떠도네.' 盛唐 李白의 또 다른 시 "將進酒 술을 올려 권함"에 不復回가 있다: '君不見 黃河之水天上來 奔流到海不復回 그대는 보지 못하는가 황하의 강물이 하늘에서 내려와 내달리듯 빠르고 세차게 흘러 바다에 이르면 다시 돌아오지 못하는 것을...' 19c 일본 승려 月性和尙의 "將東遊題壁詩 동쪽으로 유랑을 떠나감에 지어 벽에 쓴 시"에 不復還이 있다: '男兒立志出鄕關 學若不成不復還 남아가 뜻을 세워 고향의 관문을 나서니 학문을 이루지 못하면 돌아오지 않으리. 2020. 10. 23. 서리가 내리기 시작하는 霜降에 쓴다.

〔詩原文〕 57

秋日送人
추일송인

日暮秋寒空蕩街
棧房檐下滿喈喈
每番盡盞留冀意
一擧十觴班厭懷
會者定離眞實數
有辭無返至高乖
平明分袂自玆去
各在相思天哪涯
일모추한공탕가
잔방첨하만개개
매번진잔유기의
일거십상반염회
회자정리진실수
유사무반지고괴
평명분몌자자거
각재상사천나애

〔시해석〕

가을날 벗을 보내며

가을 찬 기운이 내려앉은 해질녘 거리는 텅 비어있고
주막 선술집 처마 밑에는 새들 우는 소리만 가득하다
번번이 술잔을 비우는 것은 내가 머물러주기를 바라는 그대의 뜻이요
술 잔 한 번 들어 연거푸 열 잔을 따라주는 것은 그대와의 이별을 싫어하는 나의 마음이라
만나면 헤어지기 마련이라면 그것은 우리 현실세계의 운명이요
한번가면 돌아오지 않는다면 그것은 우리 이상세계의 어긋남이리라
날이 밝아 옷소매 놓으면서 여기서 떠나가면
제각기 어느 하늘 끝에서 서로 그리워하겠지

〔平仄構成〕

詩의 平仄構成은 仄仄平平平仄平 仄平平仄仄平平 平平仄仄平仄仄 仄仄仄平平仄平 仄仄仄平平仄仄 平平仄仄仄平平 平平平仄仄平仄 仄仄平平平仄平으로 되어있다. 詩는 仄起式 七言律詩다. 그리고 詩는 韻字는 上平聲 九 佳韻을 썼는데 韻脚은 街와 喈와 懷와 乖와 涯이다. 그리고 3句와 4句에서는 雙拗가 쓰였는데 本來 3句의 下三字는 平平仄이어야 하는데 平仄仄으로 되어, 卽 留冀意로 되어, 5字의 平字가 毁損되었다. 그러므로 4句의 5字는 本來 仄字여야 하는데 平으로 바뀌서, 卽 班으로 바뀌서, 毁損된 平을 回復시켰다. 이로써 合律이 된다. 그리고 7句와 8句에서는 孤平拗救가 쓰였는데 本來 7句의 下三字는 平平仄이어야 하는데 仄平仄으로 되어, 卽 自玆去로 되어, 5字의 平字가 毁損되었다. 그러므로 8句의 5字는 本來 仄字여야 하는데 平字로 바뀌서, 卽 天으로 바뀌서, 毁損된 平을 回復시켰다. 이로써 亦是 合律이 된다. 그리고 中央四句의 下三字는 前聯과 後聯의 境遇에 文法構造를 다르게 配置하여 意味上 各各 留 冀 意, 班 厭 懷 그리고 眞實 數, 至高 乖로 읽히게 되어 四言一法 忌避의 原則을 따라서 平板을 避하고 錯綜을 지켰다. 그러나 詩의 韻을 달지 않은 仄聲字 곧 意, 數, 去는 次例로 入聲 入聲 入聲으로 所謂 四聲遞用의 法則을 지키지 못하여 遺憾스럽다.

〔작법감상〕

가을날 벗을 떠나보내며 別離의 感慨를 景이나 實보다는 情과 虛를 중심으로, 곧 "三體詩"의 '四虛'로, 그려낸 것이다. 首聯은 쓸쓸한 송별장면의 묘사다. 늦가을의 寒氣가 가득한 거리는 텅 비어 荒凉하고 술집 酒樓 처마 밑에는 추위에 떠는 歸巢한 새들의 지저귐이 소란스럽다. 頷聯은 오순도순 술을 주고받는 모습이다. 거푸 잔을 비우니 가지 말라는 뜻이요 술잔을 들면 열 잔을 채우니 떠나고 싶지 않은 마음이다. 그러나, 頸聯에서는, 相逢과 離別이 우리의 運命이며 헤어지면 돌아오기 어렵다는 것을 모르지 않으니 애가 탄다. 그러므로, 尾聯에서, 이제 떠나면 서로 하늘 끝에서 그리워할 뿐이라고 茫然自失하는 것이다. '그리워하는데도 한 번 만나고는 못 만나게 되기도 하고, 일생을 못 잊으면서도 아니 만나고 살기도 한다.' 白居易의 시에 마침 "秋寒 가을의 한기"가 있다: '雪鬢年顔老 霜庭景氣秋 센 귀밑털 늙은 얼굴의 연령이요 서리 내린 마당 가을의 기운이라.' 李白의 시 "金陵酒肆留別 금릉 주막에서 이별하다"에 盡觴이 있다: '金陵子弟來相送 欲行不行各盡觴 금릉의 자제들 전송하러 나와서는 내가 가려면서도 떠나가지 못하니 제각기 술잔만 비운다.' 杜甫의 "贈衛八處士 위팔처사에게 드리다"에 一擧十觴이 나온다: '主稱會面難 一擧累十觴 주인은 얼굴 보기 어렵다며 단번에 열 잔이나 따라주네.' 白居易의 "與元微之書 미지 원진에게 쓰다"에 乖隔이 나온다: '牽攣乖隔 各欲白首 그리워하면서 나뉘어져 제각각 머리만 세어가고 있네.' 杜牧의 시 "贈別 헤어짐에 드리다"에 天明이 보인다: '蠟燭有心還惜別 替人垂淚到天明 촛불도 마음이 있어 도리어 이별을 아쉬워하는지 사람을 대신해 눈물 흘려 새벽녘에 이르네.' 王維의 "相思 그리워라"에 最相思가 보인다: '願君多采擷 此物最相思 원컨대 그대여 많이 따소서 이 물건이 가장 큰 그리움을 낳는다오.' 作者未詳의 "古詩十九首 고시십구수"에 各在天一涯가 있다: '相去萬餘里 各在天一涯 그대 만 여리의 길 가시면 우리 서로 하늘 끝자락에 있으리라.' 2020. 11. 4.

〔詩原文〕 58

行行重行行
행행중행행

一去不回安可期
庶幾努力飯餐炊
擬除割思思還思
欲忘銷悲悲更悲
일거불회안가기
서기노력반찬취
의제할사사환사
욕망소비비갱비

〔시해석〕

가시고 또 가시니

한번 가면 다시 돌아오지 않으니 어떻게 훗날을 기약할 수 있겠습니까
부디 식사나 애써 잘 하시기를 바랄 뿐입니다
지워버리려 그리움을 잘라내도 그리움은 도리어 그리움이고
잊어버리려 슬픔을 녹여내도 슬픔은 더욱 슬픔인 것을

〔平仄構成〕

詩의 平仄構成은 仄仄仄平平仄平 仄平仄仄仄平平 仄平仄仄仄平仄 仄仄平平平仄平으로 되어있다. 詩는 仄起式 七言絶句다. 그리고 詩는 韻字는 上平聲 四 支韻을 썼는데 韻脚은 期와 炊와 悲이다. 그리고 3句와 4句에서는 孤平拗救가 쓰였는데 本來 3句의 下三字는 平平仄이어야 하는데 仄平仄으로 되어, 卽 思還思로 되어, 5字의 平字가 毁損되었다. 그래서 4句의 5字는 本來 仄字여야 하는데 平으로 바뀌서, 卽 悲로 바뀌서, 毁損된 平을 回復시켰다. 이로써 合律이 된다.

〔작법감상〕

無名氏의 古詩 "古詩十九首 고시십구수"에 '行行重行行' 곧 '가고 가고 또 가고 가네'라는 싯구의 표현이 있다. 위 시의 제목을 그곳에서 빌려 베낀 것이다. 낭군을 전쟁터에 보낸, 그래서 살아생전에 다시 만날 날이 아득한, 아낙의 哀訴를 노래한 것으로 推定(?)하는데 그 심정을 좀 더 확장하여 절실하게 묘사해 본 것이다. 李白의 古詩 "宣州謝朓樓餞別校書叔雲 선주 사조루에서 교서랑 숙운을 잔치를 베풀어 작별함"이 이 묘사에, 전개된 이별의 상황은 좀 다르지만, 실질적 도움을 주고 있다. 起句와 承句에서는, 장면설치로서, 떠나버린 임이 돌아오지 않는다 해도 마음을 추스르며 견딜 요량을 적었다. 오히려 임께서 잘 지내시기를 바라는 마음이다. 그러나 轉句와 結句에서는, 변화와 결론이 되면서, 그리움과 서글픔을 기어이 이겨내려는 심정적 격정적 토로가 이어진다: '有去無回라더니 한번 가면 다시 돌아오지 않으니 어떻게 훗날 만남을 기약할 수 있으랴 다만 부디 바라건대 음식을 잘 드셔서 건강하시라. 잊으려 지워버리려 그리움을 잘라내도 그리움은 도리어 그리움이요 까맣게 잊어버리려 슬픔을 녹여내도 슬픔은 더욱 슬픔일 뿐입니다.' 이별의 아픔을 감수하고자 하는 절제된 여인의 심사가 잘 표출된 우리에게 널리 알려진 素月 金廷湜의 시 "진달래꽃"이 문득 떠오른다: '나 보기가 역겨워 가실 때에는 말없이 고이 보내 드리우리다 영변에 약산 진달래꽃 아름 따다 가실 길에 뿌리우리다 가시는 걸음걸음 놓인 그 꽃을 사뿐히 즈려밟고 가시옵소서 나 보기가 역겨워 가실 때에는 죽어도 아니 눈물 흘리우리다.' 최용식이 작사작곡하고 유심초가 부른 유행가 "사랑이여"도 마침 생각난다: '아 사랑은 타버린 불꽃 아 사랑은 한줄기 바람인 것을 아 까맣게 잊으려 해도 왜 나는 너를 잊지 못하나 오 내 사랑 오 내 사랑 영원토록 못잊어 못잊어.' 無名氏의 "古詩十九首"는 노래한다: '思君令人老 歲月忽已晩 棄捐勿復道 努力加餐飯 그대 생각함이 나를 늙게 하니 세월은 돌연 이미 늦었다오 내가 버려진 것은 다시는 말하지 않을 것이나 부디 애써서 식사나 잘 하십시오.' 李白의 "宣州謝朓樓餞別校書叔雲"은 또한 노래한다: '抽刀斷水水更流 擧杯消愁愁更愁 人生在世不稱意 明朝散髮弄扁舟 칼을 뽑아 물을 끊어도 물은 다시 흐르고 술을 들어 마셔 시름을 씻어도 시름은 더욱 시름일세 사람이 세상을 살아감에 마음에 부합하지 않으니 내일 아침이면 머리를 풀어 헤치고 조각배 띄워 놀리라.' 2020년 11월 8일 일요일 7시에 기상하니 뉴욕에서 滿洲가 Joseph Biden의 대통령 당선 소식을 문자로 보내왔다. 생생한 거리의 民意의 喊聲까지... 자고 일어났더니 세상이 바뀌었다.

〔詩原文〕 59

胡應麟
호응린

五車棲隱集中論
詩藪文章今古彬
漠漠荒原獨行子
終身勝負對紅塵
오거서은집중논
시수문장금고빈
막막황원독행자
종신승부대홍진

〔시해석〕

호응린

다섯 수레에 사만여권의 서적을 싣고 은거하여 집중적으로 사리를 논하니
비평서 시수의 문장은 동서고금에 빛나게 되었다
광막한 황원에 혼자서 나갔던 단단한 사나이
평생토록 세속의 명리에 맞서서 정면 승부하였다

〔平仄構成〕

詩의 平仄構成은 仄平平仄仄平平 平仄平平平仄平 仄仄平平仄平仄 平平仄仄仄平平으로 되어있다. 詩는 平起式 七言絶句다. 그리고 詩는 上平聲 十一 眞韻을 썼는데 韻脚은 論과 彬과 塵이다. 그리고 3句의 下三字에서는 單拗가 쓰였다. 本來 轉句 下三字의 平仄의 構成은 平仄仄인데 仄平仄이 되어, 卽 獨行子로 되어, 5字에서 毁損된 平字를 6字에서 回復한 것이다. 이는, 下三字에 孤平現象이 發生하였으나 挾平格으로 肯定的으로 看做하며, 本句 自救의 方法으로 合律이 된다.

〔작법감상〕

漢詩史에서, 더욱이 漢詩評史에서, 明나라 胡應麟(1551-1602)은 우뚝 선다. 그의 詩 批評은 考證이 精密하고 品評이 的確하다고 定評이 나있다. 내 개인적으로도 근 20년 시 공부를 하면서 알려진 시 평서 "詩藪"를 통해서 때때로 그를 접하였는데 수시로 감동을 받은 바 있다. 대체로 南宋의 嚴羽의 "滄浪詩話"와 清나라의 沈德潛의 "唐詩別裁集"과 胡應麟의 "詩藪"를 한시사의 3대 비평서로 꼽는데 나로서는, 앞서 말한 精密 的確 뿐만 아니라 修辭와 論理에서도, 호응린이 壓卷이다. 그는 젊은 날 과거에 몇 차례 응시하였으나 실패하고 혼탁한 세상에 실망한 나머지 스스로를 위로하고 추스르며 獨步의 길을 가기로 작심한다. 세상사와 결별하고 인류역사와의 眞劍勝敗를 선택한 것이다. 다섯 수레에, 소위 '五車'에, 사만여 권의 책을 싣고 미지의 세계를 향하여 산속에 칩거하여 홍진의 썩은 명리와 시세계의 혼돈과 미명에 맞서 싸워 마침내 큰 빛을 발하였다: '다섯 수레에 사만여권의 서적을 싣고 세상을 피하여 깊은 산중에 들어가 혼신을 다하여 집중적으로 시세계의 事理를 밝히니 그의 비평서 詩藪의 문장은 동서고금에 빛나게 되었다. 아득히 너른 벌판에 혼자서 당당히 갔던 사나이 종신토록 세속의 명리에 맞서서 정면으로 승부하였더라.' 호응린은 "詩藪"에서 杜甫의 시 "登高"를 다음과 같이 평가한 적이 있다: '此章五十六字 如海底珊瑚 瘦勁難移 沈深莫測 而精光萬丈 力量萬鈞 通常章法 句法 子法 前無昔人 後無來學 此當爲古今七言律 第一 不必爲 唐人七言律 第一 이 글 56자는 바다 밑바닥 산호와 같아서 여위나 굳세어 옮기기 어렵고 잠기나 깊어서 헤아릴 수가 없다. 그래서 정광은 만장의 길이요 역량은 만균의 무게라. 예사로운 장법 구법 자법이라도 앞에는 옛사람이 없고 뒤로는 배울 자가 없으니 이는 마땅히 고금 칠언율의 제일이 되어야 하며 반드시 당인 칠언율의 제일이 되는 것만은 아닐 것이다.' 唐의 張繼의 "楓橋夜泊"의 구절 '姑蘇城外寒山寺 夜半鐘聲到客船 고소성 밖 한산사의 한밤에 치는 종소리가 나그네 뱃전에 들려오네'가 宋에 와서 논란이 되었다. 선배 歐陽脩가 야밤은 종을 치는 때가 아니라고 꾸짖자 후배 葉夢得은 吳 지방은 산사에서 실제로 야밤에 종을 친다고 꼬집었다. 호응린은, 역시 "詩藪"에서, 그들 愚論을 싸잡아 비판하였다: '張繼夜半鐘聲到客船 談者紛紛 皆爲昔人愚弄 詩流借景立言 惟在聲律之調 興象之合 區區事實 彼豈暇計 無論半夜是非 卽鐘聲聞否 未可知也 장계의 야반종성도객선 싯구절을 두고 말하는 사람들이 많은데 모두가 옛사람을 우롱하는 것이다. 시인들은 경물을 빌려 말을 하니 성률이 조화하고 홍상이 합치하는가에 달려 있을 뿐이리라. 자잘한 사실을 어찌 어느 겨를에 따지랴. 반야의 잘잘못 곧 종소리가 들리는지의 여부는 물론 알지 못하겠다.' 2020. 11. 15.

〔詩原文〕 60

西原牧夫口笛
서원목부구적

西部草黃驄正肥
天高照夜牧童飛
夕昏荒野帶禽鳥
口笛長歌閑適歸
서부초황총정비
천고조야목동비
석혼황야대금조
구적장가한적귀

〔시해석〕

서부 목동의 피리소리

서부 초원의 풀이 누렇게 변하면 총이말은 바야흐로 살이 찌는 때라
가을 하늘은 높아 목동은 천리마 조야를 타고 쏜살같이 질주하는구나
해질녘 거친 들판에 사냥한 날짐승 허리에 차고
휘파람 길게 노래하며 한가로이 유유자적하며 돌아오네

〔平仄構成〕

詩의 平仄構成은 平仄仄平平仄平 平平仄仄仄平平 仄平平仄仄平仄 仄仄平平平仄平으로 되어있다. 詩는 仄起式 七言絶句다. 그리고 詩는 韻字는 上平聲 五 微韻을 썼는데 韻脚은 肥와 飛와 歸이다. 그리고 3句와 4句에서는 孤平拗救가 쓰였는데 本來 3句의 下三字는 平平仄이어야 하는데 仄平仄으로 되어, 卽 帶禽鳥로 되어, 5字의 平字가 毁損되었다. 그래서 4句의 5字는 本來 仄字여야 하는데 平으로 바꿔서, 卽 閑으로 바꿔서, 毁損된 平을 回復시켰다. 이로써 合律이 된다.

〔작법감상〕

미국 유타(Utah)에서 유학하며 취미로 운동 삼아서 乘馬를 여러 해 하였다. 어느 해 가을에는 벗들과 유타주 아래 아리조나주에까지 원정 승마를 갔는데 그곳에서 競走馬로 뛰다가 바로 은퇴한 말을 타고 질주해 본 적이 있었다. 정말 난다(飛)는 느낌이었다. 괜히 좀 과시하려고 Bareback(안장을 안 깔고 맨 말을 타는 것)을 했다가 아찔한 위험 순간도 있었다. 그때 서부 牧人들의 삶을 잠시나마 눈여겨 볼 수 있었는데 참으로 한가롭고 때 묻지 않은 生活相이었다. 실제로 19세기 미국 서부의 카우보이가 하던 갖가지 말놀이에서 비롯하여 경기시합으로 발전한 것이 소위 로데오(Rodeo)라는 것이다. 로데오 경기는 카우보이들이 목장에서 중요한 가축몰이 일을 끝내고서, 말을 타고 소를 묶는 일이나, 반항하는 야생마를 길들이는 것이나, 총을 쏘는 솜씨 등으로 기량을 겨루는 데서 시작되었다. 지금은 미국 전역에서 행해지는 인기 있는 관전 스포츠경기다. 그러므로 위 시는 그들의 그런저런 소박하고 평화로운 일상의 단편을 추억하며 시로 옮겨본 것이다. 盛唐의 岑參의 "走馬川行奉送封大夫出師西征 병사를 내어 서쪽으로 정벌에 나선 봉대부를 삼가서 보내드리며 부르는 주마천의 노래"에 馬正肥가 보인다: '匈奴草黃馬正肥 金山西見煙塵飛 漢家大將西出師 흉노 땅의 풀이 누렇게 시들면 말들이 살찌고 금산 서쪽에 연기와 먼지가 피어오르면 한나라 장수 서쪽으로 출병하는구나.' 역시 위 잠삼의 "走馬川行奉送封大夫出師西征 병사를 내어 서쪽으로 정벌에 나선 봉대부를 삼가서 보내드리며 부르는 주마천의 노래"에, 천리를 달리는 駿馬로 불리는 것으로 照夜 汗馬 飛黃 浮雲 五花 連錢 등이 있는데, 五花와 連錢이 보인다: '馬毛帶雪汗氣蒸 五花連錢旋作氷 幕中草檄硯水凝 말의 털에 눈이 띠하여 둘렀는데 땀기운이 증발하니 良馬 오화와 연전에는 바로 얼음이 얼어붙고 군막에서 격문을 휘갈기는데 벼룻물이 꽁꽁 얼더라.' 初唐의 王績의 "野望 들판에서 바라보다"에 帶가 나온다: '牧人驅犢返 獵馬帶禽歸 목축하는 사람은 송아지 떼 몰고 돌아오고 사냥꾼의 말은 새를 띠하고 돌아온다.' 中唐의 章孝標의 "早春初晴野宴 이른 봄날 맑게 갠 야외의 연회"에도 帶가 나온다: '梅花帶雪飛琴上 柳色和烟入酒中 매화는 눈발을 띠하고 거문고 위에 날리고 푸릇푸릇 버들 빛은 비 갠 후 안개와 함께 술잔에 들어온다.' 필자 黃白沙의 시 "晩秋金剛山下詠懷 늦가을에 금강산자락에서 느낌을 읊는다"에도 또한 帶가 나온다: '千年佛國長安寺 半夜鐘聲帶雨聞 천년 극락정토의 장안사에서 깊은 밤 종소리 빗줄기 띠를 두르고 들려온다.' 中唐의 柳宗元의 "溪居 시냇가에 살다"에 長歌가 나온다: '來往不逢人 長歌楚天碧 오가며 사람 만날 수 없고 길게 노래 부르니 초나라 하늘은 푸르러라.'
2020. 11. 16.

〔詩原文〕 61

乙支路歌奉頌高句麗大將帥乙支文德
을지로가봉송고구려대장수을지문덕

無限英豪誰不見
一麾一帥勝功名
盡忠竭力危難克
敢勇當先敵陣征
未得扳回泰平代
可憐目睹國家傾
後人追慕乙支路
千載萬年將步行
무한영호수불견
일휘일수승공명
진충갈력위난극
감용당선적진정
미득반회태평대
가련목도국가경
후인추모을지로
천재만년장보행

〔시해석〕

을지로를 노래하며 고구려 대장수 을지문덕을 받들어 기리다

청사에 무수히도 많았던 영웅호걸들 누구라서 보이지 않겠는가
임금이 하사한 대장기 깃발 쥔 한 장수가 있어서 그들의 공적과 명예를 압도하는구나
충성을 다하고 힘을 다해 나라의 위급한 난리를 이겨내려
용감무쌍하게 나아가서 적의 무리를 토벌하였으나
미처 태평의 시대를 바로잡아 회복하지 못하고
가히 종묘사직이 기울어 감을 목격하고 애석해하였다
훗사람들 을지장군 을지로 추모하며
천년만년 장차 걸으리라

〔平仄構成〕

詩의 平仄構成은 平仄平平平仄仄 仄平仄仄仄平平 仄平仄仄平平仄 仄仄平平仄仄平 仄仄平平仄平仄 仄平仄仄仄平平 仄平平仄仄平仄 平仄仄平平仄平으로 되어있다. 詩는 仄起式 七言律詩다. 그리고 詩는 韻字는 下平聲 八 庚韻을 썼는데 韻脚은 名과 征과 傾과 行이다. 그리고 5句의 下三字에서는 單拗가 쓰였다. 本來 5句 下三字의 平仄의 構成은 平仄仄인데 仄平仄이 되어, 卽 泰平代로 되어, 5字에서 毁損된 平字를 6字에서 回復한 것이다. 이는, 下三字에 孤平現象이 發生하였으나 挾平格으로 肯定的으로 看做하며, 本句 自救의 方法으로 合律이 된다. 그리고 7句와 8句에서는 孤平拗救가 쓰였는데 本來 7句의 下三字는 平平仄이어야 하는데 仄平仄으로 되어, 卽 乙支路로 되어, 5字의 平字가 毁損되었다. 그러므로 8句의 5字는 本來 仄字여야 하는데 平字로 바꿔서, 卽 將으로 바꿔서, 毁損된 平을 回復시켰다. 이로써 亦是 合律이 된다. 그리고 中央四句의 下三字는 前聯과 後聯의 境遇에 文法構造를 다르게 配置하여 意味上 各各 危難(名詞) 克(動詞), 敵陣(名詞) 征(動詞) 그리고 泰平(名詞) 代(名詞), 國家(名詞) 傾(名詞)으로 읽히게 되어 四言一法 忌避의 原則을 따라서 平板을 避하고 錯綜을 지켰다. 그러나 詩의 韻을 달지 않은 仄聲字 곧 見, 克, 代, 路는 次例로 去聲 入聲 去聲 去聲으로 所謂 四聲遞用의 法則을 지키지 못하여 遺憾스럽다.

〔작법감상〕

이는 물론 고구려 乙支文德將軍의 빛나는 盡忠報國의 偉業을 稱頌한 시인데 나로서는 처음이 아니다. 내 자신도 모르는 사이에 이 시가 을지장군과 관련하여 내가 쓴 5번째 시가 되었으니 장군에 대한 나의 敬畏와 自矜이 크다는 것을 작금 실감하게 된다. "白沙漢詩百首 1"에 七律 "高句麗大將軍乙支文德 고구려 대장군 을지문덕"이 있고, 그리고 "白沙漢詩百首 2"에 七絶 "乙支文德歌 을지문덕 장군을 노래하다," 七律 "憶乙支文德李舜臣貳將軍 을지문덕 이순신 두 장군을 생각하며," 七律 "憶乙支文德楊萬春貳將軍 을지문덕 양만춘 두 장군을 생각하며"가 있다. 그리고 위 七律詩 "乙支路歌... 을지로를 노래하며..."가 있는데 "白沙漢詩百首 3"에 장래 실릴 예정이다. 晩唐 高蟾의 "金陵晩眺 금릉에서 저녁때 바라보다"에 無限이 보인다: '世間無限丹靑手 一段傷心畵不成 세상에 유명난 화가 무한히 많다지만 한 토막의 나의 서글픈 마음을 그리지는 못하리.' 盛唐의 邊塞詩人 岑參의 "輪臺歌奉送封大夫出師西征 병사를 내어 서쪽으로 정벌에 나선 봉대부를 삼가서 보내드리며 부르는 윤대의 노래"에 誰不見과 功名과 勝이 함께 보인다: '古來靑史誰不見 今見功名勝古人 자고로 역사에 이름을 남긴 자 뉘라서 보이지 않을까 지금 보니 봉상청 대부의 공명이 죄다 옛사람을 능가하누나.' 晩唐 杜牧의 "將赴吳興登樂遊原 장차 오흥에 부임하게 되어 낙유원에 오른다"에 一麾가 보인다: '欲把一麾江海去 樂遊原上望昭陵 장군 깃발 들고 강해로 가려함에 낙유원에 올라서 소릉을 바라보네.' 中唐 文豪 白居易의 "常樂里閑居偶題十六韻兼寄劉十五公 상락리에서 한가하게 지내며 뜻하지 아니하게 십육 운으로 시를 지어 아울러 유십오공께 부친다"에 太平代가 보인다: '幸逢太平代 天子好文儒 俸錢萬六千 月給亦有余 운이 좋아 태평성대를 만나니 황제께서는 글과 선비를 좋아하셨습니다 祿俸이 일만 육천 량이라 달삯도 또한 여유가 있었습니다.' 이제 나는 바로 지금 乙支路 보행길에 나서련다. 2020. 11. 25.

〔詩原文〕 62

奉送凱旋將軍歸京
봉송개선장군귀경

衣錦榮歸雨露優
長安行樂百年遊
德音餞飮情猶倍
羌笛胡琴興自幽
山路轉回終乃發
馬蹄印跡枉然留
欲窮目見千萬里
急上一層城郭樓
의금영귀우로우
장안행락백년유
덕음전음정유배
강적호금흥자유
산로전회종내발
마제인적왕연유
욕궁목견천만리
급상일층성곽루

〔시해석〕

서울로 돌아가는 개선장군을 삼가 받들어 환송하며

금의환향하니 천자의 은혜가 넉넉하리로다
수도 장안에서 행락을 백년토록 즐기십시오
덕담을 나누고 이별의 술잔을 주고받으니 정은 오히려 배가 되고
강족의 피리소리와 호족의 거문고소리에 홍이 저절로 깊고도 간절한데
산과 길을 구르고 돌아 끝내 떠나가시니
눌린 말발굽 흔적만이 공연히 남아있구나
천리만리 끝까지 다 보려고
황급히 성곽누각을 한층 더 올라본다

〔平仄構成〕

詩의 平仄構成은 仄仄平平仄仄平 平平平仄仄平平 仄平仄仄平平仄 平仄平平仄仄平 平仄仄平平仄仄 仄平仄仄仄平平 仄平仄仄平仄仄 仄仄仄平平仄平으로 되어있다. 詩는 仄起式 七言律詩다. 그리고 詩는 韻字는 下平聲 十一 尤韻을 썼는데 韻脚은 優와 遊와 幽와 留와 樓이다. 그리고 7句와 8句에서는 雙拗가 쓰였는데 本來 7句의 下三字는 平平仄이어야 하는데 平仄仄으로 되어, 卽 千萬里로 되어, 6字의 平字가 毁損되었다. 그러므로 8句의 5字는 本來 仄字여야 하는데 平字로 바꿔서, 卽 城으로 바꿔서, 毁損된 平을 回復시켰다. 이로써 合律이 된다. 그리고 中央四句의 下三字는 前聯과 後聯의 境遇에 文法構造를 다르게 配置하여 意味上 各各 情 猶 倍, 興 自 幽 그리고 終乃 發, 枉然 留로 읽히게 되어 四言一法 忌避의 原則을 따라서 平板을 避하고 錯綜을 지켰다. 그리고 詩의 韻을 달지 않은 仄聲字 곧 倍, 發, 里는 次例로 去聲 入聲 上聲으로 所謂 四聲遞用의 法則을 오롯이 지켰다. 끝으로 衣 는 '옷'이라는 名詞인 境遇는 平聲이고 '옷을 입는다'는 動詞인 경우는 仄聲이다.

〔작법감상〕

이 시는 近者에 이르러 盛唐 岑參의 膾炙人口하는 邊塞詩 곧 "走馬川行奉送封大夫出師西征 주마천의 노래로 군사를 내어 서역 정벌에 나서는 봉대부를 삼가 받들어 송별하며"와 "輪臺歌奉送封大夫出師西征 윤대의 노래로 군사를 내어 서역 정벌에 나서는 봉대부를 삼가 받들어 송별하며"와 "白雪歌送武判官歸京 백설가를 불러서 무판관이 서울로 돌아감에 송별한다"를 내리 읽으면서 내 스스로 느꺼운 바가 실로 커서 쓴 것이다. 한 青年 장수가 변방에서 큰 위업을 이루고 황제의 부르심을 받아 서울 장안으로 돌아가는 존경하는 상관 老대장군을 송별하는 가히 아름다운 장면을 마음껏 상상하며 베껴본 것이다. 盛唐 高適의 시 "送李少府貶峽中王少府貶長沙 이소부가 협중에 좌천되고 왕소부가 장사로 좌천됨에 송별하며"에 雨露가 나온다: '聖代卽今多雨露 暫時分手莫躊躇 천자의 치세에 지금 은택이 커서 잠시의 이별일 테니 머뭇거리며 망설이지 마시게.' 盛唐 李頎의 시 "送魏萬之京 위만이 서울로 감에 전송하며"에 行樂이 나온다: '莫是長安行樂處 空令歲月易蹉跎 장안의 환락가에서 공연히 세월만 허무하게 흘러가도록 하지 마시라.' 盛唐 王維의 시 "九月九日憶山東兄弟 구월구일 산동의 형제를 생각하며"에 倍가 보인다: '獨在異鄉爲異客 每逢佳節倍思親 홀로 타향에서 나그네 되니 매번 명절을 맞을 때마다 부모형제 그리는 마음이 배가 되네.' 盛唐 岑參의 시 "白雪歌送武判官歸京 백설가를 불러서 무판관이 서울로 돌아감에 송별한다"에 羌笛과 胡琴이 보인다: '中軍置酒飮歸客 胡琴琵琶與羌笛 중군에서 술자리를 벌여서 돌아가는 나그네에게 마시게 하는데 호금과 비파와 강적의 악기소리가 울린다.' 역시 盛唐 岑參의 시"白雪歌送武判官歸京 백설가를 불러서 무판관이 서울로 돌아감에 송별한다"에 山回路轉과 馬行處가 등장한다: '山回路轉不見君 雪上空留馬行處 산 돌고 길 굴러 그대는 보이지 않고 눈 위에는 부질없이 말 발자국만 남았어라.' 盛唐 王之渙의 시 "登鸛雀樓 관작루에 올라서"에 欲窮과 更上이 등장한다: '欲窮千里目 更上一層流 천리 밖 끝까지 다 보려고 누락을 한 층 더 오른다.' 영화 "Dr. Zhivago"에서 시야에서 멀어지는 Lara를 더 보기 위해서 Zhivago가 급히 한층 위로 올라가서 유리창을 깨부수며 멍히 바라보던 모습이 불현듯 생각난다. 2020. 12. 3.

〔詩原文〕 63

暮雪
모설

西京遊樂外圍原
南浦霑巾水上村
日月如梭時迅逝
山川照舊跡猶存
訪尋往昔相逢地
回憶天眞約束言
暮向市街增暮雪
徘徊空佇大同門
서경유락외위원
남포점건수상촌
일월여사시신서
산천조구적유존
방심왕석상봉지
회억천진약속언
모향시가증모설
배회공저대동문

〔시해석〕

저물녘에 눈은 내리는데

평양성 교외 언덕에서 즐겁게 노닐다가
수촌 남쪽 포구에서 손수건을 적시며 헤어졌다
해와 달이 베틀의 북과 같이 오가듯 시간은 빠르게 가버려도
산과 내가 예전대로 따르듯이 흔적은 여전히 남아있다
지난날 서로 만나던 곳 다시 찾으니
천진무구했던 우리의 약속 떠올려지는구나
저녁때가 되어 시가지에 내리는 눈발은 더욱 거세지는데
대동문 앞에서 이리저리 서성이며 부질없이 기다리게 된다

〔平仄構成〕

詩의 平仄構成은 平平平仄仄平平 平仄平平仄仄平 仄仄平平平仄仄 平平仄仄仄平平 仄平仄仄平平仄 平仄平平仄仄平 仄仄仄平平仄仄 平平平仄仄平平으로 되어있다. 詩는 平起式 七言律詩다. 그리고 詩는 韻字는 上平聲 十三 元韻을 썼는데 韻脚은 原과 村과 存과 言과 門이다. 그리고 中央四句의 下三字는 前聯과 後聯의 境遇에 文法構造를 다르게 配置하여 意味上 各各 時 迅 逝, 跡 猶 存으로 그리고 相逢 地, 約束 言으로 읽히게 되어 四言一法 忌避의 原則을 따라서 平板을 避하고 錯綜을 지켰다. 그러나 詩의 韻을 달지 않은 仄聲字 곧 逝, 地, 雪은 次例로 去聲 去聲 入聲이 되어 이른바 四聲遞用의 法則을 지키지 못하여 遺憾스럽게도 白璧微瑕가 되었다.

〔작법감상〕

'王儉城 일대에서 놀다가 개 南浦에서 헤어졌다. 寄別이 끊긴지 오래건만 아련한 추억은 여태 가슴속에 남아 있다. 못 잊어 옛적 자주 만나던 약속장소를 찾아서, 해는 저물어 눈발은 점점 거세게 날리는데, 떠난 그대를 서성거리며 공연히 기다린다.' 우리 歌曲 "그리움"의 心情이다: '기약 없이 떠나가신 그대를 그리며 먼 산 위의 흰 구름만 말없이 바라본다 아 돌아오라 아 못 오시나 오늘도 해는 서산에 걸려 노을만 붉게 타네.' 晩唐 李商隱이 "登樂遊原 낙유원에 올라서"에서 遊覽地의 所懷를 털어놓았다: '向晩意不適 驅車登古原 저녁 때 마음이 울적하여 수레를 몰아 옛 동산에 오른다.' 高麗 鄭知常의 "送人 벗을 보내며"에 離別의 항구 南浦가 있다: '雨歇長堤草色多 送君南浦動悲歌 비 갠 기다란 둑에는 풀빛이 가득한데 그대 보내는 남포에는 슬프고 애절한 노래 진동하는구나.' 初唐 王勃의 "送杜少府之任蜀州 두소부가 임지 촉주로 감에 송별하며"에 霑巾이 나온다: '無爲在岐路 兒女共霑巾 우리 이별의 갈림길에서 아녀자처럼 함께 손수건을 적시는 일은 하지 마세나.' 北宋의 蘇舜欽의 "過下馬陵 하마릉을 지나며"에도 霑巾이 나온다: '下馬陵頭草色春 我來懷古一霑巾 하마릉 주변 풀빛은 봄인데 내 옛일 돌이켜 생각하니 눈물이 수건을 가득 적시네.' 韓末 朴孝寬은 古時調에서 歲月流水라고 노래하고 있다: '歲月이 流水로다 어느 덧에 또 봄일세, 舊圃에 新菜나고 古木에 名花로다, 아이야 새 술 많이 두어스라 새 봄 놀이하리라.' 麗末鮮初 吉再는 古時調에서 山川依舊라고 노래하고 있다: '오백년 都邑地를 匹馬로 돌아드니, 山川은 依舊하되 人傑은 간 데 없다, 어즈버 太平烟月이 꿈이런가 하노라.' 中唐 張籍의 "答鄱陽客藥名詩 비양땅 나그네의 약 이름의 시에 화답하여"에 相逢地가 보인다: '江皐歲暮相逢地 黃葉霜前半夏枝 세밑에 강 언덕 상봉지에 누런 잎사귀 서리 앞에 반 여름의 가지로다.' 盛唐 祖詠의 "終南望餘雪 종남산에서 남은 눈을 바라보며"에 增이 보인다: '林表明霽色 城中增暮寒 숲 밖 맑게 갠 하늘은 밝은데 장안성에는 해질녘 추위가 더해간다.' 盛唐 岑參의 "白雪歌送武判官歸京 백설가로 무판관의 귀경을 환송함"에 暮雪이 있다: '紛紛暮雪下轅門 風掣紅旗凍不飜 휘날리는 저녁 눈은 군문에 내리고 깃발은 바람이 당겨도 얼어 펄럭이지 않네.' 또 岑參의 "走馬川行奉送封大夫出師西征 주마천의 노래로 군사를 내어 서쪽으로 정벌하러가는 봉대부를 삼가 받들어 송별하다"에 佇가 있다: '料知短兵不敢接 車師西門佇獻捷 짧은 병기로는 감히 접근하지 못할 것을 헤아려 알고서 거사국 서문에서 전리품을 바치려고 기다릴 것이다.' 2020. 12. 15.

〔詩原文〕 64

佳宴
가 연

賢主嘉賓二難幷
瓊筵四美具應成
五侯鯖水陸珍味
又復何和誰笑迎
현주가빈이난병
경연사미구응성
오후정수륙진미
우부하화수소영

〔시해석〕

아름다운 연회

현명하신 주인 뛰어나신 손님 두 가지 갖추기 어려움을 아우르고
성대한 잔치에 네 가지 아름다움을 모두 마련함도 마땅히 이루었습니다
오후정 맛난 음식 산해진미도 있으니
그 밖에 또 무엇을 그리고 누구를 반겨 웃으며 맞겠습니까

〔平仄構成〕

詩의 平仄構成은 平仄平平平仄平 平平仄仄仄平平 仄平仄仄仄平仄 仄仄平平平仄平으로 되어있다. 詩는 仄起式 七言絶句다. 그리고 詩는 韻字는 下平聲 八 庚韻을 썼는데 韻脚은 成과 迎이다. 그리고 1句의 下三字에서는 單拗가 쓰였다. 本來 1句 下三字의 平仄의 構成은 平仄仄인데 仄平仄이 되어, 卽 二難幷으로 되어, 5字에서 毁損된 平字를 6字에서 回復한 것이다. 이는, 下三字에 孤平現象이 發生하였으나 挾平格으로 肯定的으로 看做하며, 本句 自救의 方法으로 合律이 된다. 그리고 3句와 4句에서는 孤平拗救가 쓰였는데 本來 3句의 下三字는 平平仄이어야 하는데 仄平仄으로 되어, 卽 陸珍味로 되어, 5字의 平字가 毁損되었다. 그래서 4句의 5字는 本來 仄字여야 하는데 平으로 바꿔서, 卽 誰로 바꿔서, 毁損된 平을 回復시켰다. 이로써 또한 合律이 된다.

〔작법감상〕

이 시는 잔치에 초대받은 손님이 초대해준 주인에게 써주는 시다. 그 경우라면, 전통적으로, 잔치의 연회가 성황을 이뤄 아름답다는 것과 불러준 따뜻한 호의에 대한 감사함이 들어있게 마련이다. 필자도 그 전통을 존중하였다: '좋은 주인과 좋은 손님이 함께하기가 어려운 법인데 아울러 갖추었고, 네 가지 아름다운 것 곧 良辰, 佳景, 賞心, 樂事를 마련하는 일까지 마땅히 다하였다. 게다가 魚物과 肉類의 맛난 음식 珍羞盛饌 五侯鯖까지 모두 있으니 그 밖에 또 더하여 무엇을 그리고 누구를 웃는 낯으로 맞이할 것이냐.' 起句와 承句에서는 二難과 四美를 갖추어 이미 偉餞이 되었다고 하였다. 그런데, 轉句와 結句에서, 사뭇 특별하게 전환시키면서 마무리하기를, 그에 더하여 세상에서 제일가는 음식이 가득 마련되었으니 더하여 무엇을 그리고 누구를 또 바랄 것이냐고 한 것이다. 일반적으로 絶句 詩 구성의 要諦는 기구와 승구가 '쉽게' 이어지고 전구와 결구가 '쉽게' 이어져야 하며 그리고, 총체적으로, 기구승구와 전구결구가 '은은하게 그리고 단단하게' 連結되어야 하는 법이다. 실제로 二難幷과 四美具는 初唐의 王勃의 "滕王閣詩序 등왕각 시와 서"에 나온다: '四美具 二難幷 窮睇眄於中天 極娛遊於暇日 네 가지 아름다움을 다 갖추고 두 가지 어려운 것도 아울러 갖추었으니 멀리 중천까지 바라봄을 다하고 한가한 날에 맘껏 즐겁게 놀아본다.' 南朝 東晋과 宋의 謝靈運의 "擬魏太子鄴中集詩序 위 태자가 업중에서 시를 모은 것을 모방하여 쓴 서문"에서 '天下 良辰美景賞心樂事 四者難幷 세상에 좋은 시간 아름다운 경치 감상하는 마음 즐거운 일들 네 가지는 함께 하기 어려운 것이다'고 하였다. 역시 王勃의 "滕王閣詩序"에 盛筵이 나온다: '勝地不常 盛筵難再 빼어난 경승지가 항상 있지 않고 성대한 잔치는 다시 맞이하기 어렵다.' 五侯鯖은 漢나라 成帝의 외삼촌에 다섯 諸侯가 있었는데 이들이 아주 진귀한 바다와 육지의 음식을 실컷 즐겨먹었다는데서 유래한다. 과거에 내가 쓴 "貪食性味 탐내어 먹는 식습관"에도 쓰였다: '爲人性僻忌膻腥 疏食菜羹心不寧 誰謂珍羞身後事 生前所願五侯鯖 내 사람됨이 편벽하여 누린내 비린내 나는 음식 꺼리고 거친 밥 나물 국 먹자니 마음이 편치 못하다 누가 말하는가 나 죽은 후 진수성찬을 살아생전 소원이 산해진미 오후정이라오.' 끝으로, 끝구 '又復何和誰笑迎'에 처음에는 '무엇'의 뜻으로 平聲字 '何'가 아닌 仄聲字 '啥'를 썼었다. 우리 학당의 蒼齋 韓圭祀 선생님께서 僻字를 피해달라고 권고하셔서 바꿨다. 2020. 12. 16.

〔詩原文〕65

蓄養力量
축양역량

家君作宰交趾郡
我欲請纓無路哀
破落書生遭不遇
心機一轉就重來
가군작재교지군
아욕청영무로애
파락서생조불우
심기일전취중래

〔시해석〕

힘의 용량을 쌓고 기른다

아버지께서 교지군으로 폄적되어 가시고
나는 벼슬을 청하고자 하나 길이 없어 슬프다
일개 몰락한 서생으로 불운을 당함에
심기일전하여 권토중래하여야 하리

〔平仄構成〕

詩의 平仄構成은 平平仄仄平仄仄 仄仄平平平仄平 仄仄平平平仄仄 平平仄仄仄平平으로 되어있다. 詩는 平起式 七言絶句다. 그리고 詩는 上平聲 十 灰韻을 썼는데 韻脚은 哀와 來다. 그리고 또한 1句와 2句에서 雙拗가 쓰였는데 本來 1句의 下三字는 平平仄이어야 하는데 平仄仄으로 되어, 卽 交趾郡으로 되어, 6字의 平字가 毁損되었다. 그래서 2句의 5字는 本來 仄字여야 하는데 平으로 바꿔서, 卽 無로 바꿔서, 毁損된 平을 回復시켰다. 이로써 合律이 된다.

〔작법감상〕

나 자신이 初唐의 시인 王勃(649-676)의 불운한 處地가 되어서 써본 것이다. 왕발은 楊炯 盧照隣 駱賓王과 함께 '初唐四傑'로 불리는 걸출한 시인이다. 일찍 과거에 급제하여 등용되었으나 당시 유행하던 닭싸움 鬪鷄에 대한 장난삼아 쓴 글이 문제가 되어 高宗의 미움을 사 중앙관직에서 쫓겨났다. 뒤에 官奴를 죽였다는 죄목으로 관직을 빼앗겼다. 더 큰 벌을 면한 것은 부친 王福畤가 자원하여 지금 베트남 북부 交趾郡의 令으로 좌천되어 간 德澤이었다. 아버지를 만나러갔다가 돌아오던 중 배에서 바다에 빠져 익사하였다. 그의 대표작 "滕王閣(詩)序"는 세상에서 버림받은 상황에서 아버지를 뵈러 交趾로 가던 중 江西省 南昌(洪州)의 등왕각의 술잔치에 초대되어 참석하여 詩와 序文을 쓴 것이다. 특별히 序文 후반부에서는 자신의 挫折과 喪失 그리고 復活과 再起의 심경을 가득히 그려내었다. 과거 학당 浩亭 河永燮선생님께서는 강의하시는 중에 '눈물겨운 名文'이라고 평하신 적이 있다. 나는 그 詩序 옆에 조그맣게 '시문의 掉尾'라고 써둔 기억이 남아있다. 一言以蔽之하고, 그 당시 왕발의 초라한 심정이 되어 써 보았다: '아버지께서는 交趾郡의 令으로 폄적되시고 나는 벼슬을 청하고자 하나 길이 없어 애석하기 그지없다. 몰락한 보잘것없는 일개 書生이 不運을 당하였으니 心機一轉하여 捲土重來하리라.' 왕발의 "滕王閣(詩)序"에 家君作宰가 나온다: '家君作宰 路出名區 童子何知 躬逢勝餞 아버지께서 현령이 되시니 길을 나서서 이곳 명소를 지나게 되었습니다. 어린 사람이 무엇을 알아서 제가 이 훌륭한 잔치를 만났겠습니까?' 또한 그의 "滕王閣(詩)序"에 無路請纓과 一介書生이 나온다: '三尺微命 一介書生 無路請纓 等終軍之弱冠 삼척의 미천한 몸으로 한사람 서생에 지나지 않는다. 갓끈 벼슬을 청할 길이 없으니 종군의 약관을 기다렸다.' 杜牧의 "題烏江亭 오강정에서 짓다"에 捲土重來가 나온다: '江東子弟多才俊 捲土重來未可知 강동의 자제 중엔 재주가 뛰어난 사람도 많다는데 세력을 회복하여 다시 말달려 온다면 결과는 아직 알 수 없는 일 아닌가.' 그리고 또한 왕발의 "滕王閣(詩)序" 어디선가, 인상적으로, 심기일전하여 인생 전반의 실패를 후반에서 반드시 이겨내리라는 의지를 표방하고 있는데 그 점을 나는 시의 結句에서 부각시킨 것이다: '北海雖賖 扶搖可接 東隅已逝 桑榆非晩 북해가 비록 아득하다하여도 회오리바람을 타면 닿을 수 있을 것이다. 젊은 시절 이미 지나갔지만 노년기 아직 늦지 아니하였다.' 2021년 1월 4일에 쓴다.

〔詩原文〕 66

雨田先生
우전선생

削平一帶仁寺洞
窮且益堅揚烈桓
矍鑠雨田行健步
安康百歲又何難
삭평일대인사동
궁차익견양열환
확삭우전행건보
안강백세우하난

〔시해석〕

우전 박용우 선생

인사동 일대를 평정하고
어려울수록 더욱 굳세니 위풍당당함의 향기를 발산하시는구나
늙어도 기력이 정정한 노익장 우전 선생께서 씩씩하게 걸어 나가시니
편안하고 건강한 백세인생 대체 무엇이 어려우랴

〔平仄構成〕

詩의 平仄構成은 仄平仄仄平仄仄 平仄仄平平仄平 仄仄仄平平仄仄 平平仄仄仄平平으로 되어있다. 詩는 平起式 七言絶句다. 그리고 詩는 上平聲 十四 寒韻을 썼는데 韻脚은 桓과 難이다. 그리고 또한 1句와 2句에서 雙拗가 쓰였는데 本來 1句의 下三字는 平平仄이어야 하는데 平仄仄으로 되어, 卽 仁寺洞으로 되어, 6字의 平字가 毁損되었다. 그래서 2句의 5字는 本來 仄字여야 하는데 平으로 바꿔서, 卽 揚로 바꿔서, 毁損된 平을 回復시켰다. 이로써 合律이 된다.

〔작법감상〕

이 시는 우리 한시학당의 雨田 박용우 선생님의 인사동 一圓에서의 정력적 광폭 활동을 稱頌하고 또한 그러므로, 마땅히, 健康長壽를 祈求하는 시다. 선생님께서는 仁寺洞과 北村을 아우르는 鐘路通 일원에서 시 공부 외에도 서예와 그림과 독서와 홍이 넘치는 술자리에 이르기까지 다종다양한 클럽에서 눈부신 활약상을 펼치는 것으로 소문이 자자하다. 절친 凹凸凹凸 현영조 박사님께서 구체적으로 증언하신 바가 있었다: '인사동 一帶를 東奔西走 평정하고 어려울수록 더욱 굳세어 威風堂堂함의 香氣를 발산하시는구나. 늙어도 기력이 정정한 노익장이신 우전 박용우 선생께서 씩씩하게 걸어 나가시니 편안하고 건강한 百歲人生을 추구함에 있어서 대관절 어려울 것이 무엇이 있겠는가.' 初唐의 王勃의 "滕王閣(詩)序 등왕각(시)서"에 窮且益堅이 보인다: '老當益壯 寧知白首之心 窮且益堅 不墜青雲之志 늙어도 마땅히 더욱 강하여야하니 어찌 백발노인의 마음을 알겠으며 어려울수록 또한 더욱 굳세어야하니 높은 이상의 의지를 떨어뜨리지 않을 것이다.' 前漢의 司馬相如의 "上林賦 상림원을 노래하다"에 揚烈이 보인다: '麗靡廣衍 應風披靡 吐芳揚烈 郁郁斐斐 곱게 서로 이어져 넓게 퍼져 있으면서 바람 따라 초목이 쓰러져 흔들리며 여러 가지 향기를 토해내어 사람의 마음속까지 스며든다.' 우전 박용우 선생님의 동에 번쩍 서에 번쩍 文藝活動을 應援하고 여전한 健康百年을 祈願한다. 새해 들어 필자도 건강의 슬로건으로 R&R(Repair and Resist)를, 곧 '몸을 修理하고 병에 抵抗한다'를, 제창한 바 있는데 이를 바탕삼아 선생님의 뒤를 꾸준히 따라볼 생각이다. 마침, R&R 계획을 새해인사와 더불어 여러 지인 同好人에게 보내드렸는데 동참하고 싶다는 분들이 많이 있었다. Hand in hand together!! 2021년 1월 5일에 쓴다.

〔詩原文〕67

過故土滿洲沿海州
과고토만주연해주

句麗渤海夫餘土
廣漠滿沿陳跡衰
物換星移數千載
山川依舊是虛辭
구려발해부여토
광막만연진적쇠
물환성이수천재
산천의구시허사

〔시해석〕

고토 만주 연해주를 지나면서

부여 고구려 발해의 영토
넓고 아득한 만주와 연해주의 옛 자취 쇠퇴하였구나
사물이 바뀌고 세월이 흐르기가 수천 년
산천이 옛날같이 변함없다는 말은 허무맹랑한 말이로세

〔平仄構成〕

詩의 平仄構成은 仄平仄仄平平仄 仄仄仄平平仄平 仄仄平平仄平仄 平平平仄仄平平으로 되어있다. 詩는 平起式 七言絶句다. 그리고 詩는 上平聲 四 支韻을 썼는데 韻脚은 衰와 辭다. 그리고 3句의 下三字에서는 單拗가 쓰였다. 本來 轉句 下三字의 平仄의 構成은 平仄仄인데 仄平仄이 되어, 卽 數千載로 되어, 5字에서 毁損된 平字를 6字에서 回復한 것이다. 이는, 下三字에 孤平現象이 發生하였으나 挾平格으로 肯定的으로 看做하며, 本句 自救의 方法으로 合律이 된다.

〔작법감상〕

몇 해 전 安重根義士崇慕會가 마련한 독립운동유적지탐방단의 일원이 되어 滿洲 沿海州 일대를 歷史紀行한 적이 있었는데 그때를 회상하면서 써보았다. 연해주 블라디보스토크에서 출발하여 만주 곳곳을 거쳐 大連의 旅順監獄에 도착하여 長程은 끝났다. 넓디넓은 벌판을 수없이 지나면서 과거 만주 연해주 땅을 일구며 살다 간 우리 조상님들의 숨소리를 듣는 듯하였다. 언제라도 반드시 되찾아야 할 우리의 소중한 옛 땅덩이... 나의 외동딸의 이름을 黃滿洲로 지은 것은 世代를 이어가면서 과거 領土를 꼭 되찾자는 취지였다. 둘째가 있었다면 이름은 마땅히 黃沿海州일 터인데 뜻을 이루지 못했다. 지금 와서 생각하니 '千秋의 恨'을 남겼다. 미래에 만주와 연해주가 손에 손을 맞잡고 故土回復運動에 나서야 할 터인데... 詩詞에서 過와 經은 '지나다' '지나는 길에 들르다'는 뜻으로 자주 등장한다. 李白의 시 "下終南山過斛斯山人宿置酒 종남산에서 내려와 곡사산인의 집에 들러서 유숙하며 술대접을 받았다"가 있고 杜甫의 시 "雨過蘇端 빗속에 소단을 방문하여"가 있고 孟浩然의 시 "過故人莊 친구의 별장에 들러서"가 있고 王維의 시 "過香積寺 향적사를 지나면서"가 있고 劉長卿의 시 "長沙過賈誼宅 장사의 가의의 옛집에 들러서"가 있고 黃山浦의 시 "過傳燈寺 전등사를 지나면서" 따위가 있다. 또 唐 玄宗 李隆基의 시 "經魯祭孔子而嘆之 노나라 땅을 지나며 공자를 제사하고 탄식하다"가 있고 崔顥의 시 "行經華陰 화음지방을 지나가며"가 있다. 尹心悳이 작사하고 노래한 "死의 讚美"에 廣漠이 나온다: '廣漠한 荒野를 달리는 인생아 너는 무엇을 찾으려 왔느냐 이래도 한세상 저래도 한평생 돈도 명예도 사랑도 다 싫다.' 晋의 王羲之의 "三月三日蘭亭詩序"에 陳跡이 나온다: '向之所欣 俯仰之間 已爲陳跡 이전에 즐거웠던 일이 짧은 순간에 이미 낡은 과거사의 자취로 바뀌어버리기도 하는 것이다.' 王勃의 "滕王閣詩序"에 物換星移가 보인다: '閒雲潭影日悠悠 物換星移度幾秋 한가한 구름 못에 비치고 해 아득하니 경물이 바뀌고 별자리가 변하기가 몇 해가 지났는가.' 麗末 鮮初 冶隱 吉再의 "懷古歌"는 山川은 依舊하다고 노래하고 鷺山 李殷相은 "옛 동산에 올라"에서 山川依舊는 옛 시인의 허황된 말이라고 노래하였다: '오백년 도읍지를 匹馬로 돌아드니 山川은 依舊하되 人傑은 간 데 없네. 어즈버 太平烟月이 꿈이런가 하노라,' '내 놀던 옛 동산에 오늘 와 다시 서니 山川依舊란 말 옛 시인의 虛辭로고. 예 섰던 그 큰 소나무 버혀지고 없구료.' 특별히 轉結句의 興亡盛衰의 詩情은 逼眞하게 孟浩然의 시 "與諸子登峴山 제군들과 현산에 올라"에 보인다: '人事有代謝 往來成古今 인간사의 흥망이 교체하니 세월이 흘러서 고금이 되었다.' 載(仄)=歲(仄)=祀(仄)=年(平)=秋(平)=霜(平). 2021년 1월 6일 쓴다.

〔詩原文〕 68

問洪雁行
문홍안행

早晨酣興故何焉
浮蟻若萍新酒鮮
日暮時分天欲雪
勸君竟夜醉陶然
조신감홍고하언
부의약평신주선
일모시분천욕설
권군경야취도연

〔시해석〕

홍안행에게 묻노니

이른 아침부터 술을 마시고 싶은 간절한 생각이 드는 것은 무슨 까닭일까
부평초 같은 떠도는 술 개미 거품이 이는 새로 빚은 술 빛깔이 곱기도 해서 일 테지
저녁 무렵이 되어 눈이 내리려는데
그대여 나와 함께 밤새도록 거나하게 술에 취하여 보는 것은 어떠신가

〔平仄構成〕

詩의 平仄構成은 仄平仄仄仄平平 平仄仄平平仄平 仄仄平平平仄仄 仄平仄仄仄平平으로 되어있다. 詩는 平起式 七言絶句다. 그리고 詩는 下平聲 一 先韻을 썼는데 韻脚은 焉과 鮮과 然이다.

〔작법감상〕

한국한시학당에 최연소 회원이 있는데 그가 洪雁行이다. 이름은 성규인데 내가 雁行이라는 詩號를 선물하였다. 안행은 내가 대학에 재직하고 있을 때 나의 강의를 여럿 수강했는데 좋은 성적을 과시하면서 이후 친교가 이어지게 되었다. 지금은 학업과 군복무를 마치고 연극활동을 준비하면서 시문장의 역량을 축적하려고 학당에 나오고 있다. 雁行은 기러기가 가지런히 줄지어 날아간다는 의미로 의좋은 형제를 의미하기도 하는데 그의 형 재우와 더 사이좋게 지내라는 뜻으로 雁行을 준 것이다. 佛門에서도 雁行道伴이라는 표현이 있거니와 佛道에 손에 손잡고 함께 정진하는 僧侶들을 지칭하기도 한다. 그러므로 시에서는 갓 빚은 빛깔 좋은 술이 있으니 저녁때 나 白沙와 더불어 실컷 취해보지 않겠느냐고 그대 雁行의 의사를 타진하고 있는 것이다. 말하자면 은근한 酬酌에의 초대다. 마침 馬戴의 "灞上秋居 파수 강가에서 가을을 보내며"에도 雁行이 있다: '灞原風雨定 晚見雁行頻 落葉他鄕樹 寒燈獨夜人 파강 언덕에 비바람 잔잔하고 저녁에는 기러기 떼 자주 보인다. 나뭇잎 떨어지니 타향의 나무요 차가운 등잔불 아래 홀로 잠 못 자는 나그네라.' 韓末 朴殷植의 "西友 서방의 벗"에 何故焉이 있다: '噫 同是人類 或居優等地位 生活福祉 享有 或居劣等地位 身世悲慘 不堪 此何故焉 아, 같은 인류로서 혹 우등한 지위에 살면 생활의 복지를 누리는데 혹 열등한 지위에 살면 신세가 비참하니 견디지 못할 바라 이 무슨 까닭인가' 前漢 張衡의 "南都賦 남도의 노래"에 浮蟻若萍이 나온다: '醪敷徑寸 浮蟻若萍 탁주에 빽빽한 거품이 이니 떠있는 개미가 부평초 같아라.' 黃白沙의 "回憶都家時節 술도가 시절을 돌이켜 생각함"에는 浮蟻如萍이 나온다: '都家時節尋常見 浮蟻如萍醅酒香 도갓집 시절에 자주 보았었는데 개미 같은 거품이 이는 거르지 않은 동동주에 향기가 있었다.' 날의 저묾 日暮는 시어로는 물론 시 제목으로도 널리 애용되어왔다. 唐 杜甫의 "日暮," 宋 陸游의 "日暮," 宋 郭祥正의 "日暮," 宋 彭汝礪의 "日暮," 明 梁士濟의 "日暮," 明 明秀의 "日暮," 明 殷雲霄의 "日暮," 淸 夏曾佑의 "日暮" 등이다. 白居易의 시 "問劉十九 유십구에게 묻노라"에 天欲雪이 보인다: '晚來天欲雪 能飮一杯無 저녁이 되어 눈이 내리려는데 능히 술 한 잔 할 수 있겠는가.' 李賀의 "將進酒 잔 들어 술 권하며"에 勸君 醉가 나온다: '勸君終日酩酊醉 酒不到劉伶墳上土 그대에게 권하노니 종일토록 실컷 취하라 술을 권함은 유영의 무덤 위 흙에는 이르지 않을 것이니.' 陶淵明의 "時運 시절의 운행"에 陶然이 나온다: '揮玆一觴 陶然自樂 술 한 잔을 마시고 건하게 취하여 스스로 즐기네.' 그런데, 고백해야 할 것은, 실제로 雁行이 자신은 술은 먹지만 맛을 전혀 모르는 사람이라고 나에게 이미 고백한 적이 있고, 나 白沙는 새해들어서 내건 슬로건 Repair&Resist(몸을 수리하고 병에 저항한다)를 실천하기 위해서 금주를 선언하여 소위 '술 담배 끊은' 사람이 되었다. 그러나 존경하는 독자여러분은 大洋과 같은 마음으로 시세계와 실제가 어긋난다고 부디 是是非非하지 마시라!! 2021. 1. 8.

〔詩原文〕 69

秋日登臨道峰山天竺寺
추일등림도봉산천축사

訪尋此處道峰山
秋入人波登復攀
初地已非天竺國
三三五五酒筵殷
방심차처도봉산
추입인파등부반
초지이비천축국
삼삼오오주연은

〔시해석〕

가을날 도봉산 천축사에 올라 보다

오늘 이곳 도봉산 천축사를 찾으니
가을 들어 수많은 사람의 물결들 오르고 부여잡고 또 부여잡고 오른다
산자락에는 이미 천축국이 아니로다
삼삼오오 떼 지어 술자리가 한창이구나

〔平仄構成〕

詩의 平仄構成은 仄平仄仄仄平平 平仄平平平仄平 平仄仄平平仄仄 平平仄仄仄平平으로 되어있다. 詩는 平起式 七言絶句다. 그리고 詩는 上平聲 十五 刪韻을 썼는데 韻脚은 山과 攀과 殷이다.

〔작법감상〕

지난 2020년 10월 25일 重陽節을 기념하여 한시학당의 蓮堂선생님과 부군 김태홍 사장님 그리고 蒼齋선생님과 조카 韓사장님과 함께 나는 가을 山行에 나섰다. 天竺寺가 자리한 道峰山에 오르기로 한 것이다. 그 때의 感興을 추슬러 되새겨보았다: '가을날 명성이 드높은 이곳 도봉산 천축사를 찾으니 수많은 衆生 人波 오르고 더위잡고 또 더위잡고 오른다. 산 아래서는 慧超의 聖地巡禮의 땅 신성한 天竺國이 이미 아니로세 삼삼오오 떼를 지어 홍건한 술판만 풍성하구나.' 가을날 秋日의 風光을 시에 담는 경우는 시사에 다수 있다. 劉長卿의 "秋日登吳公臺上寺遠眺 가을날 오공대 위 절에 올라 멀리 바라보다"가 있고, 許渾의 "秋日赴闕題潼關驛樓 가을날 장안 대궐로 향해 가다가 역참의 누각에서 짓다"가 있다: '紅葉晩蕭蕭 長亭酒一瓢 붉게 물든 단풍잎은 저녁에 쓸쓸한데 긴 정자에서 표주박 한 잔의 술을 마신다,' '古臺搖落後 秋日望鄕心 오래된 누각에 나뭇잎 떨어진 후 가을이 되어 고향을 그리는 마음 더욱 간절하다.' 李白의 "送友人 친구를 보내며"에 此地가 있고 또한 黃白沙의 "登武昌黃鶴樓上遠眺 무창의 황학루에 올라서 멀리 바라보다"에도 此地가 있다: '此地一爲別 孤蓬萬里征 이곳서 한 번 이별하고 떠나면 벗 외로운 쑥은 만 리 길을 떠돌리라,' '此地登臨黃鶴樓 千秋崔顥與江流 오늘 이곳 황학루에 올라 바라다보니 천년의 세월동안 최호는 예대로 강물 따라 흐르는구나.' 新羅 高僧 慧超의 "往五天竺國傳 다섯 천축국(고대 인도의 다섯 국가)에 간 기록" 中에 五言詩 "於吐火羅國逢漢使入蕃 토화라국에서 번국에 들어가는 한나라(당나라) 사신을 만나서"가 있다. 佛法의 正道를 구하는 길이 멀고 험하고 고독하다는 것을 고스란히 적나라하게 보여준다: '平生不揩淚 今日灑千行 평생 눈물 한 번 훔쳐본 적 없었건마는 오늘따라 눈물이 천 갈래 만 갈래 하염없이 흐르네.' 그리고 王勃의 "滕王閣詩序"에 盛筵이 있다: '勝地不常 盛筵難再 경승지는 항상 있는 것이 아니요 성대한 잔치 또한 다시 맞이하기 어려우리.' 秋日=秋天=秋空=秋入=凄日=秋季=秋期=秋節=金秋=秋令. 2021년 1월 9일 쓴다.

〔詩原文〕 70

有用
유 용

若問天東分斷悲
應酬莫話共資追
離間思想何所益
有用兩方終始宜
약 문 천 동 분 단 비
응 수 막 화 공 자 추
이 간 사 상 하 소 익
유 용 양 방 종 시 의

〔시해석〕

유용

그대가 하늘아래 동쪽나라의 남북분단의 비극을 물으신다면
나는 공산주의나 자본주의를 추종하는 따위에 관해서는 말하지 마시라고 할테요
민족을 떼놓는 이데올로기가 무슨 유익이 되겠소
양쪽 서로에게 쓸모 있는 것이 시종일관하여 옳은 거라오

〔平仄構成〕

詩의 平仄構成은 仄仄平平平仄平 仄平仄仄仄平平 平平仄仄平仄仄 仄仄平平平仄平으로 되어있다. 詩는 仄起式 七言絶句다. 그리고 詩는 韻字는 上平聲 四 支韻을 썼는데 韻脚은 悲와 追와 宜다. 그리고 3句와 4句에서는 雙拗가 쓰였는데 本來 3句의 下三字는 平平仄이어야 하는데 平仄仄으로 되어, 卽 何所益으로 되어, 6字의 平字가 毁損되었다. 그러므로 4句의 5字는 本來 仄字여야 하는데 平字로 바꿔서, 卽 終으로 바꿔서, 毁損된 平을 回復시켰다. 이로써 合律이 된다.

〔작법감상〕

세상을 좀 살아본 사람으로서 자주 느끼는 것은 인간의 意思決定에 있어서 有用性의 생생한 값어치를, 일정부분이나마, 늘 망각하지 않는 것이 필요하다는 것이다. 나 자신 과거를 돌이켜보면 후회의 뒷켠에는 대개, 그림자처럼, 有用의 疏忽이 어른거리며 자리하고 있었다. 그 소회를 支韻으로 간단히 베껴본 것이다: '누가 내게 하늘아래 海東盛國의 南北分斷의 悲劇을 묻는다면 나는 그대에게 共産主義나 資本主義를 莫無可奈 추종하는 따위는 말하지 말라고 할테요. 민족을 이간질하는 사상이라는 것이 도대체 무슨 이익이 되겠소, 양쪽 서로에게 쓸모 있는 유용한 것이 처음부터 끝까지 한결같이 옳고 바른 거라오.' 北宋의 歷史家 司馬光의 시 "過故洛陽城 옛 낙양성을 지나며"에 若問이 나온다: '若問古今興廢事 請君只看洛陽城 옛날부터 지금까지 興亡盛衰의 역사를 물으신다면 청컨대 그대여 다만 낙양성을 보시라.' 또한 北宋의 文章家 蘇東坡의 시 "次韻和王鞏六首 왕공이 지어 보낸 시의 운을 빌어 지은 시 여섯 수"에도 若問이 나온다: '若問我貧天所賦 不因遷謫始囊空 누가 나의 가난이 하늘이 내린 것이냐고 묻는다면 유배를 당해서 내가 가난해진 것은 아니라고 말하려네.' 秋史 金正喜 선생이 淸나라 학자 顧南雅에게 써 보낸 붓글씨 詩文에 東天이 있는 것을 언젠가 보았다: '直聲留闕下 秀句滿東天 곧은 소리 대궐에 남아 있고 빼어난 글귀 하늘 동쪽에 가득하다.' 曹松의 시 "己亥歲 기해년"에 憑君莫話가 나온다: '憑君莫話封侯事 一將功成萬骨枯 그대여 청하노니 제후에 봉하여지는 일은 말하지 마오 한 사람 장수가 성공을 거두려면 만 명의 병사의 뼈가 말라간다오.' 黃白沙의 시 "一切唯心造 모든 일은 마음먹기에 달려 있다"에도 憑君莫話가 나온다: '富貴榮華豈偶然 憑君莫話命途憐 부귀영화가 어찌 우연한 것이랴 부디 그대 운명을 사랑한다고 말하지 마오.' 또한 黃白沙의 시 "南北統一 남북통일"에 共産資本이 나온다: '萬年南北素來一 共産資本皆過賓 천년만년토록 남북은 본디 하나다 공산주의니 자본주의니 하는 것은 죄다 잠깐 지나가는 길손이다.' 山戰水戰 다 겪는 탈북인의 自由에의 旅程을 소개하는 TV 프로그램 "이제 만나러 갑니다"와 "모란봉 클럽"을 시청하면서 2021년 1월 10일에 쓴다.

〔詩原文〕 71

除夜遣懷
제야견회

雪泥鴻爪似窮生
萬丈紅塵豈此傾
富貴榮華欽羡意
安貧樂道愧羞情
哲人名筆幾多動
詩客美文誰們驚
除歲蹉跎何足歎
旣爲春夢叫分明
설니홍조사궁생
만장홍진기차경
부귀영화흠선의
안빈낙도괴수정
철인명필기다동
시객미문수문경
제세차타하족탄
기위춘몽규분명

〔시해석〕

섣달 그믐날 밤 가슴속 생각을 털어버리다

눈이 녹은 진창 위에 기러기가 남긴 발톱 자국과 같이 무상한 것이 인생이라는데
속된 티끌세상에 어째서 이렇게 마음이 끌리는가
부귀영화를 내심으로 부러워하고
안빈낙도함을 속내에서는 부끄러워하는구나
철학자의 불후의 명작품이 과연 몇 사람이나 감동시켰으며
시인의 천고의 미문장이 도대체 누구누구를 놀라게 하였던가
섣달 그믐날에 이룬 것 없이 나이만 먹었다고 어찌 족히 탄식만 하랴
인생살이 한바탕의 봄꿈처럼 덧없다고 이미 분명하게 외치고 있거늘

〔平仄構成〕

詩의 平仄構成은 仄平平仄仄平平 仄仄平平仄仄平 仄仄平平平仄仄 平平仄仄仄平平 仄平仄仄仄平仄 平仄平平平仄平 平仄平平平仄仄 仄平平仄仄平平으로 되어있다. 詩는 平起式 七言律詩다. 그리고 詩는 下平聲 八 庚韻을 썼는데 韻脚은 生, 傾, 情, 驚, 明이다. 또 5句와 6句에서 孤平拗救가 쓰였는데 本來 5句의 下三字는 平平仄이어야 하는데 仄平仄으로 되어, 卽 幾多動으로 되어, 5字의 平字가 毁損되었다. 그래서 6句의 5字는 本來 仄字여야 하는데 平으로 바꿔서, 卽 誰로 바꿔서, 毁損된 平을 回復시켰다. 이로써 合律이 된다. 또한 中央四句의 下三字는 前聯과 後聯의 境遇에 文法構造를 다르게 配置하여 意味上 各各 欽羨(名詞) 意(名詞) 愧羞(名詞) 情(名詞), 幾多(名詞) 動(動詞) 誰們(名詞) 驚(動詞)로 읽히게 되어 四言一法 忌避의 原則을 따라서 平板을 避하고 錯綜을 지켰다. 그리고 詩의 韻을 달지 않은 仄聲字 곧 意, 動, 歎은 次例로 去聲 上聲 去聲이 되어 이른바 四聲遞用의 法則을 지킴에 充實하였다.

〔작법감상〕

눈 녹은 진창 위의 기러기 발톱 자국과 같이 덧없는 것이 인생일진대 어찌하여서 속된 세상에 이렇게 마음이 기우는가. 부귀영화 내심 부러워하고 안빈낙도 속으로는 부끄러워하는구나. 철학자의 수많은 불후의 名作品들이 과연 몇 사람이나 감동시켰으며 시인의 많고 많은 천고의 美文章들이 도대체 누구누구를 놀라게 하였을까. 섣달그믐에 이룬 일 없이 나이만 먹었다고 어찌 족히 歔欷歎息만하랴 인생은 一場春夢이라고 이미 분명하게 외치고 있거늘... 詩詞에서 遣은 보내다나 파견하다는 뜻 외에 되려 하여금이라는 使役의 뜻이거나 感情을 풀다 달래다 떨쳐버리다는 뜻으로 더 용이하게 사용되고 있다. 遣唐使 遣歐使節은 당나라에 파견하는 사신이나 구라파에 파견하는 사절단이 되나 遣人百讀不厭 遣之更好地成長은 사람으로 하여금 백번을 읽어도 싫증이 나지 않게 한다거나 더욱 훌륭하게 성장하도록 한다가 된다. 그런데 杜牧의 시 "遣懷"나 元稹의 시 "遣悲懷"나 杜甫의 시 "遣懷"나 "上水遣懷"에서는 마음을 풀다 슬픈 생각을 풀어버리다 따위가 된다는 것이다. 杜甫의 "旅夜書懷 여행하는 밤에 생각을 쓰다"에 似가 보인다: '飄飄何所似 天地一沙鷗 정처없이 떠도니 무엇과 같은 바인가 천지간에 날아다니는 한 마리 물새와 같아라.' 意와 情을 出句와 對句로 연결시키는 것은 이미 李白이 "送友人 벗을 보내며"에서 獨步를 보여주었다: '浮雲遊子意 落日故人情 떠가는 구름은 그대 길손의 마음이요 서산에 걸린 해는 나 친구의 우정이라.' 元稹의 "遣悲懷 슬픈 감회를 달래며"에 幾多가 나온다: '閑坐悲君亦自悲 百年都是幾多時 한가히 앉아서 그대를 슬퍼하고 또 나를 슬퍼하니 인생 백년이 길어봐야 얼마나 되나.' 除歲=除夜=除日=除夕=歲除=年夜는 섣달 그믐날 밤으로 崔涂가 "巴山道中除夜有懷 파산으로 가는 도중 섣달 그믐날 밤에 회포가 있었다"에서 노래한다: '那堪正飄泊 明日歲華新 어찌 견디랴 한창 떠다님에 내일이면 또 해가 바뀌는 것을.' 李頎의 "送魏萬之京 위만이 서울에 가는 것을 배웅하다"에 蹉跎가 나온다: '莫是長安行樂處 空令歲月易蹉跎 장안은 행락처니 그대여 공연히 세월로 하여금 쉬이 시간을 허비하게 하지 말게나.' 陸龜蒙의 "離別 이별"에 何足歎이 나온다: '所思在功名 別離何足歎 생각하는 바가 공명을 세워 이름을 떨침에 있으니 이별을 어찌 탄식하리오.' 2021. 1. 29.

〔詩原文〕 72

若問人生平安秘策
약문인생평안비책

若問平安秘訣衡
滯泥田土莫深耕
依依不捨何所用
雲散風流眞一生
약문평안비결형
체니전토막심경
의의불사하소용
운산풍류진일생

〔시해석〕

인생의 평안의 비결책을 묻는다면

인생의 평안의 비결의 법칙을 물으신다면
집착의 논밭을 깊게 갈지 말라는 것이외다
못내 아쉬워하며 버리지 못하면 무슨 소용이랴
구름과 같이 바람과 같이 흔적도 없이 뿔뿔이 흩어지고 사라지는 것이 인생의 진면목일진대

〔平仄構成〕

詩의 平仄構成은 仄仄平平仄仄平 平平平仄仄平平 平平仄仄平仄仄 平仄平平平仄平으로 되어있다. 詩는 仄起式 七言絶句다. 그리고 詩는 韻字는 下平聲 八 庚韻을 썼는데 韻脚은 衡과 耕과 生이다. 그리고 3句와 4句에서는 雙拗가 쓰였는데 本來 3句의 下三字는 平平仄이어야 하는데 平仄仄으로 되어, 卽 何所用으로 되어, 6字의 平字가 毁損되었다. 그래서 4句의 5字는 本來 仄字여야 하는데 平으로 바꿔서, 卽 眞으로 바꿔서, 毁損된 平을 回復시켰다. 이로써 合律이 된다.

〔작법감상〕

인간의 執着이 가져오는 不和 不平 不運 不幸 不穩 不安을 경계하는 시다. 執着은 인간의 정상적인 삶을 때때로 파괴한다. 그러므로 사람의 삶의 平安은 執着을 버리는데서 출발한다고 본 것이다. 사람 사는 것이 다 분히 '한바탕의 봄꿈(一場春夢)'인 것을 그대는 정녕 모르는가: '세상살이의 평안의 비결의 법칙을 물으신다면 집착의 논밭을 깊게 갈지 말라는 것입니다. 못내 아쉬워하며 버리지 못하는 것이 무슨 소용이랴 구름과 같이 바람과 같이 흔적도 없이 뿔뿔이 흩어지고 사라지는 것이 인생의 진면목일텐데...' 北宋 司馬光의 시 "過故洛陽城 옛 낙양성을 지나며"에 若問이 나온다: '若問古今興廢事 請君只看洛陽城 예로부터 지금까지 興亡盛衰의 역사를 물으신다면 청컨대 그대여 다만 낙양성을 보시라.' 衡은 저울대 저울질 度量衡 玉衡 평형 재다 달다 평가 판단 가늠 準則 格率 따위의 뜻이다. 筆者 黃山浦의 시 "健康長壽四强 건강하게 장수하시는 四人 강건한 분들"에 나온다: '健康長命此相迎 美意延年不朽衡 건강하게 장수함을 이렇게들 맞으시니 선한 의지가 건강 장수를 부른다는 말이 영원히 썩지 않는 기준 법칙일레라.' 朝鮮 中期 放浪詩人 石洲 權韠의 "驅車兒 수레모는 아이"에 何所用이 나온다: '借問伐木何所用 長安城中起樓閣 묻노니 나무 베어 어디다 쓰려는고 장안 성내 누각을 세운다네.' 대체로 何用은 俗談에 種種 나온다. '子孫賢 要錢何用 자손이 현명하면 돈을 탐낼 필요가 없다'거나 역으로 '子孫不賢 要錢何用 자손이 어리석으면 돈이 있어도 별 수가 없다' 등이다. 또한 黃山浦의 시 "登寒溪嶺 한계령에 올라서서"에 雲散風流가 나온다: '獨登疊嶂寒溪嶺 雲散風流望自由 突兀青山淡客慮 使人催促下陵丘 홀로 첩첩산중 한계령에 올라 흩어지는 구름처럼 떠다니는 바람처럼 자유롭게 살고 싶은데 우뚝 솟은 푸른 산은 나그네 근심사 위로하고 씻어주며 서둘러서 산언덕을 내려가라 채근하네.' 2021년 1월 20일 쓴다.

〔詩原文〕 73

步行中吟鷺梁津舊棲址
보행중음노량진구서지

百里徒行興不窮
到來漢水入春濛
隔江遠望舊時巷
楊柳鷺梁煙雨中
백리도행흥불궁
도래한수입춘몽
격강원망구시항
양유노량연우중

〔시해석〕

보행 중에 옛 살던 곳 노량진을 노래하다

백리 길을 걸어감에 감흥이 끝이 없는데
한강수에 이르니 봄날이 되어 가랑비가 내린다
강 건너 멀리 지난날 살았던 마을 어귀 바라보니
버드나무 우거진 노들나루가 안개비 속에 어렴풋하여라

〔平仄構成〕

詩의 平仄構成은 仄仄平平仄仄平 仄平仄仄仄平平 仄平仄仄仄平仄 平仄仄平平仄平으로 되어있다. 詩는 仄起式 七言絶句다. 그리고 詩는 韻字는 上平聲 一 東韻을 썼는데 韻脚은 窮과 濛과 中이다. 그리고 3句와 4句에서는 孤平拗救가 쓰였는데 本來 3句의 下三字는 平平仄이어야 하는데 仄平仄으로 되어, 卽 舊時巷으로 되어, 5字의 平字가 毁損되었다. 그래서 4句의 5字는 本來 仄字여야 하는데 平으로 바꿔서, 卽 煙으로 바꿔서, 毁損된 平을 回復시켰다. 이로써 合律이 된다.

〔작법감상〕

백리 길 보행에 興趣가 無窮無盡한데 한강변에 다다르니 봄날이라 실같은 가랑비가 내린다. 발걸음도 가볍게 나선 나의 주말 百里 步行은 南營과 龍山을 지나 이윽고 長江 漢江에 이르렀다. 起와 承이다. 다음은 轉換하여, 문득 강 건너편 멀리 지난날 살았던 舊居地 동네 어귀 바라보니, 그리고 結論으로, 버드나무 우거진 노량진나루가 안개비 속에 희미하구나, 옛날을 회고하게 되니 그리움이 샘솟는구나. 杜牧의 시 "泊秦淮 진회에 정박하다"에 隔江이 나온다: '商女不知亡國恨 隔江猶唱後庭花 술파는 아가씨들 망국의 한도 모른 채 강 건너편에서 오히려 玉樹後庭花를 부르고 있네.' 劉禹錫의 시 "烏衣巷 검은 옷을 입은 사람들의 마을 거리"에 舊時가 나온다: '舊時王謝堂前燕 飛入尋常百姓家 지난날 왕씨와 사씨의 대청 앞 제비들 지금은 보통 백성들의 집으로 날아든다.' 王之渙의 "出塞 변경 요새에 나감"에 楊柳가 보인다: '羌笛何須怨楊柳 春風不度玉門關 오랑캐 피리는 왜 하필 구슬피 절양유를 부는가 봄바람은 옥문관을 넘지도 못할 터인데.' 杜牧의 시 "江南春 강남의 봄"에 煙雨가 보이고 李白의 시 "送孟浩然之廣陵 광릉으로 가는 맹호연을 전송하며"에는 煙花가 보인다: '南朝四百八十寺 多少樓臺煙雨中 남조의 사백팔십이나 되는 절들의 수많은 누대가 안개비 속에 아련하다,' '故人西辭黃鶴樓 煙花三月下揚州 옛 친구 서쪽으로 황학루와 이별하고 안개꽃 핀 삼월 봄날 양주로 내려가네.' 煙雨와 煙花 외에도 煙雲 연기와 구름, 煙塵 연기와 먼지, 煙嵐 안개와 남기, 煙霞 안개와 노을 따위가 煙과 관련하여 詩詞에 자주 등장하는 것을 볼 수 있다. 2021년 1월 25일 쓴다.

〔詩原文〕 74

早春遊望
조춘유망

風行靑草狀搖波
日射黃花似熟禾
淑氣山谿促鶯咬
晴虛原野請樵歌
所聞所見一無幻
人境人心多有佗
何故病難留困擾
幾時平世抃婆娑
풍행청초상요파
일사황화사숙화
숙기산계촉앵교
청허원야청초가
소문소견일무환
인경인심다유타
하고병난유곤요
기시평세변파사

〔시해석〕

이른 봄에 들에 나가 바라보다

바람이 부니 푸른 풀들은 바다에 일렁이는 물결의 모습이고
햇빛이 비치니 누런 꽃들은 무르익어 고개 숙인 벼이삭 같아라
산골짜기에 이른 봄날의 맑은 기운은 꾀꼬리 울음소리 재촉하고
드넓은 들판에 맑게 갠 하늘은 나무꾼의 노랫가락 불러내는구나
보이는 것들 들리는 것들 한결같이 변함이 없건마는
사람의 마음도 사람이 사는 환경도 많이도 달라졌구나
무슨 까닭으로 역병의 고통은 우리의 곁을 떠나지 않고 괴롭히는가
어느 날에나 태평한 세월에 기뻐서 손뼉 치며 덩실덩실 춤을 출까나

〔平仄構成〕

詩의 平仄構成은 平平平仄仄平平 仄仄平平仄仄平 仄仄平平仄平仄 平平平仄仄平平 仄平仄仄仄平仄 平仄平平平仄平 平仄仄平平仄仄 仄平平仄仄平平으로 되어있다. 詩는 平起式 七言律詩다. 그리고 詩는 下平聲 五 歌韻을 썼는데 韻脚은 波, 禾, 歌, 佗, 娑이다. 그리고 3句의 下三字에서는 單拗가 쓰였다. 本來 3句의 下三字의 平仄의 構成은 平仄仄인데 仄平仄이 되어, 卽 促鶯咬가 되어, 5字에서 毁損된 平字를 6字에서 回復한 것이다. 이는, 下三字에 孤平現象이 發生하였으나 挾平格으로 肯定的으로 看做하며, 本句 自救의 方法으로 合律이 된다. 또 5句와 6句에서는 孤平拗救가 쓰였는데 本來 5句의 下三字는 平平仄이어야 하는데 仄平仄으로 되어, 卽 一無幻으로 되어, 5字의 平字가 毁損되었다. 그래서 6句의 5字는 本來 仄字여야 하는데 平으로 바꿔서, 卽 多로 바꿔서, 毁損된 平을 回復시켰다. 이로써 또한 合律이 된다. 그리고 中央四句의 下三字는 前聯과 後聯의 境遇에 文法構造를 다르게 配置하여 意味上 各各 促(動詞) 鶯(名詞) 咬(動詞), 請(動詞) 樵(名詞) 歌(動詞), 一(副詞) 無幻(名詞), 多(副詞) 有佗(名詞)로 읽히게 되어 四言一法 忌避의 原則을 따라서 平板을 避하고 錯綜을 지켰다. 그리고 詩의 韻을 달지 않은 仄聲字 곧 咬, 幻, 擾는 次例로 上聲 去聲 上聲이 되어 이른바 四聲遞用의 法則을 充實히 지켜내었다. 끝으로, 首聯 頷聯 頸聯 尾聯은 모두 對杖을 갖추어 所謂 全對格이 되었다.

〔작법감상〕

시에서는 초봄의 나들이에서 마주하는 평상의 아름다운 自然世界와 코로나바이러스가 덮친 우울한 人間世上을, 때로 句句에서 때로 聯聯에서, 克明하게 對比시키고자 하였다. 首聯은 視覺的 봄의 모습을 그렸고 頷聯은 聽覺的 봄의 자태를 뽐냈다: '바람이 부니 푸른 풀들은 바다에 이는 파도의 모습이고 햇빛이 비치니 누런 꽃들은 고개 숙인 벼이삭 같다. 산골짜기에 맑은 기운은 꾀꼬리 울음소리 재촉하고 들판에 맑게 갠 하늘은 나무꾼의 노랫소리 부른다.' 頸聯은 이런 시청각의 아름다움은 예와 다름없으나 해를 이어 전염병이 猖獗하니 사람들의 마음도 사람들의 세상 살아가는 모습도, 시인의 感受性(Perception)으로부터, 많이 변했다는 것이다: '보이는 것 들리는 것 하나도 변함이 없건만 사람의 마음도 사람이 사는 地境도 많이 달라졌구나.' 그래서 尾聯에서는 病難의 고통은 가고 平年의 기쁨이 와주기를 간곡히 바라는 마음을 노래하고 있다: '무슨 까닭으로 재난의 전염병은 우리의 곁에 머무르며 괴롭히는가, 어느 날에나 태평한 세월에 기뻐서 손뼉 치며 덩실덩실 춤을 출까나.' 司空曙의 "早春遊望 이른 봄날에 들에 나가 바라보다"에 青草 狀과 黃花 似가 보인다: '青草狀寒蕪 黃花似秋菊 푸른 풀은 차가운 거친 잡초의 모습이요 누런 꽃은 가을에 피는 국화와 같아라.' 杜審言의 "和晉陵陸丞早春遊望 진릉의 육승의 조춘유망 시에 화답하다"에 淑氣와 晴光이 보인다: '淑氣催黃鳥 晴光轉綠蘋 맑은 봄기운은 꾀꼬리 노래 재촉하고 부신 햇빛은 푸른 마름 위에서 구르네.' 白居易의 "晚歲 늘그막에"에 病難이 나온다: '病難施郡政 老未答君恩 질병의 고통 속에 군의 행정을 시행하느라 늙도록 임금의 은혜에 보답하지 못하였네.' 朱熹의 "孟子集註 맹자의 주석을 한데 모음"에 平世가 나온다: '禹稷當平世 三過其門而不入 孔子賢之 우임금과 후직이 평화로운 세상을 만나서 자기 대문을 세 차례 지나가면서도 들어가지 않았는데 공자가 그것을 어질게 여겼다.' 2021년 2월 18일 날씨가 풀려 초목이 싹튼다는, 또한 대동강 물도 풀린다는, 봄소식 雨水에도 猛威를 떨치는 코로나바이러스를 원망하면서 써본다.

〔詩原文〕 75

新型冠狀病毒肺炎
신 형 관 상 병 독 폐 렴

世間本是共同居
新種肺炎相會沮
海內病難連二載
東奔西走故人疏
세 간 본 시 공 동 거
신 종 폐 렴 상 회 저
해 내 병 난 연 이 재
동 분 서 주 고 인 소

〔시해석〕

신형 코로나바이러스 폐렴

세상 사람들 본디 더불어 사는데
신종 코로나바이러스 감염증이 서로의 만남을 가로막는구나
나라 안에서는 질병으로 인한 고생이 두해에 걸쳐서 계속되니
이리저리 바쁘게 돌아다니던 오래된 벗들의 왕래가 드물기만 하여라

〔平仄構成〕

詩의 平仄構成은 仄平仄仄仄平平 平仄平平平仄平 仄仄仄平平仄仄 平平平仄仄平平으로 되어있다. 詩는 平起式 七言絶句다. 그리고 詩는 上平聲 六 魚韻을 썼는데 韻脚은 居와 沮와 疏이다.

〔작법감상〕

작년 초부터 지금까지 여전하게 두 해에 걸쳐 코로나바이러스 전염병(COVID-19)이 세계적으로 대유행하는(Pandemic) 상황이 되었다. 우리나라의 경우도 예외가 아니어서 집단감염과 개인감염이 모두 여태껏 기승을 부리고 있는 처지다. 전염병이란 물론 傳染(Transmittance)을 막는 것이 핵심인데 초기 발생을 전격적으로 포위하고 能動的으로 초토화시키는 일을 우리 능력으로 해내지 못하였던 것이 아쉽다. 이제는 국민 개인개인이 나름나름의, 受動的 방역이 되겠지만, 방역수칙에 참여하여 자신을 지키고 공동체를 지켜야 하는 때가 되고 말았다. 그러므로 국민 개인 방역의 첫걸음은 가능한 한 밖으로 나돌지 않는 것이며, 나가서는 신체적 거리두기(Physical Distancing)와 사회적 거리두기(Social Distancing)를 실천하는 길이리라. 그러는 중 얼른 느끼는 것은, 안타깝게도, 우선 사회가 멈추는 것 같고 한편 주위에서 동에 번쩍 서에 번쩍 왕성하게 활동하던 사람들이 앵간 보이지 않게 된 것이다. 그래서 그런 渦中에 느끼는 쓸쓸함과 적막함을 베껴본 것이 시의 主旨다: '세상 인간들 본래로 더불어 살게 되어있는데 신종 코로나바이러스 감염증이 서로 만나보는 것을 가로막는구나. 이 나라 안에서는 질병으로 인한 고생이 두해에 걸쳐서 계속되니 이리저리 바쁘게 돌아다니던 오래된 친구들의 발길이 疏遠하기만 하여라.' 필자 黃白沙가 써온 시 4편 "新型冠狀病毒肺炎 신형 코로나바이러스 폐렴" 其一과 其二와 其三과 여기에 각각 마땅히 新種肺炎이 등장하는데 보자: '新種肺炎消毒漫 戴綿洗手日常干 신종 폐렴으로 방역소독이 넘쳐나게 되고 마스크 쓰기와 손 씻기가 일상의 일이 되었다,' '新種肺炎籠大韓 江山如畵恨歎漫 신종 폐렴이 대한민국을 뒤덮으니 금수강산에는 한숨짓는 탄식만 가득하여라,' '正初消息不安傳 新種肺炎非易痊 새해 소식이 불안감을 전하는데 신종 코로나바이러스 감염증이 쉬이 낫지 않으리라네,' '世間本是共同居 新種肺炎相會沮 세상 사람들 본디 더불어 사는데 신종 코로나바이러스 감염증이 서로의 만남을 가로막는구나.' 王勃의 "送杜少府之任蜀州 두소부가 촉주로 부임해가는 것을 전송하며"에 海內가 보인다: '海內存知己 天涯若比隣 이 세상에 知己之友가 있으면 하늘 끝에 있어도 이웃과 같으리.' 杜甫의 "野望 들판에서 바라보며"에도 海內가 보인다: '海內風塵諸弟隔 天涯涕淚一身遙 세상 전란 속에 형제들과 떨어져서 하늘 끝에서 눈물지며 이 한 몸 아득하다.' 白居易의 "晚歲 늘그막에"에 病難이 나온다: '病難施郡政 老未答君恩 질병의 고통 속에 군의 행정을 시행하느라 늙도록 임금의 은혜에 보답하지 못하였네.' 杜甫의 "春望 봄에 바라보다"에 連三月이 있다: '烽火連三月 家書抵萬金 봉화불이 3달이나 계속 피어오르니 집에서 오는 편지는 1만금의 가치라.' 孟浩然의 "歲暮歸南山 한해가 다가는 때 종남산으로 돌아가며"에 故人疏가 있다: '不才明主棄 多病故人疏 재주가 없으니 총명한 임금께서는 나를 버리고 병이 많으니 찾아주는 친구가 드물다.' 2021년 2월 20일 쓴다.

〔詩原文〕 76

若問隱退人生　其一
약문은퇴인생　기일

女孩考妣過門泯
羈絆宦游終有垠
梗泛萍漂何所似
行雲流水一騷人
여해고비과문민
기반환유종유은
경범평표하소사
행운유수일소인

〔시해석〕

은퇴인생을 물으신다면　그 첫 번째

여식은 출가하고 양친부모는 돌아가시고
굴레의 벼슬살이도 마침내 끝나게 되었다
가시나무가지처럼 물위에 떠다니고 부평초처럼 정처 없이 표류하니 이 무엇과 같은 바인가
떠도는 구름처럼 흐르는 냇물처럼 자유분방한 한 사람 시인이어라

〔平仄構成〕

詩의 平仄構成은 仄平仄仄仄平平 平仄仄平平仄平 仄仄平平平仄仄 平平平仄仄平平으로 되어있다. 詩는 平起式 七言絶句다. 그리고 詩는 上平聲 十一 眞韻을 썼는데 韻脚은 泯과 垠과 人이다. .

〔작법감상〕

한살이에서 딱 한차례 있는 隱退(Retirement!!)는 누구에게나 큰 충격적 사건이다. 그런데 그 연령이 될 즈음해서는 부모가 세상을 떠나시고 자식도, 내게는 하나 있는 딸자식이, 시집을 가고 장가를 간다. 곧 나를 지탱해주던 3가지 根幹이 '갑자기 동시에' '무너지고 흩어지는' 것이다. 시간이 어지간히 흘렀는데도 난 아직도 恐怖의 寂寞感처럼 다가오는 그 충격에서 다 벗어나 있지 않다: '여식은 출가하여 떠나고 부모는 저승으로 돌아가시고 굴레와 속박의 벼슬살이도 마침내 끝나게 되었다. 나무가지처럼 물위에 떠다니고 부평초처럼 정처없이 표류하니 무엇과 같은가 떠도는 구름처럼 흐르는 냇물처럼 자유로운 한 사람 시인이어라.' 北宋의 司馬光의 시 "過故洛陽城 옛 낙양성을 지나며"에 若問이 나온다: '若問古今興廢事 請君只看洛陽城 옛날부터 지금까지 興亡盛衰의 역사를 물으신다면 청컨대 그대여 다만 낙양성을 보시라.' 北宋의 蘇東坡의 시 "次韻和王鞏六首 왕공이 지어 보낸 시의 운을 빌어 지은 시 여섯 수"에도 若問이 나온다: '若問我貧天所賦 不因遷謫始囊空 누가 나의 가난이 하늘이 내린 것이냐고 묻는다면 유배를 당해서 내가 가난해진 것은 아니라고 말하려네.' 中唐의 韋應物의 "送楊氏女 양씨 집에 딸을 시집보내며"에 女子가 보인다: '女子今有行 大江溯輕舟 딸아이가 오늘 시집을 가니 큰 강을 작은 배로 거슬러 올라간다.' 初唐의 王勃의 "送杜少府之任蜀州 두소부가 촉주로 부임해가는 것을 전송하며"에 宦游가 보인다: '與君離別意 同是宦游人 그대와 이별하는 괴로운 심사 우리는 다 함께 벼슬 따라 떠도는 신세.' 필자 黃白沙의 "隱退 은퇴"에도 宦游가 보인다: '一世宦游羈絆騈 桃源引退自由仙 평생토록 벼슬살이 얽어맨 굴레의 수레와 같아라 무릉도원에 은퇴하니 자유분방한 신선계의 삶이로세.' 盛唐의 杜甫의 "旅夜書懷 여행 도중 밤에 소회를 적는다"에 何所似가 보인다: '飄飄何所似 天地一沙鷗 여기저기 떠돌아다니는 이 몸 무엇과 같은 바인가 천지간에 한 마리 갈매기 모습이라.' 필자 黃白沙의 "自由人 자유인"에 行雲流水가 보인다: '月白風淸秋夜色 行雲流水旅程親 달 밝고 바람이 선선한 가을의 야경에 떠도는 구름처럼 흐르는 냇물처럼 자유로운 여행길 사랑한다.' 그리고 로마(Rome)의 철학자 키케로(Cicero BC106-43)가 노년에 쓴 "노년에 관하여"에는 은퇴 후의 삶에 관한 곰곰 생각해 볼 명찰한 분석이 있어서 눈길을 끄는데 많이 공감하고 많은 위안을 삼는다: '육체가 쇠약해진 노년이 되어서도 정신적으로 이루어낼 수 있는 일이 있으며 큰일은 힘이나 기민함으로 하는 것이 아니라 오히려 깊은 사고와 판단력으로 하는 것이다, 젊은 날의 욕망 갈등 야망과의 전쟁이 끝나고 자신의 마음이 온전히 자기 자신의 自我와 함께하는 老年이 얼마나 좋은지 알아야 한다, 노년은 쾌락에서 멀어지는 것이나 버림받은 것이 아니라 쾌락의 유혹에서 벗어나는 것으로, 곧 쾌락으로부터 해방되는 것으로, 축복인 것이다, 또한 노년은 죽음이 머지않았다지만 죽는 것은 다 같이 自然의 順理에 따르는 아름다운 것이다.' 2021년 2월 21일 쓴다.

〔詩原文〕 77

若問隱退人生　其二
약문은퇴인생　기이

星移隱退自由人
一體心身相互親
休問天明向何處
行雲流水不留塵
성이은퇴자유인
일체심신상호친
휴문천명향하처
행운유수불유진

〔시해석〕

은퇴인생을 물으신다면　그 두 번째

사물이 바뀌고 세월이 흘러서 은퇴한 자유인이 되니
몸과 마음이 혼연일체가 되어 서로 친하구나
날이 밝으면 어디로 가야 하느냐고 그대여 내게 묻지 마시라
구름처럼 떠돌고 물처럼 흘러가니 세속의 명리에 머무르지 않는다오

〔平仄構成〕

詩의 平仄構成은 平平仄仄仄平平 仄仄平平平仄平 平仄平平仄平仄 平平平仄仄平平으로 되어있다. 詩는 平起式 七言絶句다. 그리고 詩는 上平聲 十一 眞韻을 썼는데 韻脚은 人과 親과 塵이다. 그리고 3句의 下三字에서는 單拗가 쓰였다. 本來 轉句 下三字의 平仄의 構成은 平仄仄인데 仄平仄이 되어, 卽 向何處가 되어, 5字에서 毁損된 平字를 6字에서 回復한 것이다. 이는, 下三字에 孤平現象이 發生하였으나 挾平格으로 肯定的으로 看做하며, 本句 自救의 方法으로 合律이 된다..

〔작법감상〕

혹 그대가 은퇴생활은 어떠냐고 묻는다면 나는 주저 없이 行雲流水의 自由人의 삶이라고 單刀直入으로 대답하겠습니다: '시간이 흘러서 職務에서 隱退한 自由人이 되니 渾然一體가 되어 心身이 어긋나지 않고 서로 사랑하게 되었구나. 그러니 그대여 내일 날이 번히 새면 꼭 가야할 곳이 있느냐고 내게 부디 묻지 마시오. 이제는 구름처럼 냇물처럼 정처 없이 자유롭게 떠다닐게요.' 北宋의 歷史家 司馬光의 "過故洛陽城 옛 낙양성을 지나며"에 若問이 나온다: '若問古今興廢事 請君只看洛陽城 옛날부터 지금까지 興亡盛衰의 역사를 물으신다면 청컨대 그대여 다만 낙양성을 보시라.' 王勃의 "滕王閣詩序"에 物換星移가 보인다: '閑雲潭影日悠悠 物換星移度幾秋 한가한 구름 못에 비치고 해 아득하니 경물이 바뀌고 별자리 변하기 몇 해가 지났는가.' 黃白沙의 시 "隱退"가 있다: '今始馬銜終仕宦 明朝散髮放周遊 오늘 바야흐로 재갈의 벼슬살이도 끝마치니 내일 아침이면 머리 풀고 마음대로 세상을 떠다니리라. 黃白沙의 시 "自由人"도 있다: '感此闡明吾所願 悠悠自適自由人 이에 느꺼워 내 일생의 소원을 분명하게 드러내서 밝히노니 세속의 굴레에 얽매이지 않고 내 하고 싶은 대로 마음 편히 사는 자유인이라.' 詩詞에서 親은 친하다 가깝다 사랑하다의 의미다. 韓愈의 "符讀書城南 아들 부는 성남에서 독서하라"에 親이 나온다: '燈火稍可親 簡編可舒卷 이제 등불을 가까이 할 수 있으리니 책을 펼쳐보는 것도 좋으리라.' 崔涂의 "巴山道中除夜有懷 파산으로 가는 도중 선달 그믐날 밤에 회포가 있었다"에도 親이 나온다: '漸與骨肉遠 轉於僮僕親 골육과 점점 멀어지고 되레 종들과 가까워지네.' 杜甫의 "登岳陽樓 악양루에 올라서"에도 親이 나온다: '親朋無一字 老病有孤舟 친한 벗들에게서 一字無消息인데 늙고 병든 몸은 배 한 척뿐이다.' 詩의 承句는 로마의 철학자 키케로Cicero의 "노년에 관하여"에서 가져온 생각이다: '욕망 갈등 야망 이런 것들과의 전쟁이 끝나고 자기 자신의 自我와 함께하는 老年이 얼마나 좋은 것인지 알아야 한다.' 李商隱의 "寄令狐郎中 영호낭중에게 부친다"에 休問이 나온다: '休問梁園舊賓客 茂陵秋雨病相如 양원의 옛 손님 소식은 묻지 마오 무릉의 가을비에 사마상여 병들었다오.' 杜牧의 "贈別 떠남에 드리다"에 天明이 나온다: '蠟燭有心還惜別 替人垂淚到天明 촛불도 마음이 있는지 또한 이별이 아쉬워 우리를 대신해 눈물 흘려 새벽을 맞네.' 唐 國淸寺의 詩僧 豊干禪師의 어느 싯구에 雲水가 나온다: '一身如雲水 悠悠任去來 이 한 몸 구름같이 물같이 유유히 마음대로 왔다 갔다 하리라.' 詩의 轉結句의 問答 構圖의 詩情은 마치 杜甫의 "旅夜書懷 여행 도중 밤에 소회를 적는다"를 연상시킨다: '飄飄何所似 天地一沙鷗 떠도는 이 몸 무엇과 같은 바인가 천지간에 한 마리 갈매기어라.' 2021년 1월 7일 쓴다.

〔詩原文〕78

清明日懷蕃夫壻
청명일회번부서

清明節氣雨潺潺
千里赴難人未還
始發封侯莫疑願
十年離別不知患
林園明月獨愁絶
大漠亮星應涕潸
春日何當倚虛幌
萬端情話享安閑
청명절기우잔잔
천리부난인미환
시발봉후막의원
십년이별부지환
임원명월독수절
대막양성응체산
춘일하당의허황
만단정화향안한

〔시해석〕

청명날 토번에 출정 간 남편을 그리며

청명날에 비는 주룩주룩 내리는데
천리 길 원정나간 사람 아직 돌아오지 않네
떠날 때 제후에 봉해지는 소망을 의심하지 않았는데
십년 된 이별의 근심은 미처 알지 못하였더라
숲이 무성한 동산에 달이 밝으면 내 홀로 시름에 괴로워하고
넓은 사막벌판에 새벽별이 밝게 빛나면 그대 응당 눈물지으리
우리는 어느 봄날에나 마땅히 엷은 휘장에 기대어
가지가지 정다운 이야기 나누며 편안함 한가함 누릴 수 있으련가

〔平仄構成〕

詩의 平仄構成은 平平仄仄仄平平 平仄仄平平仄平 仄仄平平仄平仄 仄平平仄仄平平 平平平仄仄平仄 仄仄仄平平仄平 平仄平平仄平仄 仄平平仄仄平平으로 되어있다. 詩는 平起式 七言律詩다. 그리고 詩는 上平聲 十五 刪韻을 썼는데 韻脚은 潺, 還, 患, 潸, 閑이다. 그리고 3句의 下三字에서는 單拗가 쓰였다. 本來 3句의 下三字의 平仄의 構成은 平仄仄인데 仄平仄이 되어, 卽 莫疑願이 되어, 5字에서 毁損된 平字를 6字에서 回復한 것이다. 이는, 下三字에 孤平現象이 發生하였으나 挾平格으로 肯定的으로 看做하며, 本句 自救의 方法으로 合律이 된다. 또 5句와 6句에서는 孤平拗救가 쓰였는데 本來 5句의 下三字는 平平仄이어야 하는데 仄平仄으로 되어, 卽 獨愁絶로 되어, 5字의 平字가 毁損되었다. 그래서 6句의 5字는 本來 仄字여야 하는데 平으로 바꿔서, 卽 應으로 바꿔서, 毁損된 平을 回復시켰다. 이로써 또한 合律이 된다. 그리고 7句의 下三字에서도 單拗가 쓰였다. 本來 7句의 下三字의 平仄의 構成은 平仄仄인데 仄平仄이 되어, 卽 倚虛幌이 되어, 5字에서 毁損된 平字를 6字에서 回復한 것이다. 이는, 下三字에 孤平現象이 發生하였으나 挾平格으로 肯定的으로 看做하며, 本句 自救의 方法으로 合律이 된다. 그리고 中央四句의 下三字는 前聯과 後聯의 境遇에 文法構造를 다르게 配置하여 意味上 各各 莫 疑 願, 不 知 患, 獨 愁絶, 應 涕潸으로 읽히게 되어 四言一法 忌避의 原則을 따라서 平板을 避하고 錯綜을 지켰다. 그리고 詩의 韻을 달지 않은 仄聲字 곧 願, 絶, 幌은 次例로 去聲 入聲 上聲이 되어 이른바 四聲遞用의 法則을 充實히 지켰다.

〔작법감상〕

좋은 봄철 날씨 清明節에 遠征나간 지아비를 그리워하는 아낙네의 心思를 노래한 것이다. 벼슬길의 富貴功名을 꿈꾸며 男子를 전쟁터로 보내고 훗날 女子 혼자 남아 後悔하고 그리워하는 상황이다. 이와 같은 심경을 엇비슷이 베낀 '규방 여인의 원망'을 노래한 시는 종종 있는데 얼른 王昌齡의 "閨怨 규방의 원망" 시가 떠오르고 皇甫冉의 "春思 봄날의 그리움" 시가 떠오른다. 孟浩然의 清明日과 관련한 시에 "清明日宴梅道士房 청명에 매도사집에서 잔치하며"가 있다: '林臥愁春盡 開軒覽物華 숲에 누워 가는 봄을 아쉬워하며 창문 열고 풍광을 둘러본다.' 杜牧의 "清明 청명"에 清明時節이 있다: '清明時節雨紛紛 路上行人欲斷魂 청명날에 비는 어지럽게 추적추적 내리는데 길가는 나그네는 넋이 끊기도록 애통하네.' 柳宗元의 "雨中贈仙人山賈山人 빗속에 도사 산가 산인께 드리다"에 潺潺이 있다: '寒江夜雨聲潺潺 曉雲遮盡仙人山 차가운 강물에 밤비 내리는데 소리 졸졸거리고 새벽구름은 도사가 사는 산을 다 가리네.' 王昌齡의 "出塞 변경에 나가며"에 人未還이 있다: '秦時明月漢時關 萬里長征人未還 진나라 때 밝은 달 한나라의 관소에도 여전한데 만 리 길 원정 갔다 돌아온 사람 아직 없어라.' 王昌齡의 "閨怨 규방의 원망"과 曹松의 "己亥歲 기해년"에 封侯가 나온다: '忽見陌頭楊柳色 悔教夫壻覓封侯 문득 길가의 버들 빛깔 보고서 벼슬길 구하라고 그대 보낸 일 뉘우친다,' '憑君莫話封侯事 一將功成萬骨枯 청컨대 그대여 封侯事 말하지 말라 한 사람 장군의 성공에는 만 명의 병사의 죽음이 따르니.' 杜甫의 "喜觀卽到復題短篇二首 아우 관이 곧 도착할 것이라는 소식에 기뻐하며 다시 단편 2수를 짓는다"에 愁絶이 있다: '應論十年事 愁絶始星星 십 년 쌓인 회포 응당 모두 나누면 지극한 슬픔에 머리가 셀 수도 있으리.' 韋應物의 "秋夜寄邱員外 가을밤에 구원외에게 부치다"에 應이 있다: '空山松子落 幽人應未眠 사람 없는 산중에 솔방울 떨어지면 은자인 그대 마땅히 잠 못 들리라.' 杜甫의 "登岳陽樓 악양루에 올라서"에 涕泗가 있고 劉長卿의 "新年作 새해에 짓다"에 潸然이 있다: '戎馬關山北 憑軒涕泗流 싸우는 말이 관산 북쪽에서 날뛰니 난간에 기대어 눈물 콧물 흘리네,' '鄉心新歲切 天畔獨潸然 고향 그리워하는 마음 새해에 더욱 간절하니 하늘가에서 홀로 눈물 흘리누나.' 李商隱의 "夜雨寄北 밤비 내리는데 북으로 부치다"와 동시대의 溫庭筠의 "送人東遊 동쪽으로 유람하는 사람을 전송하며"에 공히 何當이 있다: '何當共剪西窗燭 卻話巴山夜雨時 언제나 함께 서쪽 창가 촛불 심지 자르며 파산에 밤비 내리던 때를 도리어 얘기할까,' '何當重相見 樽酒慰離顏 언제나 우리 다시 만날 수 있을까 한 동이 술로 떠나가는 벗을 달래네.' 杜甫의 "月夜 달밤에"에 倚虛幌이 있다: '何時倚虛幌 雙照淚痕乾 어느 때나 얇은 휘장에 기대 함께 달빛 받으며 눈물을 말릴까.' 2021년 2월 25일 謙齋 鄭歆의 "望夫石"을 감상하며 써본다.

〔詩原文〕 79

開川春遊
개천춘유

淸溪川畔乍梅花
處處賞春歌舞嘉
遲暮人波返家後
暗香浮動入紅霞
청계천반사매화
처처상춘가무가
지모인파반가후
암향부동입홍하

〔시해석〕

청계천의 봄나들이

청계천변에 매화꽃이 바야흐로 피었는데
곳곳에서 봄을 맞는 구경꾼들의 춤과 노랫소리 아름답구나
해 질 녘 사람들 집으로 돌아간 후
그윽한 향기 은근히 떠돌아 붉은 노을에 들어가네

〔平仄構成〕

詩의 平仄構成은 平平平仄仄平平 仄仄仄平平仄平 平仄平平仄平仄 仄平平仄仄平平으로 되어있다. 詩는 平起式 七言絶句다. 그리고 詩는 下平聲 六 麻韻을 썼는데 韻脚은 花와 嘉와 霞이다. 그리고 3句의 下三字에서는 單拗가 쓰였다. 本來 轉句 下三字의 平仄의 構成은 平仄仄인데 仄平仄이 되어, 卽 返家後로 되어, 5字에서 毁損된 平字를 6字에서 回復한 것이다. 이는, 下三字에 孤平現象이 發生하였으나 挾平格으로 肯定的으로 看做하며, 本句 自救의 方法으로 合律이 된다.

〔작법감상〕

開川은 淸溪川의 옛 이름이다. 春遊는 물론 봄철의 정취를 즐기며 노는 것이다. 그러므로 開川春遊는 마땅히 청계천의 봄나들이가 되리라. 봄 소풍 나온 사람들이 죄다 돌아간 후 적막한 분위기에서 드러나는 매화의 暗香疎影을, 그윽한 향기 성긴 그림자를, 시의 후반부에서 의도적으로 부각시켰다: '청계천변에 매화꽃이 이제 막 피었는데 도처에서 몰려온 상춘객들이 노래하고 춤을 추니 아름다워라. 해가 저물어 상춘객들 다 귀가한 후에 그윽한 매화향기 은근히 떠돌아 붉은 노을 속으로 퍼져 흩어지는구나.' 南北朝時代 陳의 마지막 임금 後主 陳叔寶의 소위 亡國之音 "玉樹後庭花 뒤꼍의 아름다운 나무와 꽃"이 있는데 나 필자는 그 시 끝자락에서 애당초 詩情의 분위기를 빌렸다: '花開花落不長久 落紅滿地歸寂中 꽃은 피고 짐에 오래 가지 못하거니 땅을 가득 덮은 떨어진 붉은 꽃잎 적막 가운데로 돌아가리.' 張祜의 "贈內人 궁녀에게 드리다"에 燈影畔이 있다: '斜拔玉釵燈影畔 剔開紅焰救飛蛾 등불의 그림자의 곁에서 가벼이 옥비녀 뽑아 붉은 불꽃 갈라서 나방을 구해주네.' 劉長卿의 "新年作 새해에 짓다"에도 天畔이 있다: '鄕心新歲切 天畔獨潸然 고향을 그리워하는 마음 새해에 더욱 간절하니 하늘가에서 눈물 줄줄 흘리네.' 杜甫의 시에는 "江畔獨步尋花 강가를 홀로 걸으며 꽃을 감상하다"가 있다: '江上被花惱不徹 無處告訴只顚狂 강변이 꽃에 덮여 그냥 지나칠 수 없는데 이 소식을 전할 곳 없어 미칠 지경이네.' 孟浩然의 "春曉 봄날 새벽"에 處處가 있다: '春眠不覺曉 處處聞啼鳥 봄잠에 취하여 새벽인 줄 몰랐는데 여기저기 새우는 소리 들린다.' 朝鮮의 歌辭文學의 嚆矢로 평가되는 丁克仁의 "賞春曲 봄 경치를 구경하며 즐기는 노래"가 있는데 아름답다: '功名도 날 끠우고 富貴도 날 끠우니 淸風明月 外에 엇던 벗이 잇사올고. 簞瓢陋巷에 흣튼 혜음 아니 하니 아모타 百年行樂이 이만한달 엇지하리.' 北宋 林逋의 "梅花詩 매화시"에 暗香浮動이 있다: '疎影橫斜水淸淺 暗香浮動月黃昏 성긴 그림자는 맑고 얕은 개울에 가로 비끼고 그윽한 향기는 어스름 달빛 아래 감도네.' 임포의 영향으로 詩詞에서 暗香은 통상 매화(향)을 지칭한다. 그러므로 위 시에서도 起句의 '梅花'와 結句의 '暗香'이 서로 照應하는 효과가 있는 것이다. 張祜의 "集靈臺 집령대"에 入簾來가 있다: '昨夜上皇新授籙 太眞含笑入簾來 어젯밤 上皇 현종께서 새롭게 道籙을 수여하시니 태진 양귀비 웃음을 머금고 주렴 안으로 들어오네.' 끝으로, 나 저자는 사실 '暗香浮動入紅霞' 句에서 入을 써서 그윽한 향기 붉은 노을에 들어간다고 할까 散을 써서 붉은 노을에 흩어진다고 할까 流를 써서 붉은 노을에 흐른다고 할까 歸를 써서 붉은 노을에 돌아간다고 할까 꽤 망설였다. 결국 入을 써서 붉은 노을에 들어간다고 하였다. 2021년 3월 4일 쓴다.

〔詩原文〕 80

天佑神助救國干城乙支將軍
천우신조구국간성을지장군

風前燈火句麗危
社稷爲墟誰正罹
智將乙支名大捷
上天保佑外何辭
풍전등화구려위
사직위허수정리
지장을지명대첩
상천보우외하사

〔시해석〕

하늘이 돕고 귀신이 도운 구국영웅 을지장군

바람 앞의 등불 같은 조국 고구려의 위기에
사직이 폐허가 되는 망국을 진정으로 걱정한 사람이 누군가
지혜가 뛰어난 장수 을지문덕의 유명한 살수대첩이 있었으니
하늘이 보살피고 신령이 도왔다는 말 밖에 무슨 말을 하겠는가

〔平仄構成〕

詩의 平仄構成은 平平平仄仄平平 仄仄平平平仄平 仄仄仄平平仄仄 仄平仄仄仄平平으로 되어있다. 詩는 平起式 七言絶句다. 그리고 詩는 上平聲 四 支韻을 썼는데 韻脚은 危와 罹와 辭이다.

〔작법감상〕

2021. 3. 6. 나는 우리 半萬年 역사에서 나라와 인민을 위해서 크게 貢獻한 가장 偉大한 사람을 딱 한사람만 꼽으라고 한다면 별 머뭇거림 없이 高句麗 乙支文德 將軍을 들겠다. 아니 인류사에서 뛰어난 몇몇 將帥의 班列을 물어도 나는 변함없이 乙支將軍을 말할 것이다. 지혜를 품고 용기로 무장하여 나라를 지키니 그렇고 生民을 위하고 갈바람과 같이 사라지니 더욱 그렇다. 이미 필자는 을지장군에 관한 시를 여러 편 써왔는데 위 시는 을지문덕이라는 존재는, 아무리 생각해도, 우리 민족으로서는 上天保佑 곧 하늘이 돕고 신령이 돕는다는 말 외에는 죄다 蛇足일 수밖에 없으리라는 것이 主旨다. 말을 좀 더 해보자. 당시 隋나라 煬帝라는 사람이 어떤 사람이던가 생각해보라. 중국 역사상 가장 狂暴한 君主로 평가되는 사람이다. 아버지를 때려죽이고 보위에 올랐고, 북경-항주 대운하건설에서 일부 수로가 막히자 그 구역을 토목공사한 사람을 찾아서 '제 나라 백성' 55000명을 水葬시킨 사람이며, 유람선에서 놀지만 말고 궁궐을 지키라고 忠諫하는 崔民象 王愛仁 威任宗 등의 턱을 뽑아버린 사람이다. 그런 포악한 사람이 '자기를 성가시게 한 적국' 고구려를 그냥 놔두지 않은 것은 이상한 일이 아니다. 先代 文帝에서부터 총 네 번이나 수고롭게 고구려를 쳐들어 왔으니('麗隋戰爭') 만의 일 침공에 성공했더라면 그의 殘忍無道함을 비춰보았을 때 모르긴 몰라도 짐작컨대 고구려 國土와 人民의 반은 불태우고 반은 생매장했을 爲人이다. 상상만해도 끔찍하고 소름이 돋는다. 인류역사의 관점에서도 그런 人間悖倫을 막은 것은 偉大하다는 말로도 부족하다. 그것은 사람의 일이 아니요 하늘이 도우신 것이리라!! 天 佑 神 助!!: '바람 앞의 등불 같은 고구려의 위기에 사직이 폐허가 되는 것을 진정으로 근심한 사람이 누군가. 지혜의 장수 을지문덕의 유명한 薩水大捷이 있었으니 하늘이 보살피고 도왔다는 말 외에 무슨 말을 더하랴.' 李白의 "蜀道難 촉으로 가는 길 험해라"에 危가 쓰인다: '危乎高哉 蜀道之難 험하구나 높구나 촉으로 가는 길 어려워라.' 杜甫의 "旅夜書懷 여행 도중 밤에 소회를 적는다"에도 危가 쓰인다: '細草微風岸 危檣獨夜舟 곱고 여린 풀에 산들바람 부는 기슭에 높고 가파르게 돛대 세우고 홀로 밤에 배를 댄다.' 杜甫의 "江南逢李龜年 강남에서 이구년을 만나다"에 正이 쓰인다: '正是江南好風景 落花時節又逢君 정말로 강남땅 풍광이 좋은데 꽃이 지는 시절에 또 그대를 만났습니다.' 孔子가 편찬한 "詩經 시경"에 罹가 쓰인다: '逢此百罹 尙寐無吪 이 숱한 근심거리 만났으니 차라리 잠들어 움직이지나 말지어다.' 그간 나는 을지문덕장군의 위업을 기리는 시를 여러 편 써왔는데, 위 시 외에도, 몇 편만 제목을 소개하면 다음과 같다: "乙支路歌奉頌高句麗大將帥乙支文德 을지로를 노래하며 고구려 대장수 을지문덕을 받들어 기리다," "高句麗大將軍乙支文德 고구려 대장군 을지문덕," "乙支文德歌 을지문덕 장군을 노래하다," "憶乙支文德李舜臣二將軍 을지문덕 이순신 두 장군을 생각하며," "憶乙支文德楊萬春二將軍 을지문덕 양만춘 두 장군을 생각하며."

〔詩原文〕 81

辛丑年自畵像
신축년자화상

齟牙被拔幾多憐
病毒狂逞何日痊
行路怨望身瘦老
八方騷動氣枯蔫
전아피발기다련
병독광령하일전
행로원망신수노
팔방소동기고언

〔시해석〕

신축년 2021 자화상

치아 사랑니가 뽑혀나가니 얼마나 가련하던고
전염병독은 미친 듯이 날뛰니 어느 날에나 병이 다 나을꼬
인생행로 원망스러우니 몸은 여위어 늙어가고
나라 사방팔방 소란스러우니 기운이 마르고 시든다

〔平仄構成〕

詩의 平仄構成은 平平仄仄仄平平 仄仄平平平仄平 平仄仄平平仄仄 仄平平仄仄平平으로 되어있다. 詩는 平起式 七言絶句다. 그리고 詩는 下平聲 一 先韻을 썼는데 韻脚은 憐과 痊과 蔫이다. 그리고 起句 承句 轉句 結句는 모두 함께 對杖을 갖추어 所謂 全對格이 되었다.

〔작법감상〕

이 시는 나의 自畫像이다. 辛丑年 2021년에 개인적으로 사회적으로 겪는, 또한 신체적으로 정신적으로 겪는, 나의 고통스런 모습을 그린 것이다. 무엇보다 최초의 개인적 拔齒에서 오는 喪失感과 剝奪感과 그리고 게다가 처음 겪는 사회적 大病難 코로나19로부터 오는 不安 焦燥 등등을 다소 노골적으로 표현한 것이다: '이빨 사랑니가 뽑히니 얼마나 불쌍하던고 코로나 감염증은 미친 듯이 마구 날뛰니 어느 날에나 질병이 나아서 건강을 회복할까. 인생살이가 못마땅하여 불평을 품으니 몸은 날로 여위어 늙어가고 세상 곳곳에서 법석거리고 떠들어 대니 기운은 더욱 마르고 시든다.' 나는 2021년 2월 17일 난생처음으로 이를 뽑았다. 이미 쓰임이 다했다는 의료진의 衝擊的(?) 진단을 따라서 오른쪽 위쪽 사랑니를 뽑은 것이다. 그 앞 어금니를 서둘러 보호하기 위해서였다. 그 후 일주일 후 2월 24일 이번에는 내가 스스로 나서서, 역시 앞 어금니를 서둘러 보호하려고, 아직 성한 왼쪽 위쪽 사랑니도 뽑도록 하였다. 2주일 만에 2개를 잃은 채로 이제는 30개의 이만 남아있다. 나는 남은 이빨 장수들에게 말하련다: '삼십 개 이빨 장수들이여, 이번에 우리는 소중한 두 동료장수를 잃었다. 모두가 총사령관인 나의 소홀하고 부실한 운영 탓이다. 사죄하고, 앞으로는, 장수들의 健齒를 지키기 위하여 不撤晝夜 노력하겠다는 것을 天地神明께 약속한다. 우리 함께 黃泉까지 손에 손잡고 갑시다!! My dearest teeth generals, we march tonight hand in hand together!! 身體髮膚受之父母 不敢毁傷孝之始也 此頭可斷 此牙不可斷!!' 사실 나에게 32개 치아는 내 몸 건강상황을 알려주는 자랑스러운 리트머스시험지였다. 한국에서는 물론 미국 영국 호주에서도 나의 치아를 점검하던 의사선생님들은 한결같이 健齒를 칭찬했기 때문이다. 그래서 拔齒라는 사실은 내게는 큰 충격이었다: '평생 이 치아를 쓰겠다,' '이도 좋지만 잇몸도 좋다,' '사랑니 4개도 가지런히 나 있으니 뽑지 말고 가지고 있다가 훗날에 쓸모를 찾으라,' '아랫니도 좋지만 윗니는 더욱더 인상적이다,' '아프리카 건강치를 연상시킨다,' '치아가 좋네요 정말로 좋네요.' 그러나 그것은 過去之事일 뿐 現在는 치아를 자나 깨나 걱정하는 정말 처량한 신세가 되었다. 생각해보면 칭찬 속에 안주하면서 이빨을 게으르게, 이빨을 조심 없이, 다뤘다는 반성을 하게 된다. 이태 전 어느 치과병원의 경고가 떠오른다. '아이고, 좋은 이를 너무 심하게 다뤘네. 앞으로는 조심해 쓰세요.' 후반 인생을 바로 시작함에 상실감과 박탈감을 준 이 이빨사건이 혹 이제 몸의 곳곳 고장으로 치닫는 信號彈(flare)이 되는 것은 아닌지 걱정이 태산 같다. 行路難!! 설상가상 지난해부터 兵難에 버금가는 病難을 겪으니 나로서는 '二重苦'가 아닐 수 없다. 나는 6.25 이후에 태어나서 전쟁을 겪은 선배세대에게 늘 미안함과 감사함을 가지고 살았는데 급기야 나도 질병전쟁을 경험하게 된 것이다. 전쟁 상황이 과연 어떤 것일까를 깊이 가늠하게 된다. 사랑니들은 무정하게 뽑혀나가고 세상천지는 해를 거듭하여 병 전쟁터니 답답하고 불안하다. 이것이 2021년 3월 10일에 쓰는 몸과 맘이 아픈 나의 自畫像이다.

〔詩原文〕 82

春行寄興
춘행기흥

獨憐幽意不堪焉
城外春遊隨適然
大地旣知來暖候
百花今發答華年
山村黃鳥散雲雨
水廓東風輕靄煙
脫俗方行自偏愛
願爲歸臥故園田
독련유의불감언
성외춘유수적연
대지기지래난후
백화금발답화년
산촌황조산운우
수곽동풍경애연
탈속방행자편애
원위귀와고원전

〔시해석〕

봄맞이에 흥을 부치고저

그윽한 곳 향하는 마음 유독 사랑하여 그 마음 시듦을 견디지 못하니
도성 밖 봄나들이 나온 것은 무작정 우연을 좇아서다
대자연의 넓은 땅은 따뜻한 계절이 찾아왔음을 이미 알았고
온갖 꽃은 좋은 시절에 화답하여 지금 바로 피었구나
꾀꼬리 우는 두메산골에는 성긴 구름비 뿌리고
봄바람 화창한 물가마을에는 가벼운 안개연기 피어오른다
세속을 벗어난 거리낌 없는 방랑길 나절로 사랑하니
내 바라건대 옛 전원에 돌아가 누워버리리라

〔平仄構成〕

詩의 平仄構成은 仄平平仄仄平平 平仄平平平仄平 仄仄仄平平仄仄 仄平平仄仄平平 平平平仄仄平仄 仄仄仄平平仄平 仄仄平平仄平仄 仄平平仄仄平平으로 되어있다. 詩는 平起式 七言律詩다. 그리고 詩는 下平聲 一 先韻을 썼는데 韻脚은 蔫, 然, 年, 煙, 田이다. 그리고 5句와 6句에서는 孤平拗救가 쓰였는데 本來 5句의 下三字는 平平仄이어야 하는데 仄平仄으로 되어, 卽 散雲雨로 되어, 5字의 平字가 毁損되었다. 그래서 6句의 5字는 本來 仄字여야 하는데 平으로 바꿔서, 卽 輕으로 바꿔서, 毁損된 平을 回復시켰다. 이로써 合律이 된다. 그리고 7句의 下三字에서는 單拗가 쓰였다. 本來 7句의 下三字의 平仄의 構成은 平仄仄인데 仄平仄이 되어, 卽 自偏愛가 되어, 5字에서 毁損된 平字를 6字에서 回復한 것이다. 이는, 下三字에 孤平現象이 發生하였으나 挾平格으로 肯定的으로 看做하며, 本句 自救의 方法으로 또한 合律이 된다. 그리고 中央四句의 下三字는 前聯과 後聯의 境遇에 文法構造를 다르게 配置하여 意味上 各各 來(動詞) 暖候(名詞), 答(動詞) 華年(名詞), 散(形容詞) 雲雨(名詞), 輕(形容詞) 靄煙(名詞)으로 읽히게 되어 四言一法 忌避의 原則을 따라서 平板을 避하고 錯綜을 지켰다. 그리고 詩의 韻을 달지 않은 仄聲字 곧 候, 雨, 愛는 次例로 去聲, 上聲, 去聲이 되어 이른바 四聲遞用의 法則을 充實히 지켰다.

〔작법감상〕

봄날 무작정 계획 없이 步行에 나섰다. 서울 都城 밖 봄철의 경치를 마냥 즐기다가 그런데 문득 歸隱을, 즉 자연으로 돌아가고 싶은 心思를, 떠올리게 된 것이다. 그런 隱逸의 삶은 사실 나로서는 이미 병이 깊어 오래도록 바라는 바다. 詩詞에서 작자가 가슴에 품은 隱棲의 의지와 소망을 은근하게 내비치는 것은 실제로 不知其數다. 불과 몇 작품만 소개해 본다: 綦毋潛의 "春泛若耶溪 봄날 약야계에 배를 띄우다"를 비롯하여, 常建의 "宿王昌齡隱居 왕창령의 은거지에 묵으며"가 있고, 王維의 "山居秋暝 산골 집의 가을 저녁"이 있고, 王維의 "歸嵩山作 숭산에 돌아와 짓다"가 있고, 許渾의 "秋日赴闕題潼關驛樓 가을날 장안으로 가다가 동관의 역루에서 짓다"가 있고, 溫庭筠의 "利洲南渡 이주에서 남쪽으로 건너며"가 있다. 李華의 시에 "春行寄興 봄 길을 걸으며 취흥에 부친다"가 있다: '芳樹無人花自落 春山一路鳥空啼 사람은 없는데 향기로운 나무에서 꽃잎은 절로 지고 쭉 뻗은 봄 산길에 새만 공연히 울어 대네.' 南宋의 眞山民의 시에도 "春行 봄나들이"가 있다: '東風物物新 花外步淸晨 동쪽에서 봄바람 부니 만물이 새롭고 꽃 밖을 걷는데 맑은 새벽이라.' 韋應物의 "滁州西澗 저주 서편 계곡에서"에 獨憐幽草가 나온다: '獨憐幽草澗邊生 上有黃鸝深樹鳴 시냇가에 난 그윽한 풀 홀로 좋아하는데 머리 위에서는 깊은 숲에서 꾀꼬리가 우네.' 綦毋潛의 "春泛若耶溪 봄날 약야계에 배를 띄우다"에 幽意와 隨所偶가 나온다: '幽意無斷絶 此去隨所偶 그윽한 것을 좋아하는 마음 끊임없어 이번 뱃놀이는 우연인 바를 따른다.' 高適의 "同李太守北池泛舟宴高平鄭太守 이태수와 함께 북쪽 연못에서 배를 띄워 고평의 정태수를 위해 연회를 배풀다"에도 幽意가 나온다: '幽意隨登陟 嘉言卽獻酬 그윽함을 사랑함을 좇아서 높은 곳에 올라서 아름다운 말로 곧 그대에게 술잔을 올립니다.' 南宋 李繒의 "曉步 새벽 보행"에도 幽意가 나온다: '山花野草自幽意 布谷一聲春水生 산꽃 들풀 절로 그윽한 뜻이 있고 뻐꾸기 한번 울 제 봄물이 생긴다.' 于武陵의 "勸酒 술을 권함"에 花發이 나온다: '花發多風雨 人生足別離 꽃이 피면 비바람이 많은 법 인생살이 족히 이별이라오.' 杜牧의 "江南春 강남의 봄"에 水村山郭이 나온다: '千里鶯啼綠映紅 水村山郭酒旗風 천리길에 꾀꼬리 울고 초록색 붉은색 서로 비추는데 강마을에도 산마을에도 주막 깃발 나부끼네.' 綦毋潛의 "春泛若耶溪 봄날 약야계에 배를 띄우다"에 또한 願爲가 나온다: '生事且彌漫 願爲持竿叟 인생사 또한 아득하니 낚싯대 드리운 늙은이의 삶 살고 싶어라.' 賈島의 "題詩後 시를 지은 후에"에 隱居를 示唆하는 歸臥가 나온다: '知音如不賞 歸臥故山秋 벗들이 나의 시를 높이 평가해주지 않으면 고향 산의 가을에 돌아가 누워버리리.' 東晋 陶淵明은 "歸園田居 전원으로 돌아와 살면서"에서 園田을 노래한다: '開荒南野際 守拙歸園田 남쪽 들 가장자리에 황무지를 개간하며 본성대로 살려고 전원으로 돌아왔네.' 끝으로, 위 시에서는 獨憐과 自偏愛가, 幽意와 歸臥가, 그리고 春遊와 方行이 앞뒤에서 서로 呼應하고(flagging) 있다. 2021년 3월 14일에 완성한다.

〔詩原文〕 83

守拙
수 졸

封侯封爵使人瘦
百萬富翁烏不愁
守拙倦飛隨實性
自怡此外復焉求
봉 후 봉 작 사 인 수
백 만 부 옹 오 불 수
수 졸 권 비 수 실 성
자 이 차 외 부 언 구

〔시해석〕

세태에 합하지 않고서 우직한 태도를 고집함

제후로 봉해지고 관작을 받는 일은 사람들을 여위고 마르게 하고
백만장자라고 한들 어찌 근심걱정이 없을 것이냐
타고남을 고치지 않고 처해 있는 복에 만족하니 돌아가 은거함은 굳이 본성을 좇는 것이라
내 스스로 즐거워하니 이 밖에 무엇을 더 구하랴

〔平仄構成〕

詩의 平仄構成은 平平平仄仄平平 仄仄仄平平仄平 仄仄仄平平仄仄 仄平仄仄仄平平으로 되어있다. 詩는 平起式 七言絶句다. 그리고 詩는 下平聲 十一 尤韻을 썼는데 韻脚은 瘦와 愁와 求이다.

〔작법감상〕

시의 趣意는 守拙은 守操요 守志인데 곧 自怡요 自樂이며 自娛라는 것이다. 요약하자면, 자기 타고난 本性대로 사는 것이 인생의 행복의 추구에 걸맞다는 말이다. 그래서 그렇게 살고자 하는 것이리라. 권력을 갖고자 제후에 봉해지고 관작을 받으려면 주위 사람들을 괴롭혀야 할 것이고, 억만장자가 되려고 돈을 마구 긁어모으는 일도 여러모로 속내에 걱정거리가 태산 같다. 그로부터 일정한 거리를 두는 것도, 거리를 두는 삶을 유지하려고 노력하는 것도, 인생을 즐기는 일종의 방법론이라면 방법론이 아닐까?: '권력 많은 제후로 봉하여지고 관작을 받는 일은 주위 사람들을 여위고 마르게 할 것이고 돈 많은 백만장자라고 한들 어찌 내심 근심걱정이 없을 것이냐. 옹졸함을 고치지 않고 처해 있는 타고난 복에 만족하니 돌아가 은일함은 자신의 본성을 좇는 것이라 내가 스스로 즐거워하니 이 밖에 무엇을 어찌 더 구하랴.' 시의 첫 句 封侯封爵은 曺松의 "己亥歲 기해년" 시 轉結 句에서 생각을 오롯이 가져온 셈이다: '憑君莫話封侯事 一將功成萬骨枯 그대에게 부탁하노니 제후에 봉하여지는 일 말하지 마오. 한사람 장수가 공을 세우려면 수많은 사람들의 뼈가 마른다오.' 崔顥의 "黃鶴樓 황학루에서"와 李白의 "登金陵鳳凰臺 금릉의 봉황대에 올라서"에 使人愁가 있다: '日暮鄕關何處是 烟波江上使人愁 날은 저무는데 고향은 어디인가 안개 낀 강가에서 나그네로 하여금 수심에 잠기게 하네,' '總爲浮雲能蔽日 長安不見使人愁 항상 뜬구름이 해를 가리는 까닭에 서울 장안은 보이지 않고 사람만 시름겹게 만드는구나.' 漢文 俗談에 '사랑은 내려가고 걱정은 올라간다'고 하였는데 不愁 즉 不憂가 인상적으로 등장하는 것을 볼 수 있다: '兒行千里母擔憂 母行千里兒不愁 자식이 천리를 가면 부모는 걱정을 짊어지고 부모가 천리를 가면 자식은 걱정하지 않는다.' 東晋 陶淵明의 "歸園田居 전원으로 돌아와 살며"에 守拙이 등장한다: '開荒南野際 守拙歸園田 남쪽 들 가장자리에 황무지를 개간하며 본성대로 살려고 전원으로 돌아왔네.' 綦毋潛의 "春泛若耶溪 봄날 약야계에 배를 띄우다"에 隨所偶가 나온다: '幽意無斷絶 此去隨所偶 그윽한 것을 좋아하는 마음 끊임없어 이번 뱃놀이는 우연인 바를 따른다.' 조선 후기 시인 自怡堂 李時憲(1803-1860)의 "自叙 자신의 일을 자신이 서술함"에서 自怡를 다음과 같이 풀고 있는데 알맞다: '自怡者 己之所以自得於心 而心之所以自樂於內者也 스스로 기뻐하는 것은 자기가 스스로 마음속에 얻는 것이 있기 때문이며 마음이 내면에서 스스로 즐거워하는 까닭이다.' 東晋 陶淵明의 "歸去來辭 관직에서 물러나서 고향으로 돌아가는 노래"에 復 焉求가 등장한다: '世與我而相違 復駕言兮焉求 세상과 나는 서로 어긋나니 다시 벼슬길 수레를 타는 것을 어찌 구하랴?' 南宋 黃升의 "木蘭花慢 목란꽃 노래를 길게 부르다"에도 復焉求가 등장한다: '老矣復焉求 何止賦三休 노년이 되어 더 무엇을 구하겠는가 삼휴의 은퇴의 노래를 어찌 그치랴.' 2021년 3월 14일 쓴다.

〔詩原文〕 **84**

桑榆晩景
상유만경

眼聰貿貿眇人愀
耳力衰衰聾子憂
犬齒顚牙稍掉齶
銀絲禿頂滿盈頭
視神結實書床退
鬒髮叢生剃手抔
歲歲年年遣身弱
東西南北使心瘦
안총무무묘인초
이력쇠쇠농자우
견치전아초도악
은사독정만영두
시신결실서상퇴
진발총생체수부
세세년년견신약
동서남북사심수

〔시해석〕

노년에

눈이 총기가 흐려지니 앞을 못 보게 될까 두려워하고
청력이 쇠약하여지니 귀가 먹게 되지 않을까 걱정스럽다
사랑니며 송곳니며 점차 잇몸에서 떨어져나가고
대머리와 백발은 머리를 가득히 채우고 있음이라
시신경이 튼튼하여 책상자리를 양보하기도 하였었고
머리칼이 수북하여 이발사아저씨 손가락이 한움큼씩 움켜쥐기도 하였었는데
세세년년 해마다해마다 몸뚱이 병약하게 하고
동서남북 사면팔방에서 사람마음 여위어들게 하는구나

〔平仄構成〕

詩의 平仄構成은 仄平仄仄仄平平 仄仄平平平仄平 仄仄平平平仄仄 平平仄仄仄平平 平平仄仄平平仄 仄仄平平仄仄平 仄仄平平仄平仄 平平平仄仄平平으로 되어있다. 詩는 平起式 七言律詩다. 그리고 詩는 下平聲 十一 尤韻을 썼는데 韻脚은 愀, 憂, 頭, 抔, 瘦이다. 그리고 7句의 下三字에서는 單拗가 쓰였다. 本來 7句의 下三字의 平仄의 構成은 平仄仄인데 仄平仄이 되어, 卽 遣身弱이 되어, 5字에서 毁損된 平字를 6字에서 回復한 것이다. 이는, 下三字에 孤平現象이 發生하였으나 挾平格으로 肯定的으로 看做하며, 本句 自救의 方法으로 合律이 된다. 그리고 中央四句의 下三字는 前聯과 後聯의 境遇에 文法構造를 다르게 配置하여 意味上 各各 稍(副詞) 掉(動詞) 齶(名詞), 滿(副詞) 盈(動詞) 頭(名詞), 書床(名詞) 退(動詞), 剃手(名詞) 抔(動詞)로 읽히게 되어 四言一法 忌避의 原則을 따라서 平板을 避하고 錯綜을 지켰다. 그리고 詩의 韻을 달지 않은 仄聲字 곧 齶, 退, 弱은 次例로 入聲 去聲 入聲이 되어 이른바 四聲遞用의 法則을 充實히 지켜내었다. 끝으로, 首聯 頷聯 頸聯 尾聯은 모두 對杖을 갖추어 所謂 全對格이 되었다.

〔작법감상〕

인생살이 늘그막에 겪는 아쉬움과 서러움을 담담하게, 화낼 것도 없이 억울할 것도 없이, 베꼈다. 한 짧았던 빛났던 瞬間(One brief shining moment) 지나감 나 모르지 않으니... '시야가 어두워지니 혹 視覺 장애인이 되는 것은 아닌지 두렵고 들리는 것이 신통하지 않게 되니 귀머거리가 되지 않을까 근심스럽다. 내 건강의 象徵을 맡았던 齒牙도 점차로 잇몸에서 떨어져나가고 머리는 흰머리와 대머리로 가득 채워져 가고 있다. 어릴 적에 담임선생님께서 시신경이 좋다며 앞자리를 양보하라고 해서 교실 뒤편에도 앉았었고, 한창때는 놀라울 정도로 머리숱이 수북하게 많아서 이발관의 아저씨들이 움켜잡으며 한바탕 웃곤 하였었지. 아아, 이제는, 한 해 한 해 몸뚱어리 病弱하게 되고 이곳저곳 사방팔방에서는 사람마음 瘦瘠하게 하는구나.' 桑榆晩景은 뽕나무와 느릅나무가 있는 저녁 경치이지만 시에서는 종종 老年期를 상징한다. 初唐 王勃의 "滕王閣序 등왕각 서문"에 東隅와 桑榆가 보인다: '東隅已逝 桑榆非晩 젊은 시절 이미 지나갔으나 노년의 시간 아직 늦지 않았다.' 그리고 기원전 로마의 철학자 키케로(Marcus Tullius Cicero)가 쓴 "De Senectute 老年에 관하여"에는 차라리 후반전 인생을 지지하고 응원하는 글이 넘쳐난다: '욕망 갈등 야망 이런 것들과의 전쟁이 끝나고 자신의 自我와 함께하는 老年이 얼마나 좋은 것인지 우리는 알아야 한다.' 필자 黃白沙가 일전에 쓴 시 "辛丑年自畵像 2021 자화상"에 齻牙가 있다: '齻牙被拔幾多憐 病毒狂逞何日痊 치아 사랑니가 뽑혀나가니 얼마나 가련하던고 전염병 독은 미친 듯이 날뛰니 어느 날에나 병이 다 나을꼬.' 南宋 黃升의 "木蘭花慢 목란꽃 노래 길게 부르다"에 白髮漸盈頭가 있다: '莫莫復休休 白髮漸盈頭 적막감과 한적함에 흰머리만 점점 머리에 가득 차네.' "詩經 시경"에 '鬒髮如雲 숱 많은 머리 구름 같아라'가 있고, "左傳 좌전"에 '有君子白晳鬒鬚眉 숱이 많은 수염과 눈썹에 얼굴빛이 희고 잘 생긴 군자가 있으니'가 있다. 初唐 劉希夷(劉庭芝)의 "代悲白頭翁 흰머리 늙은이를 대신 슬퍼하다"에 年年歲歲가 있다: '年年歲歲花相似 歲歲年年人不同 해마다 피는 꽃 같건만 해마다 사람 같지 않네.' 세계 詩의 날 - 2021. 3. 21.

〔詩原文〕 85

浩亭河永燮先生
호정하영섭선생

聯珠綴玉一平生
萬古八荒敦厚明
誰是超然恩誦者
天東絶唱浩亭卿
연주철옥일평생
만고팔황돈후명
수시초연은송자
천동절창호정경

〔시해석〕

호정 하영섭 선생

구슬을 엮고 옥을 꿰어 한평생
오랜 세월 온 세상에 시의 교훈 온유돈후의 정신을 밝히셨네
이 출중한 나라의 보배의 시인이 누구일런가
하늘아래 동쪽나라 해동성국의 만고의 절창 호정선생이시라

〔平仄構成〕

詩의 平仄構成은 平平仄仄仄平平 仄仄仄平平仄平 平仄平平平仄仄 平平仄仄仄平平으로 되어있다. 詩는 平起式 七言絶句다. 그리고 詩는 下平聲 八 庚韻을 썼는데 韻脚은 生과 明과 卿이다.

〔작법감상〕

한국한시학당을 創學하신 호정 하영섭 선생님의 功業을 칭송하는 시가 된다. 좀 갑작스럽게 시가 마련된 것은 病患 중이신 선생님의 건강회복을 應援하는 마음을 전달하고 싶어서다. 선생님께서는 두 달 전 크게 落傷을 당하여 처음에 危重하셨는데 천만다행히 지금은 병원의 치료를 받으며 恢復하시는 도중이다. 호정 선생님은 1926년생으로 지금 96세신데 한학자 眷宇 洪贊裕 선생에게서 한시를 배우셨고 권우 선생은 한학자이며 역사가인 爲堂 鄭寅普 선생에게서 가르침을 받았다고 전해진다. 한시학당을 세우시고, 강의하시고, 시집을 내시기를 왕성히 하시다가 몇 해 전 은퇴하셨다. 은퇴 후에도 쉼 없이 시 연구에 골몰하시다가 步行運動 중에 낙상을 당하신 것이다. 선생님께서 곧 정상회복 하실 것을 우리학당은 바라고 믿는다. 과거 종로통 동사무소 강의시절에 수강하던 큰 대학의 영문과 교수 한 분이 큰소리로 '여기 호정 선생님은 우리나라 국보급 한시학자이십니다!'라고 외치던 기억이 있다. 선생님은 가히 현금 우리 大韓國의 시의 보배시다: '구슬을 엮고 옥을 꿰어 한평생 오랜 세월 온 세상에 언행이 온화하고 인정이 두터우라는 詩의 教訓인 溫柔敦厚의 정신을 밝히셨다. 이 출중한 나라의 보배의 시인이 누구런가 하늘아래 동쪽나라의 만고의 절창 호정선생이시더라.' 唐나라 宣帝 李忱이 대시인 白居易가 사망하자 이른바 悼亡歌인 "弔白居易 백거이를 조문하다"를 썼는데 綴玉聯珠가 보인다: '綴玉聯珠六十年 誰教冥路作詩仙 浮雲不繫名居易 造化無窮字樂天 童子解吟長恨曲 胡兒能唱琵琶篇 文章已滿行人耳 一度思卿一愴然 옥을 엮고 구슬을 이어 육십년 누가 저승길로 하여금 시선이 되게 하였나. 뜬구름도 이름 居易를 매지 못하고 자연의 조화도 자 樂天을 다하지 못하였다. 어린 아이도 장한가를 읊을 줄 알고 오랑캐도 능히 비파행을 부른다. 문장은 이미 나그네 귀에 가득한데 한번 그대 생각하면 한번 슬픔에 잠기게 되는구나.' "禮記 예기"에 溫柔敦厚가 보인다: '公子曰 入其國 其教可知也 其爲人也 溫柔敦厚 詩教也 공자가 말씀하셨다. 그 나라에 들어가면 그 나라의 가르침을 알게 된다. 그 사람됨이 온화하고 부드럽고 도탑고 두터운 것이 시의 가르침인 것이다.' 恩誦은 임금이 시를 읊어준 은혜를 입었다는 말인데, 아까 中當 宣帝의 귀에 樂天 白居易의 詩가 가득한 것이나, 朝鮮 憲宗이 藕船 李尙迪의 시를 칭찬하며 노래한 것이나, 대한민국 대통령 李承晩이 浩亭 河永燮의 시를 읊은 것은 그 좋은 사례다. (호정 선생님께서는 우남 대통령의 시를 늘 높이 평가하였기에 그렇게 抽象하였다.) 秋史 金正喜의 對聯으로 된 書藝에 과거 우리나라를 일컫던 말 '渤海 동쪽 나라 海東'이 아닌 '하늘아래 동쪽 나라 天東'이 있는 것을 보았다. 추사가 젊은 날 연행사신을 따라가는 아우 편에 청나라 고증학자 고순에게 써 보낸 것이라고 한다: '直聲留闕下 秀句滿天東 올곧은 소리는 대궐 아래에 머무르고 빼어난 글귀는 하늘아래 동쪽 나라에 가득하다.' 卿은 임금이 신하에게 사용하면 '그대'나 '자네'가 되지만 보통 長老에 대한 敬稱이다. 荀子가 경칭으로 筍卿으로 불린다. 2021년 3월 24일 쓴다.

〔詩原文〕 86

寄清溪川春水
기청계천춘수

開川春汛始方今
奔湊四周嘩啦音
流水潺潺如有意
互相攜手大歌吟
개천춘신시방금
분주사주화랍음
유수잔잔여유의
호상휴수대가음

〔시해석〕

청계천 봄물에 부치다

시방 막 청계천에 봄물이 불어나
사방에서 모여든 물줄기 소리 시끌벅적 소란스럽구나
흘러가는 물은 졸졸졸졸 뜻이 있는 듯
서로 서로 손에 손 잡고 큰 소리로 노래하고 읊조리네

〔平仄構成〕

詩의 平仄構成은 平平平仄仄平平 平仄仄平平仄平 平仄平平平仄仄 仄平平仄仄平平으로 되어있다. 詩는 平起式 七言絶句다. 그리고 詩는 下平聲 十二 侵韻을 썼는데 韻脚은 今과 音과 吟이다.

〔작법감상〕

淸溪川의 옛 이름은 開川이다. 개천의 발원인 큰 세 줄기 물이, 인왕산 백운동 계곡물과 북악산 삼청동 천수와 그리고 남산자락으로부터 여러 갈래의 물줄기가, 흘러 내려와서 청계천광장 부근에서 합쳐진다. 이어서 개천은 서울 도심지를 가로지르며 나아감을 거듭하여 살곶이 부근에서 중랑천과 만나고 이윽고 함께 동쪽에서 흘러온 한강에 합류하여 茫茫 서해로 향하는 長程으로 되어있다. 그런 역사적 지리지형적 상황을 착안하여 봄날에 여기저기서 모여든 물줄기들이 청계광장 일대에서 출렁이며 북적이며 소란스럽더니 이내 서로서로 손잡고 흥에 겨워 덩실덩실 춤을 추며 노래하며 흘러흘러가는 것을 擬人化하여 베낀 것이다. 언뜻 善男善女들의 落花流水의 春意가 이는 듯도 하리라: '바로 지금 청계천에 봄물이 불어나 사방팔방에서 모여든 물줄기 소리 웅성웅성 도란도란 시끌벅적하고 소란스럽구나. 흐르는 물은 졸졸졸졸 정이 있는 듯 서로 서로 손에 손을 맞잡고 크게 노래하고 춤추며 읊조리누나.' 宋의 朱熹의 "觀書有感 책을 보다가 느끼는 바가 있어서"에 春水가 있고, 그리고 元의 楊維楨의 "雨後雲林圖 비온 뒤 구름이 걸친 숲을 그린 그림을 보고서"에도 春水가 있다: '昨夜江邊春水生 艨艟巨艦一毛輕 어젯밤 강가에 봄물이 불어나 큰 兵船 戰艦이 한 가닥의 털처럼 가볍구나,' '浮雲載山山欲行 橋頭雨余春水生 뜬구름이 산을 실어나르니 산은 가려하고 다리 근처에는 비가 온 후 봄물이 불었네.' 盛唐 岑參의 "與高適薛據同登慈恩寺浮圖 고적과 설거와 함께 자은사 불탑에 올라"에 奔湊가 있다: '連山若波濤 奔湊如朝東 잇닿은 산들은 출렁이는 파도 같고 모여들어 조례하려고 동쪽으로 흐르는 듯하구나.' 魏의 曹조의 "丹霞蔽日行 붉은 노을이 해를 가림의 노래"에 潺潺이 나온다: '谷水潺潺 木落翩翩 골물은 졸졸 흐르고 지는 잎사귀는 펄럭펄럭 나부끼네.' 中唐 柳宗元의 "雨中贈仙人山賈山人 비가 오는 가운데 선인산의 가산인에게 드린다"에도 潺潺이 나온다: '寒江夜雨聲潺潺 曉雲遮盡仙人山 차가운 강에 밤비 소리 주룩주룩 한데 새벽구름은 선인산을 가리네.' 南唐 李煜의 "浪淘沙 풍랑이 이는 모레사장"에도 潺潺이 나온다: '簾外雨潺潺 春意闌珊 羅衾不耐五更寒 주렴 밖에는 빗줄기 주룩주룩 내리고 春情은 시들어 비단 이불 오경의 새벽 한기 견디지 못하리.' 盛唐 王維의 "輞川閑居贈裵秀才迪 망천에서 한가로이 지내면서 배수재 적에게 드린다"에는 潺湲이 나온다: '寒山轉蒼翠 秋水日潺湲 차가운 산 검푸르게 변하고 가을 물은 날마다 졸졸졸 흐른다.' 또한 盛唐 王維의 "歸嵩山作 숭산으로 돌아와 짓다"에 如有意가 보인다: '流水如有意 暮禽相與還 흐르는 냇물 정이 있는 듯 하고 해 질 무렵 새들은 짝지어 돌아온다.' 그리고 孔子가 편찬하였다고 전하는 "詩經 시경"에 攜手同行이 보인다: '北風其涼 雨雪其雱 惠而好我 攜手同行 북풍이 저토록 차갑게 불어대고 눈비가 저토록 휘몰아치는데 나는 그대를 사랑하고 그대는 나를 사랑하니 우리 서로 손에 손 잡고 함께 나아갑시다.' 2021년 3월 28일 쓴다.

〔詩原文〕 87

落花流水
낙화유수

淸明都邑暖晴迎
稍稍溪川春汎生
桃雨終南淌奔湊
梅霖白岳滑充盈
目魚鰈鰈猶相見
翼鳥鶼鶼似兩情
流水落花應有意
潺潺携手總同行
청명도읍난청영
초초계천춘신생
도우종남창분주
매림백악골충영
목어접접유상견
익조겸겸사양정
유수낙화응유의
잔잔휴수총동행

〔시해석〕

떨어진 꽃 흐르는 물

도읍지 서울이 청명절기의 따뜻하고 맑은 날씨를 맞으니
점점 점점 청계천에는 봄물이 불어나는구나
종남산에서 복사꽃 봄비가 흘러내려 분주히 모이고
북악산에서 매화꽃 봄장맛비가 흘러서 가득히 채운다
비목어가 서로 만나서 보듯이
비익조가 서로 정이 두터운 듯이
봄날 떨어지는 꽃 흘러가는 물 응당 뜻이 있을 것이리라
졸졸 졸졸 서로 손을 마주 잡고 모두 함께 나아가는구나

〔平仄構成〕

詩의 平仄構成은 平平平仄仄平平 仄仄平平平仄平 平仄平平仄平仄 平平仄仄仄平平 平平仄仄平平仄 仄仄平平仄仄平 平仄仄平平仄仄 平平平仄仄平平으로 되어있다. 詩는 平起式 七言律詩다. 그리고 詩는 下平聲 八 庚韻을 썼는데 韻脚은 迎, 生, 盈, 情, 行이다. 그리고 3句의 下三字에서는 單拗가 쓰였다. 本來 3句의 下三字의 平仄의 構成은 平仄仄인데 仄平仄이 되어, 卽 淌奔湊가 되어, 5字에서 毁損된 平字를 6字에서 回復한 것이다. 이는, 下三字에 孤平現象이 發生하였으나 挾平格으로 肯定的으로 看做하며, 本句 自救의 方法으로 合律이 된다. 그리고 中央四句의 下三字는 前聯과 後聯의 境遇에 文法構造를 다르게 配置하여 意味上 各各 淌(動詞) 奔(副詞) 湊(動詞), 滑(動詞) 充(副詞) 盈(動詞), 猶(副詞) 相見(名詞), 似(副詞) 兩情(名詞)로 읽히게 되어 四言一法 忌避의 原則을 따라서 平板을 避하고 錯綜을 지켰다. 그러나 詩의 韻을 달지 않은 仄聲字 곧 湊, 見, 意는 次例로 去聲, 去聲, 去聲이 되어 이른바 四聲遞用의 法則을 充實히 지키지 못하였으니 白玉微瑕다.

〔작법감상〕

落花流水는 떨어지는 꽃에도 흘러가는 물에도 情이 있어서 꽃은 물이 흐르는 대로 흐르기를 바라고 물은 꽃을 띄워 흐르기를 바란다는 뜻으로 봄날의 男女의 相思를 일컫는 곱디고운 辭意다. 1929년 김서정이 쓰고 이정숙이 노래한 우리나라 최초 창작 가요에 "落花流水"가 있고 1942년 조명암이 쓰고 남인수가 노래한 "落花流水"도 있다. 필자 위 시는 이 노래에서 動機(motif)를 얻은 것이다: '강남달이 밝아서 님이 놀던 곳 구름 속에 그의 얼굴 가리워졌네. 물망초 핀 언덕에 외로이 서서 물에 뜬 이 한밤을 홀로 세우나,' '이 강산 낙화유수 흐르는 봄에 새파란 잔디 얽어 지은 맹세야 세월에 꿈을 실어 마음을 실어 꽃다운 인생살이 고개를 넘자.' 元의 楊維楨의 "雨後雲林圖 비온 뒤 구름이 걸친 숲을 그린 그림을 보고서"에 春水生이 있다: '浮雲載山山欲行 橋頭雨余春水生 뜬구름이 산을 실으니 산은 가려하고 다리 근처에는 비가 온 후 봄물이 불었다.' 盛唐 岑參의 "與高適薛據同登慈恩寺浮圖 고적과 설거와 함께 자은사 불탑에 올라"에 奔湊가 있다: '連山若波濤 奔湊如朝東 잇닿은 산들은 출렁이는 파도 같고 모여들어 조례하려고 동쪽으로 흐르는 듯하구나.' 鰈鰈은 전설상의 比目魚로 암수가 짝을 지어야 볼 수 있는 물고기이고 鶼鶼은 전설상의 比翼鳥로 암수가 짝을 지어야 날 수 있는 새인데 공히 금실 좋은 부부의 비유로 쓰인다. 漢 字書 "爾雅"에 鰈과 鶼의 풀이가 나온다: '東方有比目魚焉 不比不行 其名謂之鰈鰈 동방에 비목어가 있는데 암수가 함께하지 않으면 나아가지 않으니 그 이름을 접접이라 이른다,' '南方有比翼鳥焉 不比不飛 其名謂之鶼鶼 남방에 비익조가 있는데 암수가 함께하지 않으면 날지 않으니 그 이름을 겸겸이라 이른다.' 初唐 盧照隣의 "長安古意 장안의 옛 생각"에 比目魚가 나오고, 中唐 白居易의 "長恨歌"에 比翼鳥가 나온다: '比目鴛鴦眞可羨 雙去雙來君不見 진실로 비목어와 원앙새가 가히 부럽네 쌍쌍이 오고 가는 것을 그대는 보지 못하는가,' '在天願作比翼鳥 在地願爲連理枝 하늘에서는 비익조가 되기를 바라고 땅에서는 연리지가 되기를 바라네.' 中唐 韋應物의 "秋夜寄邱員外 가을밤에 구원외에게 부치다"에 應이 나온다: '空山松子落 幽人應未眠 사람 없는 산중에 솔방울 떨어지면 은자 그대도 마땅히 잠 못 들리라.' 盛唐 王維의 "歸嵩山作 숭산으로 돌아와 짓다"에 如有意가 보인다: '流水如有意 暮禽相與還 흐르는 시냇물 정이 있는 듯 하고 해 질 무렵 새들은 짝지어 돌아온다.' 魏의 曹丕의 "丹霞蔽日行 붉은 노을이 해를 가림을 노래함"에 潺潺이 보인다: '谷水潺潺 木落翩翩 골물은 졸졸 흐르고 지는 잎사귀는 펄럭펄럭 나부끼네.' 中唐 柳宗元의 "雨中贈仙人山賈山人 비가 오는 가운데 선인산의 가산인에게 드린다"에도 潺潺이 보인다: '寒江夜雨聲潺潺 曉雲遮盡仙人山 차가운 강에 밤비 소리 주룩주룩 한데 새벽구름은 선인산을 가리네.' 孔子가 편찬한 "詩經"에 攜手同行이 보인다: '北風其涼 雨雪其雱 惠而好我 攜手同行 북풍이 저토록 차갑게 불어대고 눈비가 저토록 휘몰아치는데 나는 그대를 사랑하고 그대는 나를 사랑하니 우리 서로 손에 손 잡고 함께 나아갑시다.' 그리고 杜牧의 "贈別"에 總이 보인다: '多情卻似總無情 唯覺樽前笑不成 다정이 되레 모두 무정하니 술잔 앞에서 웃지도 못함을 다만 느낄뿐이라.' 2021년 4월 4일 천지가 상쾌하게 맑은 공기로 가득 찬다는 때 淸明節에, 또 예수의 다시 살아나심을 기념하는 날 復活節에, 쓴다.

〔詩原文〕 88

留春雨中望江岸鷺梁津舊迹
유춘우중망강안노량진구적

隔水江沿望不窮
舊時盛世一過風
韶光淑氣安息處
穀雨鷺梁烟雨中
격수강연망불궁
구시성세일과풍
소광숙기안식처
곡우노량연우중

〔시해석〕

봄비가 내리는 가운데 머물며 강기슭 노량진의 옛 자취를 바라본다

강 건너 강 언덕 하염없이 바라보노라니
그 옛날 그 태평성세 한줄기 스쳐지나가는 바람이런가
맑은 기운 젊은 날에 편히 쉴 수 있었던 안락한 보금자리
봄날 곡우절 노량진은 안개비 속에 휩싸여있구나

〔平仄構成〕

詩의 平仄構成은 仄仄平平仄仄平 仄平仄仄仄平平 平平仄仄平仄仄 仄仄仄平平仄平으로 되어있다. 詩는 仄起式 七言絶句다. 그리고 詩는 韻字는 上平聲 一 東韻을 썼는데 韻脚은 窮과 風과 中이다. 그리고 3句와 4句에서는 雙拗가 쓰였는데 本來 3句의 下三字는 平平仄이어야 하는데 平仄仄으로 되어, 卽 安息處로 되어, 6字의 平字가 毁損되었다. 그래서 4句의 5字는 本來 仄字여야 하는데 平으로 바뀌서, 卽 烟으로 바뀌서, 毁損된 平을 回復시켰다. 이로써 合律이 된다.

〔작법감상〕

부모형제와 살았던 시간의 나의 거주지는 크게 4군데다. 전남 강진 대구에서 살았고, 전남 나주 산포에서 살았고, 전남 광주 궁동에서 살았고, 그리고 수도 서울 노량진에서 꽤 오랫동안 1970년대와 80년대를 살았다. 그중에도 특별히 山浦와 鷺梁津은 아버지와 어머니와 함께 했던 나의 가슴속의 사랑과 평화의 영원한 보금자리다. 그런 탓으로, 의식적으로도 무의식적으로도, 나는 산포와 노량진을 시의 소재로 삼는 경우가 종종 있다. 위 시는 穀雨를 맞아 가랑비 길을 터벅터벅 걸어서 한강변에 이르러 강 건너 멀리 노량진언덕을 바라보며, 내 청년시절의 노량진동의 옛집의 흔적과 자취를 가로세로 회상하면서, 감개하는 바를 베껴본 것이다. 晩唐의 시인 杜牧이 봄날 江南을 돌면서 과거 南朝의 문명의 榮枯盛衰를 노래한 "江南春 강남의 봄"에서 動機(motive)를 얻은 바가 있었으리라: '강 건너 강 둔덕 끝없이 바라보자니 옛날의 태평성대는 한바탕 스쳐지나가는 바람이던가. 맑은 기운으로 빛나던 젊은 청년시절에 편히 쉴 수 있었던 마음의 안식처 노량진 옛터가 穀雨節氣를 맞아 안개비 속에 잠겨 있구나.' 王維 시의 제목에 '留春雨中 봄비 가운데 머물면서'라는 표현이 이미 있다. 그의 시 "奉和聖製從蓬萊向興慶閣道中留春雨中春望之作應制 황제가 지으신 봉래로부터 홍경각으로 가는 도중 봄비 가운데 머물며 봄 풍경을 바라본다는 시작품에 받들어 和韻하여 應製한다"가 그렇다: '爲乘陽氣行時令 不是宸遊翫物華 봄을 맞아 時令을 행하기 위함이지 風光을 구경나온 임금의 놀이가 아니니라.' 杜牧의 "泊秦淮 진회에 배를 대다"에 隔江이 나온다: '商女不知亡國恨 隔江猶唱後庭花 술집의 아가씨들 나라 잃은 설움을 알지 못하고서 강을 사이에 두고 오히려 옥수후정화를 부르더라.' 姚合의 "夏日登樓晩望 여름날 망루에 올라 저녁나절에 바라보다"에 望不窮이 나온다: '避暑高樓上 平蕪望不窮 더위를 피하려 높은 망루에 올라서 잡초가 무성한 넓은 들판을 다함없이 바라보네.' 劉禹錫의 "烏衣巷 오의항"에 舊時가 있다: '舊時王謝堂前燕 飛入尋常百姓家 지난날 왕씨 사씨 대청 앞 제비들 지금은 일반 백성 집으로 날아든다.' 唐 太宗 李世民의 "春日玄武門宴群臣 봄날 현무문에서 무리의 신하들에게 잔치를 베풀다"에 韶光과 淑氣가 있다: '韶光開令序 淑氣動芳年 아름다운 빛은 좋은 節氣를 열고 깨끗한 봄기운은 꽃다운 해에 感應한다.' 杜審言의 "和晉陵陸丞早春遊望 진릉 육승의 조춘유망 시에 화답하여"에도 淑氣가 있다: '淑氣催黃鳥 晴光轉綠蘋 맑은 봄기운 꾀꼬리 노랫소리 재촉하고 화창한 햇빛 푸른 마름 위에서 구르네.' 그리고 杜牧의 "江南春 강남의 봄"에 烟雨中이 있다: '南朝四百八十寺 多少樓臺烟雨中 남조 사백팔십 사찰의 수많은 누대가 안개비 속에 젖어 있구나.' 2021년 4월 7일 서울시장 보궐선거를 지켜보며 쓴다.

〔詩原文〕 89

采野菜姑娘
채야채고낭

淸明時節惠風噓
處子奔忙擷野蔬
人地輕看生命重
可憐微物作欷歔
청명시절혜풍허
처자분망힐야소
인지경간생명중
가련미물작희허

〔시해석〕

산과 들에서 나물 캐는 아가씨

청명절기 무렵에 봄바람 화창하게 불어대니
젊은 처자 산나물 들나물 캐느라 바쁘기만 하구나
세상 사람들 생명체의 무게 가벼이 여기니
작고 변변치 않은 미물들의 흐느낌소리 참으로 불쌍하네

〔平仄構成〕

詩의 平仄構成은 平平平仄仄平平 仄仄平平仄仄平 平仄平平平仄仄 仄平平仄仄平平으로 되어있다. 詩는 平起式 七言絶句다. 그리고 詩는 上平聲 六 魚韻을 썼는데 韻脚은 噓와 蔬와 歔이다.

〔작법감상〕

요즘 清明 穀雨 즈음해서, 곧 천지가 맑은 공기로 가득 차고 봄비는 자주 내려 곡식이 풍성해진다는 절기에, 산과 들녘으로 보행길에 나서면 나물 캐는 아가씨들이 곧잘 눈에 띈다. 눈여겨보면서 지나치자면 정말 엊그제 세상에 나온 듯한 어린 나물들이 거침없이 뜯기더라. 나물로서는 겨우내 꽁꽁 언 凍土에서 기다렸다가 이제 겨우 날씨가 풀리고 빗물이 촉촉해져서 세상에 나온 생명의 꿈이 한순간에 달아나는 셈이다. 먹고 살려는 우리들 인간의 나물을 캐는 행위를 그 누가 쉬이 탓 하리요마는 참 可憐한 봄나물 身世다. 추위를 이기고 태동하려는 생명체에게는 4월은 잔인한 세월이라고 노래한 엘리어트(T. S. Eliot)의 "荒蕪地 The Waste Land"의 구절을 연상시킨다. '4월은 해의 가장 잔인한 달(April is the cruelest month of the year)'이라고 하지 않았던가!: '따뜻한 청명절기 즈음에 봄바람 솔솔 불어대니 산에서 들에서 아가씨들 나물 캐기에 한창 바쁘다. 起와 承이다. 아, 세상 사람들 생명의 소중함을 중시하지 않는구나! 轉이다. 微物들의 탄식하는 소리 참으로 듣기 불쌍하여라! 結이다.' 杜牧의 "清明 청명"에 清明時節이 있다: '清明時節雨紛紛 路上行人欲斷魂 청명절기에 봄비 어지럽게 날리는데 길 가는 나그네 혼을 잃은 듯 처량하구나.' 金東煥 시 金東振 곡 "봄이 오면"에 處子가 있다: '봄이 오면 산에 들에 진달래 피네 진달래 피는 곳에 내 마음도 피어 건너 마을 젊은 處子 꽃 따러 오거든 꽃만 말고 이 마음도 함께 따 가주.' 王維의 "相思 생각하고 그리워함"에 采擷이 나온다: '願君多采擷 此物最相思 원컨대 그대여 많이 따소서 이 물건 紅豆가 그리움에는 최고라오.' 필자 黃白沙의 "共存共榮 함께 살고 함께 번영하자"에도 采擷이 나온다: '寂寞深林人語響 藥求采擷乃誰知 請君莫話健康事 人口補身生物屍 고요한 깊은 숲속에 어디선가 사람 말소리 들리네 어찌 누가 알겠는가마는 약초를 구하는가 나물을 캐시는가. 그대에게 부탁하노니 건강을 일삼아 말하지 마시라 사람의 몸보신은 다른 생물체에게는 주검이라오.' 애석하다는 可憐은 詩詞에 자주 등장하는 것을 볼 수 있다. 杜甫의 "登樓 누각에 올라서"에 可憐이 보이고, 李商隱의 "賈生 가의"에도 보이고, 陳陶의 "隴西行 농서의 노래"에도 보이고, 沈佺期의 "雜詩 즉흥 잡시"에도 보인다: '可憐後主還祠廟 日暮聊爲梁父吟 가련한 蜀漢의 후주도 여전히 사당에 모셔져 있으니 해질 녘 애오라지 양부음을 읊는다,' '可憐夜半虛前席 不問蒼生問鬼神 안타깝게도 한밤에 헛되이 다가앉아 백성은 묻지 않고 귀신을 묻는다,' '可憐無定河邊骨 猶是深閨夢裏人 가련하게도 무정하 가의 백골은 도리어 깊은 閨房의 꿈속 사람이라,' '可憐閨裏月 長在漢家營 가련쿠나 아내가 안방에서 보는 달 항상 당나라 군영에도 있으리니.' 그리고 三國 魏 曹植의 "仲雍哀辭 중옹을 애도하는 노래"에 欷歔가 보인다: '臨埏闔以欷歔 泪流射而沾巾 墓門에 임하여 흐느끼니 눈물은 빠르게 흘러 수건을 적시네.' 위 시의 趣意가 生命의 所重함 貴重함 嚴重함을 한번쯤 되씹어보자는 것이라면 詩眼은 마땅히 '重'자가 될 것이다. 2021년 4월 11일에 쓴다.

〔詩原文〕 90

晩春有懷
만춘유회

煙花三月雨紛紛
百鳥爭喧萬里雲
柳綠桃紅非美麗
鶯歌燕語莫歡欣
旅人色彩都正見
單老聲容何忍聞
春晚漁樵已還第
獨留路上佇憂慬
연화삼월우분분
백조쟁훤만리운
유록도홍비미려
앵가연어막환흔
여인색채도정견
단노성용하인문
춘만어초이환제
독류노상저우근

〔시해석〕

늦봄에 감회가 있었다

안개 꽃 피는 춘삼월에 빗방울은 흩날리고
수만리 아득히 펼쳐진 구름 가에는 온갖 새들이 다투어 울어댄다
버들잎 푸르고 복사꽃 붉은데 아름답지가 않고
꾀꼬리 꾀꼴꾀꼴 노래하고 제비 지지배배 지저귀어도 즐겁지가 않다
떠도는 나그네라 꽃나무 색의 빛깔을 도무지 바로 보겠으며
의지할 데 없는 늙은이 되니 새가 우는 소리의 모양새를 어떻게 차마 듣겠는가
늦은 봄날 저녁녘에 고기잡이도 나무꾼도 이미 집으로 돌아갔는데
길바닥에 혼자 남아 우두커니 서서 근심에 잠긴다

〔平仄構成〕

詩의 平仄構成은 平平平仄仄平平 仄仄平平仄仄平 仄仄平平平仄仄 平平仄仄仄平平 仄平仄仄平平仄 平仄平平平仄平 平仄平平仄平仄 仄平仄仄仄平平으로 되어있다. 詩는 平起式 七言律詩다. 그리고 詩는 上平聲 十二 文韻을 썼는데 韻脚은 紛, 雲, 欣, 聞, 慬이다. 그리고 5句와 6句에서는 雙拗가 쓰였는데 本來 5句의 下三字는 平平仄이어야 하는데 平仄仄으로 되어, 卽 都正見으로 되어, 6字의 平字가 毁損되었다. 그래서 6句의 5字는 本來 仄字여야 하는데 平으로 바꿔서, 卽 何로 바꿔서, 毁損된 平을 回復시켰다. 이로써 合律이 된다. 그리고 7句의 下三字에서는 單拗가 쓰였다. 本來 7句의 下三字의 平仄의 構成은 平仄仄인데 仄平仄이 되어, 卽 已還第가 되어, 5字에서 毁損된 平字를 6字에서 回復한 것이다. 이는, 下三字에 孤平現象이 發生하였으나 挾平格으로 肯定的으로 看做하며, 本句 自救의 方法으로 또한 合律이 된다. 그리고 中央四句의 下三字는 前聯과 後聯의 境遇에 文法構造를 다르게 配置하여 意味上 各各 非(動詞) 美麗(名詞), 莫(動詞) 歡欣(名詞), 都(副詞) 正(副詞) 見(動詞), 何(副詞) 忍(副詞) 聞(動詞)로 읽히게 되어 四言一法 忌避의 原則을 따라서 平板을 避하고 錯綜을 지켰다. 그러나 詩의 韻을 달지 않은 仄聲字 곧 麗, 見, 第는 次例로 去聲, 去聲, 去聲이 되어 이른바 四聲遞用의 法則을 充實히 지키지 못하였으니 白玉微瑕다.

〔작법감상〕

이 시는 나그네가 되고 늙은이가 되어, 늦봄에 느꺼워, 걱정스러운 感想을 담박하게 베낀 自敍다. 晩春에 보고 듣는 아름다운 풍광이 타향을 떠도는 노년에게는 되려 孤獨感과 不安感을 가져다주는 것이 되었다. 放浪과 老年이 그려진 崔涂의 "巴山道中除夜有懷 파산으로 가는 도중 섣달 그믐밤의 회포"의 심사요, 杜甫의 "江南逢李龜年 강남에서 이구년을 만나다"의 심정일 것이다: '那堪正飄泊 明日歲華新 어찌 견디랴 한창 떠도는데 내일이면 또 해가 바뀌는 것을,' '正是江南好風景 落花時節又逢君 정말로 여기 강남은 풍경이 좋은데 꽃이 지는 시절에 다시 그대를 만났습니다.' 또한 麗末 鮮初 李穡 시의 심경에 다분히 공감한다고 볼 수도 있으리라: '白雪이 잦아진 골에 구름이 머흘에라 반가운 梅花는 어내 곳의 퓌엿는고 夕陽에 홀로 서있어 갈 곳 몰라 하노라.' 李白의 "送孟浩然之廣陵 광릉으로 가는 맹호연을 전송하며"에 煙花三月이 있다: '故人西辭黃鶴樓 煙花三月下揚州 옛 친구 서쪽 황학루를 뒤로 두고서 안개 꽃 만발한 삼월에 양주로 내려가네. 杜牧의 "淸明 청명"에 雨紛紛이 있다: '淸明時節雨紛紛 路上行人欲斷魂 청명절기에 봄비 어지럽게 날리는데 길 가는 나그네 혼을 잃은 듯 처량하구나.' 杜牧의 "江南春 강남의 봄"에 千里鶯啼가 있다: '千里鶯啼綠映紅 水村山郭酒旗風 천리에 꾀꼬리 노래하고 풀 푸름이 꽃 붉음을 비칠 때 강마을 산마을 주막집에 깃발이 나부낀다.' 明朝 綿竹山人의 "失題 제목이 전하지 않는 시"에 何忍聞이 있다: '傷心何忍聞黃詔 稽首無緣見袞衣 상심하여 어찌 차마 황제의 조서를 들으리요 머리 숙여 無緣의 袞龍袍를 보네.' 劉長卿의 "送上人 高僧을 전송하며"에 已가 있다: '莫買沃洲山 時人已知處 옥주산에는 살지 마시라 세상 사람들이 벌써 아는 곳이라오.' 王維의 "秋夜曲 가을밤의 노래"에도 已가 있다: '桂魄初生秋露微 輕羅已薄未更衣 달이 갓 생겨나자 가을 이슬 조금 내리고 비단옷 엷건만 아직 갈아입지 않았네.' 韓偓의 "已涼 이미 서늘하여"에도 已가 있다: '八尺龍鬚方錦褥 已涼天氣未寒時 여덟 자 용수로 짠 네모난 비단 요가 있으니 이미 날은 서늘하나 아직 춥지는 않다.' 陸游의 시에 "春晩雜興 저물어가는 봄날의 이런저런 생각들"이 있다: '處世已如客 傷春無復心 세상살이 이미 나그네와 같으니 봄날의 상심 더는 마음에 없네.' 다시 杜牧의 "淸明 청명"에 路上行人이 있다: '淸明時節雨紛紛 路上行人欲斷魂 청명절기에 봄비 어지럽게 날리는데 길 가는 나그네 혼을 잃은 듯 처량하구나.' 岑參의 "走馬川行奉送封大夫出師西征 주마천의 노래로 서쪽 먼 곳으로 싸우러 나서는 봉대부를 전송하며"에 佇가 있다: '料知短兵不敢接 車師西門佇獻捷 짧은 병기로는 감히 접근치 못할 것을 헤아려 알고서 거사국 서문에서 전리품 바치기를 우두커니 서서 기다린다.' 결국 위 시는, 무르익은 봄날에, 부모가 이미 안 계시는 마당에 정작 돌아갈 故鄕은 없고, 雪上加霜으로, 저 天上에서도 혹 아버지 어머니 얼굴을 못뵐까 두렵기만한 한 老年詩人의 自敍詩가 되었다. 2021. 4. 17.

〔詩原文〕 91

將進水朴
장진수박

沙漠西瓜渴症釐
促成利尿體身綏
炎天此物最仙果
熟透一堆須不辭
사막서과갈증리
촉성이뇨체신수
염천차물최선과
숙투일퇴수불사

〔시해석〕

수박을 권하여 올리며

서쪽 사막에서 왔다는 수박이 갈증을 다스리고
소변이 잘 나오도록 이뇨작용을 촉진하여 사람의 몸을 편하게 한다고 합니다
무더운 여름 날씨에는 이 물건이 최고의 신선계의 과일일 것입니다
잘 익은 한 덩이 수박이 있으니 모름지기 마다하지 마소서

〔平仄構成〕

詩의 平仄構成은 平仄平平仄仄平 仄平仄仄仄平平 平平仄仄仄平仄 仄仄仄平平仄平으로 되어있다. 詩는 仄起式 七言絶句다. 그리고 詩는 韻字는 上平聲 四 支韻을 썼는데 韻脚은 蓋와 綏와 辭이다. 그리고 3句와 4句에서는 孤平拗救가 쓰였는데 本來 3句의 下三字는 平平仄이어야 하는데 仄平仄으로 되어, 卽 最仙果로 되어, 5字의 平字가 毁損되었다. 그래서 4句의 5字는 本來 仄字여야 하는데 平으로 바꿔서, 卽 須로 바꿔서, 毁損된 平을 回復시켰다. 이로써 合律이 된다.

〔작법감상〕

이 시는 형식은 수박을 마련하여 상대방에게 드시라고 권하는 상황을 그려내었으나 실제 趣意는 일종의 水朴禮讚이다. 수박이, 무더위 여름날에, 渴症을 해소하고 利尿作用을 돕는다고 말하고 잘 익은 수박을 준비하였으니 사양치 마시라고 권하고 있지만, 이내 여름철 수박이 단연코 최고의 仙境의 과일이라고 稱頌하고 있는 것이다: '熱砂의 땅 서방 사막에서 왔다고 전해지는 西瓜인 수박이 목마름을 치료하고 오줌이 잘 나오도록 이뇨작용을 촉진하여 사람의 몸뚱이를 편하게 한다고 합니다. 여름 무더운 날씨에는 이 물건이 으뜸가는 仙界의 과실일 것인 바 잘 익은 수박 한 덩어리가 마련되어 있으니 부디 辭讓하지 마십시오.' 淸 沈德潛이 "唐詩別裁集 당시를 선별하여 모음"에서 '神仙'이라고 격찬하고 明 陸時雍이 "唐詩鏡 당시의 본보기"에서 '靈氣'라고 칭찬한 李白의 "將進酒 술을 권합니다"도 벗에게 술을 권하는 형식을 빌었지만 실제로는 뜨고 지는 인생살이에 기회가 닿는 대로 술 마시고 노래하고 놀아야겠다는 것이고 음주를 통해서 만고의 시름을 털어버리고 싶다는 의지를 드러낸 것이다. 松江 鄭澈의 "將進酒辭 술 권하는 노래"도 별반 다르지 않을 것이다. 그러므로 이 시 "將進水朴"은, 牛步 閔泰瑗 선생의 靑春을 禮讚한 수필을 기억하면서, 다분히 水朴을 禮讚하고 있는 것이다. (그것은 마치 西晉의 伯倫 劉伶이 술의 공덕을 칭송하여 "酒德頌"셨고 春園 李光洙 선생의 수필 "牛德頌 "이 소의 덕을 기리고 예찬하고 있어서 과거 필자가 시 "獒德頌"을 써서 개의 덕목을 상찬해마지 않는 바 있었던 것과 같으리라.) 그런데 마침 존경하는 미국 문학의 아버지 Mark Twain이 수박을 仙果라 부르며 그 맛에 대하여 극구 칭찬하였으니 어찌 이것이 비단 偶然의 一致라고만 하겠는가!: '수박은 이 세상에서 누릴 수 있는 호사 중의 으뜸으로 지구상의 모든 과일을 압도하는 신의 은총을 받은 과일 왕이다. 사람이 그 맛을 보게 되면서 천사들이 무엇을 먹고사는지 알게 되었다. {Watermelon} is the chief of this world's luxuries, king by the grace of God over all the fruits of the earth. When one has tasted it, he knows what the angels eat.' (또 그가 '인생 성공의 열쇠 중의 하나는 자신이 좋아하는 음식을 먹고 열심히 싸우는 것이다. {끝까지 싸워라!} One of the keys to success in life is to eat your favorite food and fight hard. {Fight it out!}'라고도 말 하였다니 그 양반 소설을 잘 쓴데다 짐작컨대 혀(舌)도 남달리 발달했던 모양이다.) 나도 지금까지 맛본 것 중에서 가장 맛있는 두 가지 과일로 水朴과 椰子水를 든다. 그 순위는 수박이 1위요 야자수가 2위다. 그리고 나머지 과일은 모두 함께 3위 그룹에 있다. 水朴은 國字 이름이고 漢字 우리표현은 西瓜인데 서쪽 아프리카 사막 등지에서 전래된 것이라서 우리 동쪽나라에서는 서쪽의 과일이라고, 西瓜라고, 한 것이란다. 중동에서 근무한 경험이 있던 몇몇 지인의 말씀으로는 日照量이 넘치는 곳에서 특히 잘 자라고 또 맛이 빼어나게 좋다고 한다. 호주 사막에서 유학한 우리학당의 金俊學 박사님의 전언으로도 더운 사막의 수박이 더 크고 더 맛이 있다고 하였다. 훗날 아프리카와 중동과 호주의 사막에 들러서 크고 맛난 수박을 원 없이 실컷 맛보리라! 王維의 "相思 생각하고 그리워함"에 此物과 最가 있다: '願君多采擷 此物最相思 원컨대 그대여 많이 따소서 이 물건 紅豆가 그리움에는 최고라오.' 그리고 于武陵의 시 "勸酒 술을 권함"에 不須辭가 있다: '勸君金屈卮 滿酌不須辭 花發多風雨 人生足別離 그대에게 금빛 빛나는 금굴치 술잔 권하노니 가득 채운 술 모름지기 사양하지 마시라. 꽃이 피면 비바람도 많은 법 인생은 족히 이별이라오.' 2021. 4. 24.

〔詩原文〕 92

自找苦吃
자조고흘

晩春早夏綠陰森
卻慮西風落木音
來者預先情更怯
自尋煩惱病還深
만춘조하녹음삼
각려서풍낙목음
내자예선정갱겁
자심번뇌병환심

〔시해석〕

스스로 걱정거리를 만든다

늦봄에 초여름에 녹음이 우거지는데
서쪽에서 불어오는 갈바람에 나뭇잎 지는 소리를 도리어 근심하는구나
다가올 일에 마음은 지레 더욱 겁을 먹으니
걱정을 사서 하는 병이 이미 깊었더라

〔平仄構成〕

詩의 平仄構成은 仄平仄仄仄平平 仄仄平平仄仄平 平仄仄平平仄仄 仄平平仄仄平平으로 되어있다. 詩는 平起式 七言絶句다. 그리고 詩는 下平聲 十二 侵韻을 썼는데 韻脚은 森과 音과 深이다.

〔작법감상〕

봄은 봄대로 여름은 여름대로 반기고 즐길 수 있으련만 그렇지 못하는 아쉬움과 괴로움을 싯구에 부친 것이다. 봄 여름에 가을 겨울을 벌써 걱정하니...: '늦은 봄날에 이른 여름날에 푸르른 잎사귀 우거진 나무숲 울창해 가는데 나그네는 오히려 가을 하늬바람 불어올 때 낙엽 지는 소리를 근심스러워하는구나. 다가올 일에 미리미리 마음은 더욱 겁을 먹으니 아직 할 필요 없는 걱정을 앞서서 하는 병이 깊을 대로 깊었더라.' 꽃가루 흩날리는 봄날 풀 향기 가득한 여름날, 欣賞은 고사하고, 잎사귀 떨어지는 쓸쓸한 가을과 눈발 날리는 추운 겨울을 미리 앞서 想像하고 괴로워한다면 이건 좀 지나치지 않는가? 그러나 그것은 실제의 삶에서 흔히들 빠져들기 쉬운 달콤한(?) 誘惑인 것도 사실이다. 그래서 그런지 스스로 근심거리를 만든다는 표현은, 곧 Bringing trouble upon oneself 따위는, 古今의 詩詞에 수두룩하다!: '自找苦吃≒自找困難≒自找麻煩≒自討苦吃≒自詒伊戚≒自尋煩惱!' 그런데 우리가 살아가는데 있어서 미래의 어려운 때를 대비해서 미리미리 준비하는 것은 필요하고 바람직스러운 것으로 길들여지는 점도 있어서 앞서 장래를 생각하는 심리도 분명히 곧잘 있을 것이다. 우리 어릴 적에, 이솝寓話(Aesop's Fables)를 통해서 따뜻한 계절에 노래를 부르며 시간을 보낸 게으른 베짱이를 닮지 말고 추운 겨울에 대비해서 미리미리 음식을 모으는 개미를 배우라고, 늘상 자극을 받게 되지 않았던가. 인간이 미리 준비하고, 그러면서 미리 걱정하는, 打算的 經驗的 동물인 탓이라면 탓이다. 지금도 강연활동으로 분주하신 今世紀 '이름난 大韓民國의 102세 哲學者' 金亨錫교수님의 장수 키워드가 '미리미리 조심조심'이라고 한다. 그분은 강연 준비를 2주일 전에 다 끝내놓는다고 하니 놀랍다. 비슷한 영어의 격언에도 '미리 경계하는 것이 미리 경비하는 것이다 Forewarned is forearmed'라고 말하고 있다. 결국 미리 마련하고 경계하는 것이 상당량 利益이 되면서도 지나치면 얼마든지 弊害를 초래하는 것으로 볼 수 있을 것이다. 누군가 多情도 病이라고 하였는데 多心도 多愁도 病이다. 인간사의 딜레마다. 北宋 王安石의 "初夏卽事 초여름날에 바로 짓다"에 綠陰幽草가 보인다: '晴日暖風生麥氣 綠陰幽草勝花時 비 갠 날 따뜻한 바람에 보리 기운이 생겨나고 숲 그늘의 그윽한 풀이 꽃보다 나은 시절이네.' 晩唐 杜牧의 "贈別 헤어짐에 드리다"에 卻이 보인다: '多情卻似總無情 唯覺樽前笑不成 다정이 되레 모두 무정한 듯하니 술잔 앞에서 웃지도 못함을 다만 느낄 뿐이라.' 松江 鄭澈의 "山寺夜吟 산속 절에서 밤에 읊는다"에 落木聲이 보인다: '蕭蕭落木聲 錯認爲疏雨 우수수 떨어지는 낙엽소리 성긴 빗방울 소리로 착각하였네.' 晩唐 李頻의 "渡漢江 한강을 건너며"에 情更怯이 보인다: '近鄕情更怯 不敢問來人 고향이 가까워지니 마음 더욱 두려워 거기서 오는 사람에게 감히 안부 묻지 못하네.' 그리고 現代 巴金의 작품 "家 가족"에 自尋煩惱가 보인다: '他不能夠說服她們 他又何必自尋煩惱 浪費精力呢 그는 그녀들을 족히 설복시킬 수 없을 것이다. 그는 또 왜 하필 스스로 화를 자초하나? 정력의 낭비가 아닌가?' 2021. 5. 1.

〔詩原文〕 93

奉觀白凡墨書獻身祖國雩南墨書言論暢達
봉관백범묵서헌신조국우남묵서언론창달

古拙端嚴秉筆樞
軟柔精熟法書模
獻身祖國孤深志
誓海盟山一丈夫
風雨飄零苦相遇
言論暢達智謀圖
戰爭英烈萬民在
建政元勳靑史鏤
고졸단엄병필추
연유정숙법서모
헌신조국고심지
서해맹산일장부
풍우표령고상우
언론창달지모도
전쟁영렬만민재
건정원훈청사루

〔시해석〕

백범 김구의 붓글씨 헌신조국과 우남 이승만의 붓글씨 언론창달을 받들어 보고서

고졸하고 단엄한 백범의 묵서는 글쓰기의 근본 중추가 되고
정교하고 완숙한 우남의 묵서는 서도필법의 본보기가 되리라
조국을 위해서 몸을 바치겠다는 홀로 깊은 의지로
산과 바다에 맹세하는 한 외로운 사나이 대장부던가
비바람 불고 나뭇잎이 나부껴 흩날리는 풍우표령의 어려운 때를 만나서
의견을 거리낌 없이 자유로이 표현할 수 있는 언론창달을 슬기롭게 도모하였구나
독립전쟁의 영웅 김구 만백성의 가슴속에 남아있고
대한국 건국의 아버지 이승만 푸른 역사에 아로새겨져 있음이라

〔平仄構成〕

詩의 平仄構成은 仄仄平平仄仄平 仄平平仄仄平平 仄平仄仄平平仄 仄仄平平仄仄平 平仄平平仄平仄 平平仄仄仄平平 仄平平仄仄平仄 仄仄平平平仄平으로 되어있다. 詩는 仄起式 七言律詩다. 그리고 詩는 韻字는 上平聲 七 虞韻을 썼는데 韻脚은 樞와 模와 夫와 圖와 鏤이다. 그리고 5句의 下三字에서는 單拗가 쓰였다. 本來 5句의 下三字의 平仄의 構成은 平仄仄인데 仄平仄이 되어, 卽 苦相遇가 되어, 5字에서 毁損된 平字를 6字에서 回復한 것이다. 이는, 下三字에 孤平現象이 發生하였으나 挾平格으로 肯定的으로 看做하며, 本句 自救의 方法으로 合律이 된다. 그리고 7句와 8句에서는 孤平拗救가 쓰였는데 本來 7句의 下三字는 平平仄이어야 하는데 仄平仄으로 되어, 卽 萬民在로 되어, 5字의 平字가 毁損되었다. 그러므로 8句의 5字는 本來 仄字여야 하는데 平字로 바꿔서, 卽 青으로 바꿔서, 毁損된 平을 回復시켰다. 이로써 또한 合律이 된다. 그리고 中央四句의 下三字는 前聯과 後聯의 境遇에 文法構造를 다르게 配置하여 意味上 各各 孤(形容詞) 深志(名詞), 一(形容詞) 丈夫(名詞), 苦(副詞) 相遇(動詞), 智(副詞) 謀圖(動詞)로 읽히게 되어 四言一法 忌避의 原則을 따라서 平板을 避하고 錯綜을 지켰다. 그러나 詩의 韻을 달지 않은 仄聲字 곧 志, 遇, 在는 次例로 去聲, 去聲, 去聲으로 所謂 四聲遞用의 法則을 지키지 못하였으니 白玉微瑕일 것이다. 끝으로, 首聯 頷聯 頸聯 尾聯은 모두 對杖을 갖추어 所謂 全對格이 되었다.

〔작법감상〕

나의 開化美術工程 사무실에 들어서면 양쪽에 墨書 金九의 "獻身祖國"과 李承晩의 "言論暢達"이 있다. 前者는 1948년 겨울에 景畒에게 써준 것이고, 後者는 1961년 봄에 朝鮮日報에 써준 것이다. 독립운동가답게 조국에 뜨거운 丹心을 바치겠다는 결의를 드러낸 작품이고, 민주주의 정부의 최고통치자로서 言路가 트여야 한다는 정치철학이 바로 표현된 작품이다. 문득 사람은 자기 맡은 바를 지키며 산다는 漢 東方朔의 '各得其所'가 생각난다. 이렇듯 위 시는 붓글씨를 보고 느꺼운 바를 시로 옮긴 것인데 사물이나 상황을 보고 감개를 노래한 것은 시사에 부지기수다. 杜甫의 "韋諷錄事宅觀曹將軍畵馬圖 위풍녹사 집에서 조패장군이 그린 말 그림을 보고서"가 있다: '此皆騎戰一敵萬 縞素漠漠開風沙 이 말들 모두 기마전에서 홀로 일만 마리 대적했으니 흰 비단에 자욱이 모래바람 이는구나.' 杜甫의 "觀公孫大娘弟子舞劍器行 공손대랑의 제자가 검기를 추는 것을 보고 노래하다"가 있다: '昔有佳人公孫氏 一舞劍器動四方 옛날 가인이 있어 공손씨라 검기 춤을 한번 추면 사방천지가 감동하였다.' 杜甫의 "奉觀嚴鄭公廳事岷山沲江圖 정국공 엄무의 청사에서 민산타강도 그림을 받들어 보고서"가 있다: '霏紅洲蕊亂 拂黛石蘿長 붉은 빛 가득한 모래톱의 꽃은 흐드러지게 피어 있고 눈썹먹으로 길게 그린 것은 돌에 붙은 담쟁이덩굴이라.' 杜甫의 "觀安西兵過赴關中待命 안서의 병사들이 요새 관문에 들어가 명령을 기다리는 모습을 바라보며"가 있다: '還聞獻士卒 足以靜風塵 사졸들이 천자께 목숨을 바치려 한다는 소문을 또 들으니 풍진 세상을 평정하기에 족하리라.' 또 黃白沙의 "奉觀韓濩寓興書蹟 한호의 우흥 서적을 삼가 받들어 보고서"가 있다: '奉觀好誼和好字 感慨無量人骨清 좋은 우정 빼어난 붓글씨 삼가 지켜보고 있노라니 감개가 무량하여 마음속 깊은 곳까지 맑아지는구나.' 우리 반만년 역사에서 20세기 전반 식민시기와 건국초기에 배출된 두 걸출한 偉人이 있으니 그가 김구주석이요 그리고 이승만대통령이다. 2021년 5월 4일 Bill & Melinda Gates부부가 이혼한다는 青天霹靂의 소식을 접하면서 종일 우울한 마음을 감추지 못하며 시를 마감한다.

〔詩原文〕 94

過蕩春臺哭燕山王
과탕춘대곡연산왕

紫霞門外蕩春臺
洗劍亭東藏義坏
擧動燕山開盛宴
從隨綠水獻金杯
放縱放逸荒淫亂
民憤民窮反正催
未竟初心先逝去
不辭迷戀後悲哀
자하문외탕춘대
세검정동장의배
거동연산개성연
종수녹수헌금배
방종방일황음난
민분민궁반정최
미경초심선서거
불사미련후비애

〔시해석〕

탕춘대를 지나면서 연산왕을 슬퍼한다

자하문 밖 탕춘대
세검정 동쪽 장의사 언덕배기다
거둥한 연산군 성대한 연회를 베풀 제
수종한 장녹수 금술잔을 받들어 올렸으리라
홍청망청 황음무도함이 난무하였으니
백성의 분노가 백성의 곤궁이 반정을 재촉하였구나
수구초심 완수하지 못하고 앞서 가시니
아쉬움 떨치지 못하고 뒤에 남아서 애석해하네

〔平仄構成〕

詩의 平仄構成은 仄平平仄仄平平 仄仄平平平仄平 仄仄仄平平仄仄 仄平仄仄仄平平 仄平仄仄平平仄 平仄平平仄仄平 仄仄平平平仄仄 仄平平仄仄平平으로 되어있다. 詩는 平起式 七言律詩다. 그리고 詩는 上平聲 十 灰韻을 썼는데 韻脚은 臺, 坏, 杯, 催, 哀이다. 그리고 中央四句의 下三字는 前聯과 後聯의 境遇에 文法構造를 다르게 配置하여 意味上 各各 開 盛宴, 獻 金杯, 荒淫 亂, 反正 催로 읽히게 되어 四言一法 忌避의 原則을 따라서 平板을 避하고 錯綜을 지켰다. 그러나 詩의 韻을 달지 않은 仄聲字 곧 宴, 亂, 去는 次例로 去聲, 去聲, 去聲이 되어 이른바 四聲遞用의 法則을 充實히 지키지 못하였으니 白玉微瑕다. 끝으로, 首聯 頷聯 頸聯 尾聯은 모두 對杖을 갖추어 所謂 全對格이 되었다.

〔작법감상〕

얼마 전 蕩春臺 일대의 아름다운 경관을 지나치면서 자연스럽게 역사적으로 연관되는, 여기서 佚蕩히 놀았다는, 조선왕 燕山君을 생각하게 되었다. 그가 暴君이 아닌 聖君으로 정치를 잘 수행하였더라면 얼마나 좋았을까 하는 아쉬움 가득히 마음에 새기며... 그가, 처음 몇 년은 참 유능한 군주였다는 그가, 성군의 위업을 쌓았다면 자신을 위해서도 祥瑞로우려니와 그토록 원했던 어머니 廢妃 尹氏의 復位도 가능하였을 것이다. 자신도 살고 어머니도 사는 光榮의 길을 잃고 자신도 죽고 어머니도 죽는 敗亡의 길을 걸은 것이다. 결국 그는, 알다시피, 中宗反正(1506년 9월 1일)을 주도한 신하들에 의해서 왕좌에서 축출되는 조선 최초의 임금이 되었다. (餘談이지만, 박근혜 전 대통령도 유사한 점이 있다. 그녀가 잘했으면 그녀와 아버지 박정희도 함께 사는 길인데 어리석게도 그녀의 國政壟斷 탓으로 자신도 아버지도 다 죽게 생겼다. 그리고 대한민국 최초로 彈劾되어 쫓겨난 國家元首가 된 것이다. 이 또한 참으로 안된 일이다.) 시의 首聯에서는 蕩春臺의 유서 깊은 고풍스런 위치를 그려내고, 이어서 頷聯에서는 바로 그 탕춘대에 행차한 군왕 燕山主가 연회를 개최하고 따라나선 궁빈 張綠水는 금술잔을 올린다고 하여 호사스런 질펀한 파티를 연상시키고 있다. 그러나 頸聯에서는 그렇게 흥청망청 술 마시고 노래하고 춤을 추는 일이 잦아지고 荒淫無道한 정도가 심해지면서 결국 분노한 민심과 곤궁한 백성은 나쁜 임금을 폐하고 새 임금을 세우는 反正을 도모하게 되었다고 지적하고 있다. 어쩌랴, 初心의 根本을 지켜야 함을 完遂하지 못하고 그렇게 비참하게, 그래서 역사에 욕되게, 앞서서 떠나버린 것이니, 탕춘대를 노래하는 후세 사람은 뒤늦게 아쉬움에 안타까워할 수밖에 없다고 尾聯에서는 고백하고 있는 것이다. 물론 어찌 그것이 개인 李㦕을 (또는 개인 朴槿惠를) 사랑해서 그러겠는가! 그 시대를 산 우리 民草 조상님들이 겪었을 苦楚에 속이 상해서, 그리고 우리 역사의 不名譽에 화가 나서, 그런 것이다! 詩詞에 '들르다' '지나다'의 뜻으로 '過'가 자주 등장한다. 孟浩然의 "過故人莊 친구의 별장에 들러서"가 있다: '故人具鷄黍 邀我至田家 벗은 닭고기와 기장밥을 차려 놓고 나를 맞아 농가 시골집으로 초대하네.' 王維의 "過香積寺 향적사를 지나며"가 있다: '泉聲咽危石 日色冷青松 샘물 소리는 가파른 바위에서 흐느끼고 맑은 햇살은 푸른 솔에 차갑다.' 劉長卿의 "長沙過賈誼宅 장사의 가의 옛집에 들러서"가 있다: '寂寂江山搖落處 憐君何事到天涯 적막강산 낙엽 지는 곳이라 가련한 그대여 어찌하여 이 하늘 끝에 이르렀던고.' 黃白沙의 "過傳燈寺 전등사를 지나면서"가 있다: '此地濟生兼輔國 未來永劫保傳燈 이곳에서 구제창생하고 보국안민하였으니 미래영겁의 시간에도 부처의 등불 전하는 일 보전하시라.' 그리고 '통곡한다' '슬퍼한다'의 뜻으로 '哭'이 종종 시사에 등장한다. 杜甫의 "哭張孫侍御 장손 시어를 곡한다"가 있다: '流水生涯盡 浮雲世事空 흐르는 물 같은 생애 다하니 뜬구름 같은 세상 일 공허해라.' 張籍의 "沒蕃故人 토번에서 전사한 친구"가 있다: '欲祭疑君在 天涯哭此時 제사를 지내려는데 그대 혹 살아 있는 듯해 하늘 끝에서 오늘 통곡하네.' 드라마 "三國演義 삼국연의" 삽입곡에도 "哭諸葛 제갈량 애도가"가 있더라: '鞠躬盡悴誰能比 一生淸白誰能及 몸을 굽혀 조심하며 마음을 다해 애쓰니 누가 능히 비교가 되랴 일평생 맑고 깨끗하니 누가 능히 이에 미치랴.' 그리고 구한말 志士 張志淵이 1905년 11월 20일 "皇城新聞 황성신문" 사설에서 乙巳五條約의 부당함을 규탄하며 쓴 '是日也放聲大哭 이 날에 목 놓아 우노라'는 글이 또한 있다. 2021. 5. 12.

〔詩原文〕 95

懷念丙子胡亂壬辰倭亂
회념병자호란임진왜란

胡倭戰亂戴天讐
蹂躪屈從心髓羞
轉側終宵懷萬古
憤嘆後悔淚雙流
호왜전란대천수
유린굴종심수수
전측종소회만고
분탄후회루쌍류

〔시해석〕

병자호란 임진왜란 두 전란을 생각하며

되놈들 왜놈들 전쟁과 난리로 불구대천의 철전지 원수라
삶이 유린되고 굴종을 강요당하니 뼈에 사무친 치욕이 되었구나
전전반측 몸 뒤척이며 밤새 지난 역사 돌이켜 생각하니
화가 나고 후회가 되어 두 줄기 뜨거운 눈물이 흐른다

〔平仄構成〕

詩의 平仄構成은 平平仄仄仄平平 仄仄仄平平仄平 仄仄平平平仄仄 仄平仄仄仄平平으로 되어있다. 詩는 平起式 七言絶句다. 그리고 詩는 下平聲 十一 尤韻을 썼는데 韻脚은 讐와 羞와 流이다.

〔작법감상〕

요즘 病難 코로나 바이러스 감염증(COVID-19) 사태를 맞으니 새삼 조선 중반기 반도 방방곡곡을 뒤흔든 두 兵難 사건 壬辰倭亂(1592-1598)과 丙子胡亂(1636-1637)의 桎梏을 생각하게 된다. 傳染病 코로나도 해가 거듭하니 이렇게 힘든데 이보다 열 배나 스무 배나 고통스러웠을 戰亂을 겪은 우리 조상들의 荊棘의 처지를 떠올리면 참으로 치가 떨린다. 우선 일본과 중국이 밉지만 君王이라는 宣祖와 仁祖가 더 밉다. 나는 개인적으로 폭군 燕山君이나 光海君보다 더 못한 지도자들이라고 굳게 믿고 있다. 국가 최고 통수권자의 최우선 責務는 예나 지금이나 國防과 經濟에 있다. 그 다음이 人權과 公正쯤일 것이다. 국방과 경제를 망치고, 백성의 생명과 재산을 침략군의 手中에 둔 채로, 평양으로 의주로 내빼고 또 강화도로 남한산성으로 달아나는 사람들이었으니... 게다가, 전쟁이 끝나고 그들이 궁으로 돌아와서는 다시 왕 노릇을 하였다니 솔직히 믿고 싶지도 않고 믿어지지도 않는다. That's a shame!! 지도자는 理念(Ideology)은 개개인에 맡기고 무엇보다도 물질적으로 (그리고 가능하다면 정신적으로도) 전체 국민의 有用(Utility)의 추구를 극대화하기 위해 24/7 不撤晝夜 勞心焦思하여야 하지 않을까? 그렇다고 이제 와서 일본과 중국에 보복하고 설욕하자는 것은 물론 아니다. 미래에는 서로 사이좋게 오손도손 共存共榮하여야 하리라는 것은 의심의 여지가 없겠다. 다만 일본은 독도가 일본 땅이라고 주장하고 또 위안부문제는 책임을 다했다고 말하지 말고 史實과 順理를 따르라. 중국도 동북공정이라면서 고구려와 발해가 중국의 역사라고 하고 서해에서 (동해까지 와서) 불법조업을 일삼지 말고 國際法과 常例를 따르라. 그러고서 우리 같이 갑시다!! 필자는 1980년대 미국에서 自由主義/個人主義를 공부하였는데 고수하는 입장은 고전적 순수 자유주의를 주장하는, 그래서 개인적 가치(Individual value)를 중시하는, John Rawls와 전통적 공동체주의를 주장하는, 그래서 사회적 유용(Social utility)에 크게 경도된 Michael Sandel의 중간 정도에 있다. 미국의 거대한 富裕에 큰 충격을 받은 탓에, 나는 돌아오면서 몇 가지 다짐을 하였는데, 그중 하나는 나라에 물질적 풍요를 최우선으로 가져올 수 있는 지도자에게 앞으로 투표하겠다는 것이었다. 귀국 후 얼마 되지 않아서 대통령 선거가 있었다. 김대중후보를 찍었다. 그 다음은 노무현과 정몽준과의 단일화 후보에게 찍기로 일찍 마음먹었다. 노무현후보로 단일화가 되었으나 단일화과정에 부정 조작이 있었다며 선거투표일 하루 이틀을 남기고 두 편이 갈라섰기에 실망이 커 결국 그 선거는 기권하였다. (이번 서울시장 선거에서는 안철수후보를 찍으려했는데 오세훈후보로 단일화가 되었다. 마침 소위 '아름다운 단일화'가 되었다기에 기꺼이 오후보에 투표하였다. 단일화과정에서 부정이 드러나 혹 그들이 다투었다면 아마도 나는 분명히 또 기권하였을 것이다.) 그 후 대선에 이명박 박근혜 그리고 안철수에게 연거푸 투표하였다. 그러므로 지금까지 내 대선 투표 성적은 5전 3승 1무 1패다. 향후 나의 '理念을 놔두고 有用을 향한다'는 투표의 여정은 흔들림 없이 계속될 것이다. 古詩 "詩經 시경"에 輾轉反側이 있다: '求之不得 寤寐思服 悠哉悠哉 輾轉反側 구하려 해도 찾지 못하고 자나 깨나 잊지 못하네 생각하고 생각하며 몸을 뒤척이며 걱정과 근심으로 잠을 이루지 못하네.' 中唐 薛濤의 "珠離掌 손에서 버려진 옥구슬"에 終宵가 있다: '只緣一點玷相穢 不得終宵在掌中 단지 한 점의 흠집이 거칠기만 하니 밤새도록 손안에 있지를 못하는구나.' 朝鮮 志士 黃玹의 "絶命詩 절명시"에 懷千古가 있다: '秋燈掩卷懷千古 難作人間識字人 가을 등잔아래 책 덮고 흘러간 오랜 역사 생각하니 인간 세상에 글 아는 자 되기 정말 어렵구나.' 法家 韓非子가 "孤憤 고분"을 노래하며 세상이 족히 알아주지 못하고 나 홀로 화나고 분하다고 하였는데 시에서는 韓非의 孤憤歎을 부각시킨 것이다. 南宋 朱熹 "朱子十悔 주자십회"는 '不孝父母死後悔 부모에게 불효하면 돌아가신 뒤에 후회한다'고 때를 놓쳐 뉘우쳐도 소용없는 後悔莫及을 말하였는데 시에서는 주희의 막막한 後悔를 상상해본 것이다. 中唐 賈島의 "題詩後 시를 쓴 후에"에 雙淚流가 있다: '知音如不賞 歸臥故山秋 벗들이 나의 시를 높이 평가하지 않으면 고향 가을 산에 돌아가 누워버리리.' 곧 6전 4승 1무 1패를 바라며 2021. 5. 16. 쓴다.

〔詩原文〕 96

詠懷古跡過白沙大門　其一
영회고적과백사대문　기일

天涯異客費年華
絲鬢回鄕萬事差
廣袤白沙今瘦小
樸淳田舍却豪奢
人山成市舊時寄
寂靜雀羅殘日斜
全盛大門檐下燕
目前飛入對閭家
천애이객비연화
사빈회향만사차
광무백사금수소
박순전사각호사
인산성시구시기
적정작라잔일사
전성대문첨하연
목전비입대여가

〔시해석〕

백사 대문을 지나며 옛 자취를 회상하면서 노래하다　그 첫 번째

하늘가 타향 땅 나그네 되어 꽃다운 시절 다 써 버리고
희끗희끗 센 살쩍머리 노년이 되어 귀향하니 만사가 어긋나더라
넓디넓었던 백사장은 이제는 메마르고 비좁기만 하고
겉모골이 질박하던 농가의 집들은 오히려 호사스럽기만 하여라
사람이 산을 이루고 바다를 이루도록 많이 모여 문 앞에 저자가 섰던 일은 옛날에 부치고
쓸쓸하고 적막하게 손님의 발길이 끊어져 문밖에 쳐 놓은 새 그물만 저무는 해에 비껴있구나
전성시대 대문안집 처마 밑 제비가
지금은 맞은 편 여염집에 날아드는구나

〔平仄構成〕

詩의 平仄構成은 平平仄仄仄平平 平仄平平仄仄平 仄仄仄平平仄仄 仄平平仄仄平平 平平平仄仄平仄 仄仄仄平平仄平 平仄仄平平仄仄 仄平平仄仄平平으로 되어있다. 詩는 平起式 七言律詩다. 그리고 詩는 下平聲 六 麻韻을 썼는데 韻脚은 華, 差, 奢, 斜, 家이다. 그리고 5句와 6句에서는 孤平拗救가 쓰였는데 本來 5句의 下三字는 平平仄이어야 하는데 仄平仄으로 되어, 卽 舊時寄로 되어, 5字의 平字가 毁損되었다. 그래서 6句의 5字는 本來 仄字여야 하는데 平으로 바꿔서, 卽 殘으로 바꿔서, 毁損된 平을 回復시켰다. 이로써 合律이 된다. 그리고 中央四句의 下三字는 前聯과 後聯의 境遇에 文法構造를 다르게 配置하여 意味上 各各 今(副詞) 瘦小(動詞), 卻(副詞) 豪奢(動詞), 舊時(名詞) 寄(動詞), 殘日(名詞) 斜(動詞)로 읽히게 되어 四言一法 忌避의 原則을 따라서 平板을 避하고 錯綜을 지켰다. 그리고 詩의 韻을 달지 않은 仄聲字 곧 小, 寄, 燕은 次例로 上聲, 去聲, 上聲이 되어 이른바 四聲遞用의 法則을 充實히 지켰다.

〔작법감상〕

杜甫의 夔州 名篇 "詠懷古跡" 5首가 있는데 나도 詠懷古跡 다섯 편을 쓸 계획이다. (#96,97,98,99,100.) 首聯은, 젊은 날 쉬 보내고 노년이 되어 귀향하니 온갖 것이 낯설다. 頷聯은 遠景으로, 멀리 보이는 넓었던 백사장은 왜소하고 수수하던 韓屋들은 울긋불긋 洋屋으로 뒤섞여 어지럽다. 頸聯은 近景으로, 가까이 가서 五代에 걸쳐 살았던 대문안집 터를 보노라니 북적거리던 사람들은 온데간데없고 휑뎅그렁한 것이 차라리 참새 잡이 그물이나 쳐 놓기에 알맞더라. 尾聯에서는, 더 좀 가까이 다가가 지켜보니 지난날 대문안집 대청 앞 제비가 지금은 마주보는 여염집으로 날아들고 있더라: '하늘 끝에서 타향의 나그네 되어 花樣年華 꽃다운 세월 헤프게 다 써 버리고 하얗게 센 귀밑털 늙은이가 되어 고향에 돌아오니 온갖 일들이 어긋나 보이더라. 빛깔이 희고 깨끗하던 드넓은 모래사장은 이제는 파리하고 작기만 하고 겉모습이 순박하기만 하였던 농가마을의 집들은 번득번득 사치스럽기만 하여라. 人山人海를 이루던 門前成市는 옛적에 부치고 冷落寂靜한 門前雀羅는 석양에 비스듬하구나. 전성시대 대문안집 처마 밑 제비가 시방 보노라니 맞은 편 閭閻집에 날아드는구나.' 朱熹의 "觀書有感 책을 보고서 느끼는 바가 있었다"에 枉費가 나온다: '向來枉費推移力 此日中流自在行 지금까지 헛되이 힘들여 옮기려고 애썼더니 오늘은 강 가운데서 자유자재로 떠다니는구나.' 韋應物의 "長安遇馮著 장안에서 우연히 풍저를 만나서"에 鬢絲가 나온다: '昨別今已春 鬢絲生幾縷 작년에 이별하고 지금 벌써 봄이니 실처럼 흰 살쩍 몇 가닥이나 생겨났나.' 白居易의 "照鏡 거울에 비춰보며"에도 絲鬢이 보인다: '皎皎青銅鏡 斑斑白絲鬢 밝고 맑은 청동 거울에 얼룩덜룩 흰 실 같은 귀밑머리라.' 賀知章의 시에 "回鄉偶書 고향에 돌아와 우연히 써보다"가 있다: '少小離家老大回 鄉音無改鬢毛衰 어려서 집 떠나 늙어서 돌아오니 고향 말씨 그대로인데 귀밑머리가 희어졌구나.' '부치다'와 '보내다'의 寄는 送이나 傳과 통용되면서 시사에 숱하다: 岑參의 "寄左省杜拾遺 좌성의 습유 두보에게 보내다," 韋應物의 "寄李儋元錫 원석 이담에게 부치다," 杜牧의 "寄揚州韓綽判官 양주의 한작 판관에게 부치다," 劉長卿의 "自夏口至鸚洲夕望岳陽寄源中丞 하구에서 앵무주에 이르러 저녁에 악양성을 바라보며 원중승에게 보내다." 韓翃의 "寒食 한식"에 斜가 있다: '春城無處不飛花 寒食東風御流斜 봄날 장안성 꽃잎 날리지 않는 곳이 없는데 한식날 봄바람에 궁중 버들이 비끼었구나.' 劉方平의 "月夜 달밤에"에도 斜가 있다: '更深月色半人家 北斗闌干南斗斜 밤 깊어 달빛이 인가를 반쯤 비추자 북두성 비스듬하고 남두성 기울었다.' 釋善珍의 "游下竺御園 축어원 아래서 놀다"에도 斜가 있다: '荒園閑柳色 斜日淡梨花 버들 빛은 들판 동산에 한가하고 배나무 꽃은 기운 해에 맑아라.' 張泌의 "寄人 그녀에게 보내다"에도 斜가 있다: '別夢依依到謝家 小廊廻合曲闌斜 헤어져도 꿈속에서 잊지 못해서 그녀의 집을 찾으니 작은 회랑 돌아서 굽은 난간 비스듬하다.' 黃白沙의 "正月元旦懷古大門 정월 초하룻날 아침에 대문을 회고함"에 大門盛大가 있다: '大門盛大尋何處 佳節佳人不再來 대문안집 태평성대 어디서 찾을까 좋은 시절 좋은 사람 다시 돌아오지 않는구나.' 그리고 劉禹錫의 "烏衣巷 오의거리"에 舊時와 飛入이 있다: '舊時王謝堂前燕 飛入尋常百姓家 지난날 왕씨 사씨 대청 앞 제비가 지금은 일반 백성 집으로 날아든다.' 2021년 5월 22일에 마친다.

〔詩原文〕 97

詠懷古跡晩次山浦酒造場舊址　其二
영회고적만차산포주조장구지　기이

蘆荻浦洲將欲昏
樹林水廓鳥聲喧
酴醾綠蟻淋造釀
勤奮技工忙配樽
考妣勞心周體察
都家暮夜始關門
佳人佳節不重返
使客斷腸猶跡存
노적포주장욕혼
수림수곽조성훤
도미녹의임조양
근분기공망배준
고비노심주체찰
도가모야시관문
가인가절부중반
사객단장유적존

〔시해석〕

산포주조장 옛터에 밤에 묵으며 옛 자취를 회상하면서 노래하다　그 두 번째

갈대 물억새 핀 포구 모래섬에 어둠이 깃들려는데
나무 수풀 우거진 강마을에는 새들 지저귀는 소리가 소란스럽다
양조장에서는 잘 익은 푸르른 술구더기 걸러서 술을 빚고
부지런한 기술자아저씨들은 서둘러서 크고 작은 술통들을 배달한다
아버지와 어머니는 노심초사하며 이곳저곳 세심하게 살피고
술도가는 이슥해서야 비로소 문을 닫는다
좋은 시절 좋은 사람 다시 돌아오지 않는데
오히려 옛 자취만 남아 있어 나그네로 하여금 애간장 끊어지게 하는구나

〔平仄構成〕

詩의 平仄構成은 平仄仄平平仄平 仄平仄仄仄平平 平平仄仄平仄仄 平仄仄平平仄平 仄仄平平平仄仄 平平仄仄仄平平 平平平仄仄平仄 仄仄仄平平仄平으로 되어있다. 詩는 仄起式 七言律詩다. 그리고 詩는 韻字는 上平聲 十三 元韻을 썼는데 韻脚은 昏과 喧과 樽과 門과 存이다. 그리고 3句와 4句에서는 雙拗가 쓰였는데 本來 3句의 下三字는 平平仄이어야 하는데 平仄仄으로 되어, 卽 淋造釀으로 되어, 6字의 平字가 毁損되었다. 그래서 4句의 5字는 本來 仄字여야 하는데 平으로 바뀌서, 卽 忙으로 바뀌서, 毁損된 平을 回復시켰다. 이로써 合律이 된다. 그리고 7句와 8句에서는 孤平拗救가 쓰였는데 本來 7句의 下三字는 平平仄이어야 하는데 仄平仄으로 되어, 卽 不重返으로 되어, 5字의 平字가 毁損되었다. 그러므로 8句의 5字는 本來 仄字여야 하는데 平字로 바뀌서, 卽 猶로 바뀌서, 毁損된 平을 回復시켰다. 이로써 또한 合律이 된다. 그리고 中央四句의 下三字는 前聯과 後聯의 境遇에 文法構造를 다르게 配置하여 意味上 各各 淋(動詞) 造釀(名詞), 忙(動詞) 配樽(名詞), 周(副詞) 體察(動詞), 始(副詞) 關門(動詞)로 읽히게 되어 四言一法 忌避의 原則을 따라서 平板을 避하고 錯綜을 지켰다. 그리고 詩의 韻을 달지 않은 仄聲字 곧 釀, 察, 返은 次例로 去聲, 入聲, 上聲이 되어 所謂 四聲遞用의 法則을 穩全히 지켜내었다.

〔작법감상〕

지난날 나의 住居의 흔적은 크게 7군데다. 康津 白沙에서 살았고, 羅州 山浦에서 살았고, 光州 弓洞에서 살았고, 서울 노들나루 鷺梁津에서 살았다. 그리고 미국 유학 때는 Utah주 Salt Lake City에서 살았고 귀국해서는 서울 남산자락 漢南洞과 仁寺洞에서 살았다. 이 詩에서는 지난번 白沙에 이어 山浦를 찾아 상상 속에서 나는 옛 자취를 노래하고 있다. 首聯 頷聯 頸聯에서는 過去 산포양조장 시절에 초저녁에서 이슥해진 밤에 이르는 시간의 한 단면을 그리고, 尾聯에서는 現在로 돌아와 지난 세월에 대한 아쉬움과 그리움을 토로하고 있는 것이다. 고즈넉한 저녁 풍경과 양조장에서 분주히 술을 거르고 배달하는 장면과 밤이 깊어지도록 술도가 운영을 점검하는 옛 정황을 그려본 것이리라. 그리고는 그 시간도 또 그 시간의 기술자아저씨들도, 아버지 어머니도, 다 아니 계심에 슬픔에 겨워하는 것이다. 아, 나의 가슴속의 영원한 사랑과 평화와 번영의 보금자리 山浦여! 韋應物의 "夕次盱眙縣 우이현에 유숙하다"에 山郭과 蘆洲가 보인다: '人歸山郭暗 雁下蘆洲白 사람들 돌아간 산마을은 어둑하고 기러기 내려앉은 갈대 핀 모래섬은 하얗구나.' 黃白沙의 "燈節夕次大口浦口 연등절 저녁때 대구 포구에 머물다"에도 浦洲가 보인다: '鷗下浦洲沙渚澄 人歸洞巷竈烟騰 바다갈매기 내려앉은 포구 모래섬에는 해수 물가가 맑디맑고 사람들 돌아간 동네 거리에는 부엌연기가 피어오른다.' 李白의 "贈汪倫 왕륜에게 드리다"에 將欲行이 보인다: '李白乘舟將欲行 忽聞岸上踏歌聲 이백이 배에 올라 떠나려는데 문득 강 언덕에서 발을 구르며 노래하는 소리 들리네.' 杜牧의 "江南春 강남의 봄"에 水村山郭이 보인다: '千里鶯啼綠映紅 水村山郭酒旗風 천리 길에 꾀꼬리 울고 초록색 붉은색 어우러질 때 강마을에도 산마을에도 주막 깃발 나부끼네.' 陸游의 "東陽觀酴醾 동양에서 도미를 보다"에는 겨우살이풀 酴醾도 있다: '福州正月把離杯 已見酴醾壓架開 복주에서 정월에 이별의 잔 잡으니 시렁에 도미꽃 피어있는 것이 벌써 보이네.' 白居易의 "問劉十九 벗 유십구에게 묻노라"에 綠蟻가 있다: '綠蟻新醅酒 紅泥小火爐 푸르스름한 거품이 이는 갓 익은 술이 있고 작은 붉은 진흙 화로는 달구어져 있다네.' 黃白沙의 "回憶都家時節 술도가 시절을 돌이켜 생각함"에도 浮蟻가 있다: '都家時節尋常見 浮蟻如萍醅酒香 도갓집 시절에 자주 보았었는데 개미 같은 거품이 이는 거르지 않은 동동주에 향기가 있었다.' 黃白沙의 "寒食省墓 한식을 맞아 성묘하다"에 佳節佳人이 있다: '東隅寒食衆紛雜 佳節佳人皆去遐 어릴 적 한식날이면 일가권속들 북적거렸는데 좋은 시절 좋은 사람 다 멀어져갔구나.' 崔顥의 "黃鶴樓 황학루에서"에 不復返이 있다: '黃鶴一去不復返 白雲千載空悠悠 황학은 한번 가서 다시 돌아오지 않고 흰 구름만 천년토록 유유히 떠도는구나.' 李白의 "與周剛清溪玉鏡潭宴別 주강과 맑은 계곡 옥경담에서 연회하고 이별하였다"에 跡猶存이 있다: '江亭有孤嶼 千載跡猶存 강가의 정자는 고여산에 있어서 천년의 자취가 남아 있는 듯하다.' 2021년 5월 29일 쓴다.

〔詩原文〕 98

詠懷古跡尋鷺梁津丘陵古家　其三
영회고적심노량진구릉고가　기삼

尋訪鷺梁長栍丘
所稱桑碧使羈愁
故墟韓屋雅風沒
大號塔樓粗惡稠
或見熟人煩顧近
既辭陌路獨登塿
掉頭下望古津渡
千里漢江依舊流
심방노량장생구
소칭상벽사기수
고허한옥아풍몰
대호탑루조악조
혹견숙인번고근
기사맥로독등루
도두하망고진도
천리한강의구류

〔시해석〕

노량진 언덕 옛집을 찾아서 옛 자취를 회상하면서 노래하다　그 세 번째

노량진 장승배기 언덕을 찾아보니
이른바 상전벽해라 변화무쌍하여 나그네로 하여금 수심에 잠기게 한다
옛 집터 한옥의 아담한 풍취는 사라지고
대형 아파트의 거칠고 흉물스러움만 빽빽하게 들어섰구나
혹시 아는 사람을 만날 수 있을까 애태우며 근방을 두리번대다가
이윽고 오고 가는 낯선 사람들 뒤로하고 혼자서 언덕바지를 오른다
머리 돌려 멀리 발아래 옛날 노량진 나루터 내려다보니
천리 길 한강수는 예전처럼 변함없이 흐르고 있구나

〔平仄構成〕

詩의 平仄構成은 平仄仄平平仄平 仄平平仄仄平平 仄平平仄仄平仄 仄仄仄平平仄平 平仄平平仄平仄 平平仄仄仄平平 仄平仄仄仄平仄 平仄平平平仄平으로 되어있다. 詩는 仄起式 七言律詩다. 그리고 詩는 韻字는 下平聲 十一 尤韻을 썼는데 韻脚은 丘와 愁와 稠와 墺와 流이다. 그리고 3句와 4句에서는 孤平拗救가 쓰였는데 本來 3句의 下三字는 平平仄이어야 하는데 仄平仄으로 되어, 卽 雅風沒로 되어, 5字의 平字가 毁損되었다. 그래서 4句의 5字는 本來 仄字여야 하는데 平으로 바뀌서, 卽 粗로 바뀌서, 毁損된 平을 回復시켰다. 이로써 合律이 된다. 그리고 7句와 8句에서 또 孤平拗救가 쓰였는데 本來 7句의 下三字는 平平仄이어야 하는데 仄平仄으로 되어, 卽 古津渡로 되어, 5字의 平字가 毁損되었다. 그러므로 8句의 5字는 本來 仄字여야 하는데 平字로 바뀌서, 卽 空으로 바뀌서, 毁損된 平을 回復시켰다. 이로써 또한 合律이 된다. 그리고 中央四句의 下三字는 前聯과 後聯의 境遇에 文法構造를 다르게 配置하여 意味上 各各 雅風(名詞) 沒(動詞), 粗惡(名詞) 稠(動詞), 煩(副詞) 顧(動詞) 近(名詞), 獨(副詞) 登(動詞) 墺(名詞)로 읽히게 되어 四言一法 忌避의 原則을 따라서 平板을 避하고 錯綜을 지켰다. 그리고 詩의 韻을 달지 않은 仄聲字 곧 沒, 近, 渡는 次例로 入聲, 上聲, 去聲이 되어 所謂 四聲遞用의 法則을 穩全히 지켜내었다.

〔작법감상〕

唐 詩人 杜甫가 代宗 大曆元年 766년 重慶 奉節縣 夔州에서 쓴 名篇에 "詠懷古跡" 5首가 있다. 長江 일원에 산재한 庾信 宋玉 王昭君 劉備 諸葛亮의 고적을 두루 살피면서 노래한 연작시다. 나는 과거 내 삶의 거주 흔적을 추적하면서 白沙 山浦 鷺梁津 美國 仁寺洞의 자취를 노래하는 "詠懷古跡" 다섯 편을 지금 마련 중이다. 白沙와 山浦에 이어 이번에는 鷺梁津을 그려본다: '내 살던 노량진 장승배기 언덕에 올라서니 과연 이 일대가 桑田碧海와 같이 變化無雙하여 나그네는 수심에 잠긴다. 옛날 집터 한옥의 아담한 정취가 있는 풍경은 사라지고 대형 아파트들이 들어서 거칠고 험상궂음만 가득하다. 혹여 아는 사람을 만나볼 수 있을까 애태우며 주위 사방을 두리번거리다가 이윽고 오고 가는 낯선 사람들 외면하고 홀로 언덕바지를 오른다. 머리 돌려 발아래 옛날 노량진 나루터 내려다보니 천리 길 한강물만 예전처럼 변함없이 적막히 흐르고 있어서 마음에 한 조각 위로가 되누나...' 黃白沙의 "訪旅順監獄憶安重根義士 여순감옥을 방문하여 안중근의사를 생각한다"에 訪이 있다: '遠訪旅順半部史 重根學徒意氣嵬 멀리서 근대역사의 半部인 여순의 감옥을 찾으니 안중근의사를 따르는 학도들 의기 드높아 하늘을 찌른다.' 馬戴의 "楚江懷古 초강 옛 자취를 돌이켜 생각함"에 丘가 있다: '露氣寒光集 微陽下楚丘 이슬기 머금은 대기에 차가운 빛이 모이고 지는 태양은 초산 언덕으로 내려온다.' 孟浩然의 "宿建德江 건덕강에서 자다"에 愁가 있다: '移舟泊煙渚 日暮客愁新 배를 옮겨 안개 낀 물가에 대니 날은 저물고 나그네 근심이 새롭게 다가온다.' 張籍의 "沒蕃故人 번에서 죽은 벗"에 沒이 있다: '前年伐月支 城下沒全師 지난해 월지국을 치다가 성 아래서 군사가 다 죽었다.' 李白의 "登金陵鳳凰臺 금릉의 봉황대에 올라서"에 見이 있다: '總爲浮雲能蔽日 長安不見使人愁 뜬구름 모두 능히 밝은 해를 가리니 수도 장안은 보이지 않고 사람으로 하여금 근심이 일게 한다.' 李白의 "送孟浩然之廣陵 맹호연이 광릉으로 감에 전송하다"에 辭가 있다: '故人西辭黃鶴樓 煙花三月下揚州 옛 친구 서쪽으로 황학루를 이별하고 물안개 꽃피는 춘삼월에 양주로 내려가네.' 杜甫의 "送孔巢父謝病歸游江東兼呈李白 공소부가 병을 탓하여 관직을 버리고 강동으로 돌아가 유람하게 된 것을 전송하며 겸하여 이백에게 드리다"에 掉頭가 있다: '巢父掉頭不肯住 東將入海隨煙霧 소부는 머리를 흔들며 거부하며 즐겨 머물려 하지 않고 동으로 장차 바다로 들어가 안개를 따라가려 한다.' 白居易의 "長恨歌 장한가"에 回頭下望이 있다: '回頭下望人寰處 不見長安見塵霧 고개 돌려 아래로 인간 세상 내려 보니 서울 장안은 보이지 않고 티끌과 안개만 보입니다.' 王勃의 "藤王閣詩序 등왕각시서"에 長江空自流가 있다: '閣中帝子今何在 檻外長江空自流 누각 안 藤王은 지금 어느 곳에 계신가 난간 밖 장강수만 덧없이 절로 흐르네.' 미국의 Memorial Day는 전 국민의 큰 축제로 세상이 북적북적 떠들썩한데 우리는 비교적 조용하게 顯忠을 기린다. 2021. 6. 6.

〔詩原文〕 **99**

詠懷古跡回憶美國留學時節的靈肉成長　其四
영회고적회억미국유학시절적영육성장　기사

弱冠鵬程不惑歸
蜂箱留學腦筋肥
自由思想專攻作
天賦人權完整依
忍苦雕磨可求粹
長川討議克拋機
同時食補健康體
白骨難忘千兆闈
약관붕정불혹귀
봉상유학뇌근비
자유사상전공작
천부인권완정의
인고조마가구수
장천토의극포기
동시식보건강체
백골난망천조위

〔시해석〕

미국유학시절의 정신과 신체의 성장을 돌이켜 생각하며 옛 자취를 회상하면서 노래하다 그 네 번째

약관의 나이에 붕정만리 멀리 갔다가 불혹의 나이가 되어 귀환하였는데
유타대학교의 미국유학공부는 나의 정신적 근육을 살찌게 하였던 것이라
자유주의 사상을 전공으로 삼으니
천부인권설을 온전히 추종하고 있는 것이다
인고의 시간의 갈고닦음을 통해서 사상의 순수한 진수를 가히 추구할 수 있었고
주야장천 밤낮없이 토론과 논의를 거치면서 세상의 비속한 해석을 능히 버릴 수 있었다
게다가 좋은 서양 음식을 먹고 튼튼한 몸체도 유지하였으니
천조국의 은혜 백골난망이로세

〔平仄構成〕

詩의 平仄構成은 仄仄平平仄仄平 平平平仄仄平平 仄平仄仄平平仄 平仄平平平仄平 仄仄平平仄平仄 平平仄仄仄平平 平平仄仄仄平仄 仄仄平平平仄平으로 되어있다. 詩는 仄起式 七言律詩다. 그리고 詩는 韻字는 上平聲 五 微韻을 썼는데 韻脚은 歸와 肥와 依와 機와 闈이다. 그리고 5句의 下三字에서는 單拗가 쓰였다. 本來 5句의 下三字의 平仄의 構成은 平仄仄인데 仄平仄이 되어, 卽 可求粹가 되어, 5字에서 毁損된 平字를 6字에서 回復한 것이다. 이는, 下三字에 孤平現象이 發生하였으나 挾平格으로 肯定的으로 看做하며, 本句 自救의 方法으로 合律이 된다. 그리고 7句와 8句에서는 孤平拗救가 쓰였는데 本來 7句의 下三字는 平平仄이어야 하는데 仄平仄으로 되어, 卽 健康體로 되어, 5字의 平字가 毁損되었다. 그러므로 8句의 5字는 本來 仄字여야 하는데 平字로 바꿔서, 卽 千으로 바꿔서, 毁損된 平을 回復시켰다. 이로써 또한 合律이 된다. 그리고 中央四句의 下三字는 前聯과 後聯의 境遇에 文法構造를 다르게 配置하여 意味上 各各 專攻(名詞) 作(動詞), 完整(名詞) 依(動詞), 可(副詞) 求(動詞) 粹(名詞), 克(副詞) 抛(動詞) 機(名詞)로 읽히게 되어 四言一法 忌避의 原則을 따라서 平板을 避하고 錯綜을 지켰다. 그리고 詩의 韻을 달지 않은 仄聲字 곧 作, 粹, 體는 次例로 入聲, 去聲, 上聲이 되어 所謂 四聲遞用의 法則을 充實히 지키고 있다.

〔작법감상〕

이 시는 나의 미국유학의 一面에 대한 마음에 품고 있는 懷抱를 써 본 것이다. 유학이 내 삶에 가져다준 두드러진 값어치는 물론 精神筋肉을 비옥하게 한 바 의심의 여지가 없겠지만, 게다가, 영양 만점 洋食을 즐겨 먹게 된 덕택으로 마음도 튼튼 몸도 튼튼하게 되었으니 미국이 나의 心體에 끼친 大恩大德이 至死不忘이라는 것이다. 물론 꿈속에서도 잊지 못할 나의 조국 大韓國이야 항상 最高善이지만 千兆國의, 또는 天朝國의, 고마움도 나는 늘 기억하고 있다: '약관의 젊은 나이에 鵬程萬里의 꿈을 안고 멀리 떠나갔다가 불혹의 나이가 되어 귀국하였는데 돌이켜보면 미국 서부의 Utah대 학위공부는 나의 정신의 근력을 살찌우게 한 것이다. 自由至上主義(Libertarianism)나 自由主義(Liberalism) 사상에 심취하여 주 전공으로 삼았는데 개개인의 天賦人權說(The theory of natural rights)을 穩全하게 추종하고 있는 것이더라. 나아가 忍苦의 歲月의 갈고닦음을 통해서 사상의 중요하고 본질적인 純粹한 眞髓를 가히 추구할 수 있었고, 한편으로는, 晝夜長川 밤낮으로 토론과 논의를 거치면서 세속적 사유의 機心을 능히 버릴 수 있었다. 이 얼마나 다행스러운 정신적 성장이런가. 거기에다가 맛난 서양 음식을 실컷 먹고 튼튼한 신체도 유지하게 되었으니 千兆國 미국의 은혜가 沒齒難忘이로다.' 그러므로 나는 자유주의의 전통을 좇아서, 예를 들어 비근한 실천적 윤리문제에 있어서, 개인의 落胎權利(Abortion)를 지지하고 猥褻追求(Pornography)도 지지하고 人間複製(Human cloning)도 지지하고 腦死(Brain death)와 安樂死(Euthanasia)도 찬성하는 쪽이다. Lesbian, Gay, Bisexual, Transgender, Queer, Same-sex marriage 등등 同性戀愛에도, 또 同性結婚에도, 족히 同情的이다. (실제로 필자의 가까운 친인척에도 레즈비언이 있고 트렌스젠더가 있다.) 다만, 몇 가지 이유로, 死刑制度(Death penalty) 폐지에 대해서는 반대하는 편이다. 그리고 미국의 대학원 공부는 사물의, 또는 사상의, 精髓에 이르는 다양한 방식을 이윽고 스스로 깨닫게 하는 특징이 있는데, 그 덕에, 고금의 출중한 사상가들의 견해나 주장을 올바르게 이해하게 되고 또 유용하게 쓰는 것이 가능하게 된다. 그러다보면 어느새 그들의 수준에 近接하는 純全 知性(Pure intelligence)을 경험하게 되는데, 애석하게도, 귀국해서 세상사에 시달리다가 가까이 다가간 그 知性을 잃어버렸다. 미국유학생활에서 또한 기분좋게 기억되는 것은 맛난 음식을 맘껏 즐기기였다. 미국음식이 내게 가능하게 해준 건강에 우선 고마울 따름이다. 한국유학생들이 때때로 미국기숙사음식에 잘 적응하지 못해서 고통스러워하는 경우가 있는데 나는 오히려 영양 만점인 미국음식이, 제대로 갖춰서 우리 한국음식을 못 먹을 바에야, 더 낫다고 판단하여 천만다행으로 생각하고 막 먹었다. 쌀밥이나 해서, 또는 라면이나 끓여서, 김치 한 가지에 먹는 수준이라면 굳이 택하고 싶지 않았던 것이다. 그런 탓에 혀(舌)가 발달해서 지금도 맛있는 음식이라면 汨沒한다. 내게 미국 유학은 心身의 成長이다. 2021. 6. 19.

〔詩原文〕100

詠懷古跡追想隱退之後仁寺洞巷東奔西走　其五
영회고적추상은퇴지후인사동항동분서주　기오

年前謝病便歸還
非晩桑楡仁寺闤
萬國萬民喧與笑
善男善女亮和嫻
京鄕韻客文友篤
老少畵商交易殷
眞是爲生殊境洞
勿言退隱隔人寰
연전사병변귀환
비만상유인사환
만국만민훤여소
선남선녀양화한
경향운객문우독
노소화상교역은
진시위생수경동
물언퇴은격인환

〔시해석〕

은퇴 후 인사동거리에서 동분서주하던 일을 그리워하며 옛 자취를 회상하면서 노래하다 그 다섯 번째

몇 해 전 병을 구실삼아 사직하고 곧장 돌아오니
인사동거리에 나 아직 때가 늦지 않은 노년이었다
온갖 나라 온갖 사람 와서 웃고 떠들고
착한 남자 착한 여자 모여 해밝고 아름다워라
경향 각지 시인들의 글로 사귄 우정 돈독하고
젊고 늙은 상인들의 미술품 사고파는 장사 풍성하구나
진실로 이곳이 내 살아가는 별천지동네려니
인간세상과 동떨어진 은퇴생활일랑 부디 말하지 마오

〔平仄構成〕

詩의 平仄構成은 平平仄仄仄平平 平仄平平平仄平 仄仄仄平平仄仄 仄平仄仄仄平平 平平仄仄平仄仄 仄仄仄平平仄平 平仄仄平平仄仄 仄平仄仄仄平平으로 되어있다. 詩는 平起式 七言律詩다. 그리고 詩는 上平聲 十五 刪韻을 썼는데 韻脚은 還, 闤, 嫻, 殷, 寰이다. 그리고 5句와 6句에서는 雙拗가 쓰였는데 本來 5句의 下三字는 平平仄이어야 하는데 平仄仄으로 되어, 卽 文友篤으로 되어, 6字의 平字가 毁損되었다. 그래서 6句의 5字는 本來 仄字여야 하는데 平으로 바꿔서, 卽 交로 바꿔서, 毁損된 平을 回復시켰다. 이로써 合律이 된다. 그리고 中央四句의 下三字는 前聯과 後聯의 境遇에 文法構造를 다르게 配置하여 意味上 各各 喧(動詞) 與(副詞) 笑(動詞), 亮(動詞) 和(副詞) 嫻(動詞), 文友(名詞) 篤(動詞), 交易(名詞) 殷(動詞)으로 읽히게 되어 四言一法 忌避의 原則을 따라서 平板을 避하고 錯綜을 지켰다. 그리고 詩의 韻을 달지 않은 仄聲字 곧 笑, 篤, 洞은 次例로 去聲, 入聲, 去聲이 되어 이른바 四聲遞用의 法則을 充實히 지켰다.

〔작법감상〕

인사동은 필자가 은퇴한 후의 삶의, 인생후반의, 中心舞臺가 되었는데 시의 主旨는 사람들이 북적이는 곳에서, 인간문명이 살아 숨 쉬는 현장에서, 함께 어울리고자 하는 자신의 意中이 잘 반영된 곳이라는 것이다. 주위 상당수 벗들은 현역에서 물러난 후 시골 고향에서, 또는 외딴 곳에서, 靜的 隱逸의 생활을 추구하는데 나는 차라리 人間과 文明이 쉼 없이 交感하는 動的인 곳이 좋다. 설악산에서 통나무집에 살거나 몽고 사막 천막집(Ger)에서 살거나 북극 얼음집(Igloo)에서 살거나 다 기꺼이 존중하겠지만 나는 수도 서울 한복판 六矣廛 一帶 鐘路通에서 시인들과 어울리고 미술상인들과 교류하고 乙支路와 淸溪川을 따라서 걷기도 하고 맛난 음식도 먹어가면서 세상일과 同苦同樂하는 활발한 삶을 유지하고 싶은 것이다. 그래서 직장을 나와서, 劉禹錫의 쓸쓸한 '烏衣巷'을 물리치고, 나는 사람들이 웅성웅성하는 '仁寺洞巷'으로 곧 귀환한 것이다. 萬邦의 旅人들 웃고 떠들고 甲男乙女들 활기가 넘치는 사람의 거리!! 또 哲人 詩人 畫家 商人 우리 모두 함께 멋진 同行人!! 나는 李白처럼 '山中'이 別有天地非人間이라고 問答하지 않을 것이다. 바로 지금 여기 '人寰'이 別天地라고 주저 없이 말하리라. 병을 핑계로 벼슬을 내려놓는다는 謝病은 杜甫의 "送孔巢父謝病歸遊江東兼呈李白 공소부가 병을 핑하여 관직을 버리고 강동으로 돌아가 유람하게 된 것을 전송하며 겸하여 이백에게 드리다"에 보인다: '巢父掉頭不肯住 東將入海隨煙霧... 南尋禹穴見李白 道甫問訊今何如 소부는 머리를 흔들면서 즐겨 머물려 하지 않고 동으로 장차 바다로 들어가 안개를 따라가려 하네... 남쪽으로 우임금 무덤을 찾다가 이백을 보게 되면 두보가 지금은 어떠하신지 묻더라고 말해주게나.' 杜甫의 "聞官軍收河南河北 관군이 하남하북을 수복한 소식을 듣고서"에 便이 보인다: '卽從巴峽穿巫峽 便下襄陽向洛陽 즉시 파협으로부터 무협을 뚫고 나가 곧바로 양양으로 내려가 낙양으로 향하리라.' 王勃의 "滕王閣序 등왕각서"에 桑楡非晩이 보인다: '北海雖賖 扶搖可接 東隅已逝 桑楡非晩 북해가 비록 멀다 해도 회오리바람을 타면 닿을 수 있으리라. 젊은 시절 이미 지나갔으나 노년기 아직 늦지 않았다.' 白居易의 "過敷水 부수를 지나며"에 眞是가 있다: '村童店女仰頭笑 今日使君眞是愚 시골 아이 가게 여자 머리 들고 비웃는구나 오늘 그대 시킨 일 참 어리석었네.' 邱爲의 "尋西山隱者不遇 서산의 은자를 찾았으나 만나지 못하다"에도 應是가 있다: '若非巾柴車 應是釣秋水 差池不相見 黽勉空仰止 섶 수레 타고 나간 게 아니라면 정말로 가을 물가에 낚시하러 갔을 터이다. 길이 어긋나 서로 만나보지 못하고 애만 쓰다가 부질없이 하늘만 쳐다본다.' 無名氏 "補江總白猿傳 보강총백원전"에 別世界인 殊境이 있다: '淸迥岑寂 杳然殊境 맑고 고요하니 아득한 별천지라.' 王維의 "送綦毋潛落第還鄕 낙제하여 귀향하는 기무잠을 송별하며"에 勿謂가 있다: '吾謀適不用 勿謂知音稀 우리의 도모함이 소용이 없음에 이르렀지만 알아주는 사람이 없다고 말하지는 마시게나.' 無名氏 "弘川寺 홍천사"에 隔人寰이 있다: '弘川山寺翠微間 滌暑溪流晝自閑 櫻樹鳴蟬丘墓上 門前雲露隔人寰 홍천사는 山氣 푸르른 중턱에 있는데 무더위 씻어내는 산골짜기 시냇물은 대낮에 절로 한가하다. 무덤가 앵두나무 숲에서 매미는 울어대고 문 앞 구름이슬은 사람 사는 세상에서 저만치 떨어져있다.' 끝으로, 謝病과 退隱이, 仁寺闤과 殊境洞이, 앞뒤에서 呼應하고 있다. 2021. 6. 25.

백사한시백수 3

同동행行

2021년 8월 20일 초판1쇄 인쇄
2021년 9월 01일 초판1쇄 발행

지은이 ㅣ 황 필 홍
펴낸이 ㅣ 김 영 환
펴낸곳 ㅣ 도서출판 다운샘

05661 서울특별시 송파구 중대로27길 1(오금동)
전화 02 - 449 - 9172 팩스 02 - 431 - 4151
E-mail : dusbook@naver.com
등록 제1993 - 000028호

ISBN 978-89-5817-495-0 03810

값 30,000원